Clemens Kühn

Analyse lernen

Bärenreiter
Studienbücher
Musik

Herausgegeben von
Silke Leopold
und
Jutta Schmoll-Barthel

Band 4

Clemens Kühn

Analyse lernen

Bärenreiter
Kassel · Basel · London · New York · Praha

Diether de la Motte gewidmet

> Der Autor
>
> Clemens Kühn, geboren 1945 in Hamburg, studierte dort und in Berlin Schulmusik, Germanistik, Musiktheorie / Komposition (bei Diether de la Motte) und Musikwissenschaft (bei Carl Dahlhaus). 1977 Promotion. Nach langjähriger Lehrtätigkeit an den Musikhochschulen in Berlin und München war er von 1997 bis 2010 Lehrstuhlinhaber für Musiktheorie an der Hochschule für Musik Carl Maria von Weber Dresden. Er veröffentlichte u. a. die Bücher *Musiklehre, Formenlehre, Gehörbildung im Selbststudium, Kompositionsgeschichte in kommentierten Beispielen, Musiktheorie unterrichten – Musik vermitteln, Modulation kompakt, Lexikon Musiktheorie* und *Abenteuer Musik*.

Bibliografische Information der Deutschen Bibliothek
Die Deutsche Bibliothek verzeichnet diese Publikation in der
Deutschen Nationalbibliografie; detaillierte bibliografische Daten
sind im Internet über www.dnb.de abrufbar.

9. Auflage 2021
© 1993 Bärenreiter-Verlag Karl Vötterle GmbH & Co. KG, Kassel
Umschlaggestaltung: +CHRISTOWZIK SCHEUCH DESIGN
Lektorat: Jutta Schmoll-Barthel
Satz: Johannes Mundry
Druck und Bindung: CPI, Leck
ISBN 978-3-7618-1154-2
www.baerenreiter.com

INHALT

VORBEMERKUNG: DAS ANALYSIEREN SELBST	7
HÖRANALYSE UND LESEANALYSE	10
BEDINGUNGEN	14
Der Anfang	14
Bestandsaufnahme und Deutung	17
System-Analyse	19
Musiken	20
Nicht immer »alles«	21
Das Wesentliche	22
Staunen	26
Beziehungen	27
Kategorien	29
Linie contra Klang	30
Repertoire	32
Musik abschreiben	33
SPRACHE	34
Ich	34
Farbigkeit	34
Um Sprache ringen	35
Einfachheit	35
Nicht kumpelhaft	35
Variabel darstellen	36
Gleich anfangen	36
Sprecharten	36
BEGRIFFE	38
TOPOI	41
Schlußformel	43
Interrogatio	44
Fauxbourdon	45
Lamentobaß	47
Diatonik und Chromatik	51
FRAGEN STELLEN	53
Harmonik	53
Melodik	89
Rhythmik	107
Anfang und Schluß	129
Satzart	134

Reichtum 137
Struktur 139
Wiederholung 141
Taktgruppen 146
Register 155
Besetzung 157
Pausen 160
Sprachweisen 166
Zeit 169
Norm und Verstoß 172
Form und Idee 178

STÜCKE, DIE NICHTS HERGEBEN 186

SPRACHVERTONUNGEN 194
Sprachlos 194
Musik weiß mehr 195
Das Unsagbare 195
Musiksprachen 195
Der Text als Herrscher 196
Aus gleichem Geiste 196
Das Gemeinte 197
Bilder 198
Sich ändernder Ton 199
Gesteigertes Sprechen 200
Volkston 201

SELBSTVERSTÄNDNIS UND AKTUALITÄT 203

ANALYTISCHE DENKWEISEN 210
Fundamentalbaß 211
Funktionen 213
Schichten 215
Substanzgemeinschaft 217
Thematischer Kern 220
Energie 222
Entwickelnde Variation 224

SACHREGISTER 227

VERZEICHNIS DER ANGESPROCHENEN WERKE ... 232

VORBEMERKUNG: DAS ANALYSIEREN SELBST

Analyse ist seit rund zwanzig Jahren in das Zentrum musiktheoretischer Unterweisung gerückt. Wie sehr sie gefragt ist, zeigt schon die verblüffende Anzahl an einschlägigen Publikationen. Bahnbrechend war hier ohne Zweifel Diether de la Mottes *Musikalische Analyse* von 1968. Dieses Buch bestimmte, im Verein mit de la Mottes *Harmonielehre* (1976), nicht nur den Rang von Analyse neu, sondern provozierte zahlreiche weitere Veröffentlichungen. Sie sind gleichermaßen in der Musikwissenschaft wie in der Musikpädagogik zu Hause. Einige Titel:

- Perspektiven Neuer Musik. Material und didaktische Information, hrsg. von Dieter Zimmerschied, Mainz 1974
- Zur musikalischen Analyse, hrsg. von Gerhard Schuhmacher, Darmstadt 1974 (= Wege der Forschung)
- Rudolf Kelterborn: Zum Beispiel Mozart. Ein Beitrag zur musikalischen Analyse, Textteil und Notenteil, Kassel etc. 1981
- Chormusik und Analyse. Beiträge zur Formanalyse und Interpretation mehrstimmiger Vokalmusik, hrsg. von Heinrich Poos, Bd. I: Texte, Bd. II: Noten, Mainz 1983
- Analysen. Beiträge zur Problemgeschichte des Komponierens. Festschrift für Hans Heinrich Eggebrecht zum 65. Geburtstag, hrsg. von Werner Breig, Reinhold Brinkmann und Elmar Budde, Stuttgart 1984 (= Beihefte zum Archiv für Musikwissenschaft)
- Werkanalyse in Beispielen, hrsg. von Siegmund Helms und Helmut Hopf, Regensburg 1986
- Musikreflektionen I: Beiträge zur musikalischen Analyse, hrsg. von der Musik-Akademie der Stadt Basel, Winterthur/Schweiz 1987
- Musikwerke im Unterricht, 4 Bände: Vokalmusik - Instrumentalmusik - Musiktheater - Neue Musik, Regensburg 1987ff.
- Herwig Knaus und Gottfried Scholz: Formen in der Musik, Bd. 1: Herkunft, Analyse, Beschreibung, Bd. 2: Anregungen zur Musikanalyse, Wien 1988/89

Analysen also gibt es zuhauf. Doch unübersehbar sind immer noch die Probleme ihrer Bewältigung - nicht allein für jene, die am Anfang ihrer musikalischen Ausbildung stehen. Das eigentliche Defizit liegt offenbar auf einer anderen Ebene.

Diether de la Motte stellt seinem Buch »Wegweiser« voran, erprobt unterschiedliche analytische Ansätze, ließ seine Analysen von Carl Dahlhaus kritisieren: eine ebenso originelle wie einleuchtende Konzeption. Seine Texte aber sind grundsätzlich wie alle nachfolgenden: eine Sammlung von Musteranalysen. Wer aus und an diesen Büchern das Analysieren *selbst* lernen möchte, wird sich enttäuscht sehen: *Fertige* Analysen liegen vor, dem Werk an sich oder als Exempel für anderes gewidmet, oder seiner Aufbereitung für den Unterricht. Materialien für den Musiklehrer sollen sie dann bereitstellen, schon - so heißt es gern - wegen seines chronischen Zeitmangels.

Polemische Gegenfrage: Bräuchte ein Lehrer wirklich so viele Analysen, wenn er vorab gelernt hätte, sich *eigenständig* Musik zu erarbeiten?

Notwendig ist es, sich um das »Vorher« zu kümmern: um analytische Prozesse - statt um Resultate. Ein Ergebnis läßt sich bewundern oder kritisieren, vielleicht auch zum Vorbild nehmen, aber es verrät nichts mehr von seiner Entstehungsgeschichte - und deren Schwierigkeiten. Gerade dies jedoch scheint mir wichtig: *Wege zu zeigen zur fertigen Analyse*, Gespür, Fähigkeit, Kompetenz *für das Analysieren* auszubilden.

Arnold Schönberg formulierte die schöne Unterscheidung zwischen »wie es gemacht ist« und »was es ist«. Das erste beschreibt den technischen, das zweite den ästhetischen Aspekt: kompositorische *Machart* und wesenhafter *Sinn* als zwei Seiten derselben Sache. Ästhetik ist, auf allen Ebenen, Gegenstück und Ergänzung von Technik: Ein *Werk* fängt im Kompositionstechnischen seinen Gehalt ein - mag er, im Vokabular der historischen Quellen, als barocker *Affekt*, als klassischer *Charakter* oder seit 1800 als kompositorische *Idee* benannt sein; bei der *Erarbeitung* eines Werkes ist spieltechnische Sicherheit die Basis künstlerischer Gestaltung; ein *Vortrag* wurde schon ab 1800 als (technisch) »richtig« oder (ästhetisch) »schön« gewertet; und *Analyse* sucht, all dem entsprechend, mit und in der Kompositionsweise das musikalische Wesen zu fassen. Das erste (»wie es gemacht ist«) läßt sich lernen, mit viel Übung, Erfahrung, Wissen; es dominiert gemeinhin in Analysen, da es weniger Brisanz und Fallstricke hat als der Versuch, Kompositionstechnik und Wesen zusammenzuführen. Um das zweite (»was es ist«) geht es diesem Buch; hier liegt der eigentliche analytische Anspruch. Gewonnen aber ist zunächst viel, wenn der Analytiker sein Handwerk beherrscht: wenn er imstande ist, musikalisch genau zu sehen.

Dieses Buch verkündet allerdings nicht, im Brustton der Überzeugung, wie Analyse »geht«; das weiß ich abstrakt auch nicht. Aber das, was hier vorgestellt wird, bietet einer Analyse mögliche Handhaben und Angriffspunkte. Es demonstriert, welche und wieviele Blickwinkel sie nutzen kann. Der Sinn meiner Kommentare (sie sollen *unbedingt*, wie auch die jeweils empfohlene Literatur, *nach* der eigenen Auseinandersetzung mit dem Werk gelesen werden) ist es also nicht, Werke erschöpfend darzustellen oder dem Leser Vorschriften zu machen. Sie möchten die reiche Palette *analytischer Möglichkeiten* aufzeigen.

In der Kunst gibt es letztlich kein »richtig« oder »falsch«, sondern nur Grade von Angemessenheit. Meine Interpretationen beanspruchen nicht »die« Wahrheit für sich; das gelegentlich hinzugefügte »persönlich« will dies ausdrücklich bekräftigen. Denn »die« Analyse gibt es nicht, weder als feststehende, lehrbare Methode (ein Vorgehen, das dem Stück X gerecht ist, kann am Stück Y hoffnungslos vorbeizielen) noch im Ergebnis (das immer ausschnitthaft und vorläufig sein wird).

Die Beispiele wurden, soweit von der Sache her möglich, unter dem Gesichtspunkt ausgewählt, daß die Noten leicht zugänglich sind. Die vielleicht verwirrende Fülle und inhaltliche Vielfalt der Beispiele sollte niemanden erdrücken oder verschrecken, sondern im Gegenteil dazu verlocken, selbst noch auf Entdeckungsreise zu gehen; so erst erschließt sich der faszinierende Reichtum musikalischen Sprechens.

Häufig heißt es in diesem Buch »vergleiche« oder »siehe auch«. Den Leser bitte ich dabei um Geduld. Hin- und Herblättern kann lästig werden. Solche Unbequemlichkeit mute ich dem Leser aus drei Gründen dennoch zu: Die Querverweise sorgen dafür, daß jedes Kapitel *unabhängig* von den anderen gelesen werden kann. Die Verweise wollen darüber hinaus tatsächlich auch zum *Blättern* - an Stelle eines nur gestrengen Studiums - animieren; so könnte sich aus vielfarbigen Eindrücken ein Bild des Analysierens formen. Und schließlich ist es nicht nur ein Gebot praktischer Vernunft, auf weitere Beispiele dann zu verzichten, wenn sie keine grundsätzlich neuen Erkenntnisse bringen, sondern auch ein Gebot der Sache selbst: Ich erfahre mehr von einer Musik, wenn ich sie *mehrfach anschaue*.

Die durchgehend gestellten *Aufgaben* ermuntern zu eigener Analyse. Wo nötig, geben Kommentare oder gezielte Fragen eine Hilfe. Man scheue auf keinen Fall die Mühe, sich den Aufgaben wirklich auszusetzen und musikalische Ausschnitte im Zusammenhang des Werkganzen zu studieren; nur so kann dieses Buch etwas einbringen.

Frau Dr. Jutta Schmoll-Barthel vom Bärenreiter-Verlag danke ich herzlich für ihr aufmerksames, engagiertes Lektorat.

Ich widme dieses Buch Diether de la Motte, meinem Lehrer vor langen Jahren - der nie »Lehrer« war, sondern sich von Beginn an als Kollege in Sachen Musik verstand und benahm: dem feinsinnigen Menschen, dem ideenreichen Künstler, dem Freund. Musiktheorie heute hat ihm viel zu verdanken.

Mühldorf am Inn, im Oktober 1992   Clemens Kühn

Ich bitte den Leser, *alle Beispiele*, bei denen ein ● steht, *zunächst selbst zu untersuchen und danach erst die Kommentare dieses Buches zu lesen*: zum Vergleich, zur Anregung, um zu widersprechen oder als Korrektiv.

HÖRANALYSE UND LESEANALYSE

1. Ich erinnere mich noch lebhaft an ein Konzert, in dem ich zum ersten Mal Mozarts Klavierkonzert A-Dur KV 488 hörte. Der langsame Satz begann:

Das Ohr registrierte sekundenschnell: Das *Klavier* fängt an, 6/8-Takt, fis-Moll, volltaktiger Beginn, dreistimmiger Satz aus Melodie und Begleitung, Siciliano-Typus, ein Anflug von Wehmut. Plötzlich, im zweiten Takt, aber geschah es:

Auf das melodische Ausscheren und den Absturz in den tiefen Ton war man nicht vorbereitet. Der Satz brach unvermittelt auseinander. Daß der tiefe Ton Eis war, konnte ich nicht identifizieren, und restlos klar waren mir auch nicht die nachfolgenden (T. 6ff.) harmonischen Täuschungen. Zurück aber blieb ein Gefühl von Verstörung. Das scheinbar Gesicherte, da Typologische, des Anfangs war dahin; die Musik gewann eine zutiefst *eigene* Ausdrucksqualität.

Der spätere erwartungsvolle Blick in die Partitur brachte Klarheit. Gewiß jedoch - deswegen sei dieses private Erlebnis berichtet - hätte mich der zweite Takt nicht derart aufgeschreckt, hätte ich die Noten verfolgen können: Dem Hören wurde zum Abenteuer, was ein schneller Blick überlesen oder sich einfach ins Normale zurechtgelesen hätte. Hören, als sinnliche Wahrnehmung, kann eine Intensität des Augenblicks erleben, die dem Lesen verschlossen bleibt. Dem Lesen, als denkendem Nachvollzug, sind andererseits feinste Entdeckungen möglich, die dem Hören direkt nicht bewußt zu werden brauchen.

Zwischen *Höranalyse* und *Leseanalyse* bestehen also gravierende Differenzen. Man sollte sie verstehen, um sie für die eigene Analyse fruchtbar machen zu können:
- Hören geschieht im Moment. Das Auge ist immer voraus, »weiß« daher, was kommen wird.
- Hören setzt Gegenwärtiges in Beziehung zu bereits Wahrgenommenem und noch oder »folglich« zu Erwartendem; ein Hören, das sich nicht nur

dem Moment hingibt, überblendet ständig das (bekannte) Vergangene und das (fiktive) Zukünftige mit dem real Erklingenden. Das Lesen dagegen ist frei. Es kann beliebig oft hin und her springen zwischen »jetzt«, »früher« und »später«.
- Hören kann wahrhaft überrascht werden. Lesen läuft eher Gefahr - da es immer das Gesamt vor sich hat -, musikalisch Aufregendes zu glätten und umstandslos »richtig« einzuordnen.
Ein Stück, das zu analysieren ist, sollte daher *zunächst nur gehört* werden, *ohne* Noten in den Händen. Alternative: Das Stück »stumm« lesen und bei jenen Stellen aufmerken, bei denen die innere Vorstellungskraft versagt.
2. Nach dem Hören scheinen mir auch zwei allgemeinere Fragen wichtig (die Antworten werden sicherlich beeinflußt von der persönlichen Hörweise und Befindlichkeit, sind aber nicht total davon abhängig):
- Welche *Wirkung* hatte die Musik auf mich? Ihr *Charakter* läßt sich genauer fassen an den *Eindrücken*, die sie vermittelt.
- Was eigentlich habe ich *behalten*? Was sich mir einprägt, kann Wesentliches aussagen über die Art der Musik: was sich warum in den Vordergrund drängt, während anderes im Hintergrund steht; was präzise wahrnehmbar ist und was diffus bleibt; ob ich Durchgehendes verfolgen konnte (etwa in einer Beethoven-Symphonie) oder Einzelbilder erlebte (etwa in einem Debussy-Prélude); ob ich musikalische Vorgänge erinnere oder eher das, was sie an Atmosphärischem auslösen.
Man mache das Experiment und schreibe, ohne jetzt in die Noten zu schauen, das allbekannte Thema von Schumanns »Träumerei« auf; ich unterstelle, daß Fehler passieren werden vor allem im Rhythmischen (=♩ |♩. ♪|♩♪♪♪ ?). Oder: Man notiere, nach einmaligem Hören, den Hornruf (hier zitiert auf S. 99) am Beginn von Schuberts großer C-Dur-Symphonie; man wird ins Stocken geraten. Oder: Was behalten Sie von dem Trio aus Schuberts Streichquintett C-Dur? (Bitte ausprobieren!) Vielleicht lautet die Antwort: abwärts gerichtete, tonal unklare Skalen, lang gezogene Kadenzen, einmal so etwas wie »Melodie«, harmonische Rückungen zwischen den in Klang eingebetteten Skalen.
Das Scheitern an der »Träumerei« sagt etwas über ihre Rhythmik, die quer zum Takt steht. Der Hornruf der C-Dur-Symphonie hat eine vertraute Selbstverständlichkeit, die sich bei genauem Nachvollzug verliert (wie verhalten sich die acht Takte motivisch-rhythmisch zueinander?). Beim Trio bleibt eher ein Gesamteindruck haften: abgewandte Musik, die kadenzierend immerzu schließt, voll Trauer, kaum fähig zu singen, von ausgelöschtem Zeitgefühl, da wie unendlich gedehnt ...
3. Ergebnisse des Hörens können jene des Lesens relativieren oder auch korrigieren (und umgekehrt). Oft ist es darum geboten, zwischen einer *lesenden, hörenden, theoretischen* und allgemein *musikalischen* Deutung zu unterscheiden.
● Veranschaulicht sei dies an der Modulation zum Seitenthema (T. 63) im ersten Satz von Beethovens 5. Symphonie:

Der bloße harmonische Sachverhalt ist klar. Zieltonart ist Es-Dur (in T. 66 definitiv erreicht). Vor ihr erscheint ihre Dominante B-Dur. B-Dur wiederum geht seine Dominante voran (= Doppeldominante, abgekürzt DD), als verminderter Septakkord a c es ges (T. 52-56). Der voraus-wissende *Leser* also notiert:

	T. 52-56	T. 58	T. 66
in Es:	DD^v____	D	T

Der *Theoretiker* fragt sich, auf der Suche nach harmonischer Logik, ob a c es ges auch in der Ausgangstonart c-Moll verständlich ist. Der Akkord lautet dann a c es *fis*, wäre also DD^v in c-Moll: verminderter Septakkord fis a c es zu deren Dominante G-Dur.

Daß (von c-Moll) aus fis gemeint sein kann, aber (von Es-Dur aus) ges notiert ist, weiß der *Hörer* nicht. Ich bezweifle auch, daß er auf solcher Ebene hört. Vorausgegangen war, über dem Orgelpunkt c, ein 15taktiges komponiertes Crescendo (T. 33-47), das mit auffahrender Gestik c-Moll geradezu festbohrt. 3 1/2 Takte Bestätigung durch deren Dominante (T. 48-51) und dann, nach flüchtig berührter Tonika (T. 51), der Akkord, wieder mit insistierendem Orgelpunkt c. Der Hörer dürfte die Takte wie eine gepreßte Tonika hören, ohne voraussehen zu können, was dieser Demolierung folgen wird.

Das führt zu einer letzten Perspektive, die vielleicht die zentrale ist. Allein die Modulation von c-Moll nach Es-Dur hätte nicht dessen bedurft, was Beethoven hier aufbietet. Es-Dur ist Durparallele von c-Moll; die Tonarten liegen so dicht beieinander, daß auf c-Moll auch unmittelbar die neue Dominate B-Dur hätte folgen können. Aber dann besäße diese Passage nichts mehr von ihrer pathetischen Größe und Wucht. Die Strecke ist eine *dramatische Inszenierung* ersten Ranges: mit der überstürzt zu frühen und zu kurzen Wiederkehr der Tonika c-Moll (T. 51); mit dem dynamischen Klimax auf jenem Akkord (T. 52ff.), der selbst doch nur vermittelnde Funktion hat, aber am längsten (5 Takte) dauert; der gespannten Generalpause (T. 57); dem *einen* B-Dur-Schlag (T. 58); dem überraschenden Hornruf (T. 59-62) als formalem Scharnier; dem um so drastischeren Wechsel ins Lyrische.

Ob nicht ein solches Verstehen der *kompositorischen Dramaturgie* dem Eigentlichen näher kommt als jeder - auf *eine* Dimension verengte - theoretische Ansatz?

BEDINGUNGEN

Soweit ich sehe, sind es im wesentlichen zwölf Bedingungen, denen sich Analyse gegenübersieht. Jede wird im folgenden einzeln erörtert und an Beispielen konkretisiert.

Der Anfang

Strawinsky bekennt in der *Musikalischen Poetik* seinen Schrecken, wenn ihm, im Augenblick des Beginnens, die unendlichen Möglichkeiten des Komponierens bewußt würden; wer einen wichtigen Brief schreiben muß, kennt die unangenehme Begegnung mit dem leeren Papier, das einen erwartungsvoll anstarrt; die Minuten vor seinem Auftritt sind für einen Interpreten belastender, als schon mitten im Spiel zu sein: Wie bei allen Dingen ist auch für Analyse *der Anfang* die größte Barriere. Und jeder muß seine eigenen Tricks finden, damit fertig zu werden. Mir persönlich hilft bei schriftlichen Arbeiten ein kleiner Selbstbetrug. Ist eine Seite fertig, streiche ich einige Zeilen durch und übertrage sie auf die folgende, leere Seite; ermunternd das Gefühl beim nächsten Mal, daß sich schon etwas Geschriebenes vorfindet ...

Eine formale Übersicht ist als Einstieg unumgänglich: zum einen zur Orientierung, zum anderen weil ihr Ergebnis (große Abschnitte, kleinere Sinneinheiten) weitergehende Überlegungen (Querverbindungen oder Gegensätze zwischen Teilen) auslöst. Es empfiehlt sich also methodisch, vom *Großen zum Kleinen* vorzugehen (seltener umgekehrt). Die Leitfrage lautet daher für durmolltonale Musik: Wo *kehrt etwas, wörtlich oder abgewandelt, wieder*? Aus der Antwort wird die große Form eines Satzes ersichtlich; von ihr aus lassen sich die kleineren Abschnitte beschreiben und untereinander vergleichen.

Je nach Art des Werkes oder Temperament des Betrachters könnte sich dann der Weg in zwei Extreme gabeln: in ein angespannt akribisches Entlangfahren am Notentext, das jede Einzelheit aufzunehmen sucht, bis sich eine bestimmte Vorstellung herauszuschälen beginnt; oder in ein locker unangestrengtes, fast absichtsloses Umherschweifen im Notentext, bis irgendwo Auge und Ohr haften bleiben. *Detail-Studium* oder *Al-fresco-Lektüre*. Das »oder« meint nicht, daß sich beides ausschließt. Im Gegenteil: Ein Wechsel zwischen »strengem« und »gelassenem« Lesen ist nicht nur ergiebig, sondern auch entspannend und anregend.

Auf die Schnelle allerdings sind analytische Einsichten nicht zu haben: Beide Ansätze, der sich vortastende und umherspringende, erfordern Muße. Das jeweilige Werk muß vertrauter Besitz werden. Es muß gleichsam innerlich im Betrachter weiterarbeiten, immer wieder gedanklich und emotional umkreist, immer wieder gespielt und gehört. (So kann es einem passieren,

daß man erst spät - ungewollt, wie schreckhaft - auf etwas stößt. Irgend etwas im Unterbewußten hat an der Sache weitergedacht.)
● Skizziert seien die beiden Wege an dem *Schnitterliedchen* (Nr. 18) aus Schumans *Album für die Jugend* (s. S. 16).
Formaler Bau? Durchgehend Viertakter, die sich zu Gruppen zusammenschließen, am Anfang zur Dreiteiligkeit (a: T. 1-4, b: T. 5-8, a: T. 9-12), am Ende nur noch mit a (T. 17-20) und b (T. 21-24); ein erneutes a ist ersetzt durch eine 8taktige Coda (T. 25-32). Die Takte 13-16 kontrastieren gleich dreifach zu den Rahmenteilen: satztechnisch durch das Unisono, rhythmisch durch den Auftakt, melodisch durch den *einen* großen Bogen. Durch den Kontrast ergibt sich auch im Großen die Idee der Dreiteiligkeit (T. 1-12, 13-16, 17-32 - oder hört man die T. 25-32 als eigenen, vierten Teil?). Der formale Bau ist eingängig, aus Gruppen gebildet im Wechselspiel von Gegensatz und Wiederkehr.

Detail-Studium: 2+2 Takte treten am Anfang zusammen, nur unterschieden durch melodisch offenes (♩ ♪ zur Terz) und schließendes (♩ als Grundton) Ende. Unaufwendige Melodik - die zweite ♫♩ -Figur ist Sequenz der ersten - mit volksliedtypischem Quartintervall. Bordunbaß. Darüber halbtaktiger harmonischer Wechsel als schlichte Kadenzharmonik. Die schließende Tonika steht auf *leichter* Zeit. Die Überbindung aber zwischen T. 1 und 2 und das Betonungszeichen auf der »zwei« schaffen eine leichte metrische Irritation: Die Melodie bleibt für den Hörer - wo ist tatsächlich die »eins«? - in der Schwebe. (Bei solcher Beobachtung angelangt, muß der Analytiker springen, um zu vergleichen:) Eindeutig dagegen ist die metrische Situation im Mittelteil - durch den Auftakt - und dann erst wieder in den zwei Schlußtakten mit ihrer dreimalig *betonten* Tonika.

Al-fresco-Lektüre: Verwunderlich, gemessen an der klassisch-romantischen Norm, ist die Tonart F- (statt C-)Dur für die Reprise in T. 17. Ein Blick auf den Anfang: Dort folgte auf C-Dur in T. 5 G-Dur. In der Reprise nun folgt auf F-Dur in T. 21 C-Dur : Die harmonische Relation des Anfangs ist damit erhalten. Vielleicht ist aber dies wichtiger: Die Reprise, als *dieselbe* Idee, wirkt *anders* durch die veränderte harmonische Farbe und den helleren, da höheren Klang.

Was ist »Gegensatz« in den Takten 5-8? Drei Momente: gegenüber T. 1-4 der Stimmtausch von Sopran und Alt (der, jetzt als Oberstimme, zu einer kleinen melodischen Figur erweitert wird); die Polyphonisierung des Satzes mit dem Erwachen des Basses zu einer eigenständigen *dritten* Stimme; die klar auskomponierte Kadenz.

Sprung zur Coda (T. 25). Erstmals und durchgehend Staccato. Erstmals durch Pausen deutlich getrennte Zweitakter. Merkwürdig die Hornquinten. Reduzierung zur Einstimmigkeit, mit einer Chromatik, die zu entschwinden scheint.

Für solches »Al-fresco«, noch elementarer verstanden, ein Ratschlag: Gehen Sie beim Betrachten eines Werkes von *Musikbildern* aus; nutzen Sie für sich die graphische Qualität und Aussagekraft von Notation. Manche Passagen in György Ligetis Orchesterwerk *Atmosphères* (1961) sind graphisch so schön und bezwingend, daß ihr Bild schon den Klang ahnen läßt (etwa, bei Buchstabe C, das gegenläufige

Schnitterliedchen

Ritardando und Accelerando in Bläsern und Streichern als Ausdünnung und Verdickung der Schrift; oder, nach Buchstabe E, die Krümmung inmitten der Partiturseite, weil sich Haltetöne zeitlich *nach*einander einstellen). Man halte, nur vom Bild her, den Josquin-Satz S. 69 gegen den Ockeghem-Satz S. 96, oder schaue sich Josquins *Sanctus* S. 68f. an - was wird daran nicht schon sichtbar!

Musikbilder verraten Musik. Auch in Schumanns *Schnitterliedchen* geben sie Auskunft. Das Bild *ändert sich* beim Unisono T. 13ff. und, drastisch, bei der Einstimmigkeit T. 29f.; das Anfangsbild *kehrt wieder* in T. 9 und 17. Bleiben die noch nicht »gesehenen« Partien T. 5ff. (in der Mittelstimme sehe ich eine bekannte Bewegung, anderes - was ich nun anschauen muß - ändert sich offenbar) und T. 25ff. (spontaner Eindruck: völlig neues Musikbild, dessen Sinn zu ergründen wäre). Analyse *mit den Augen.*

Bestandsaufnahme und Deutung

Noch einmal zum Reprisenbeginn (T. 17) vom *Schnitterliedchen*. Eine Analyse könnte sich in folgenden Stufen abspielen:
Ich *sehe* F-Dur. (Das klingt für manchen lächerlich. Spieler von Melodieinstrumenten werden jedoch bestätigen, daß ihnen das harmonische Zusammenlesen von Stimmen nicht leicht fällt.) Ich *verwundere* mich über F-Dur, da eine Reprise normalerweise in der Ausgangstonart steht. (Sehr oft ist Verwunderung oder diffuses Unbehagen, wenn man über eine Stelle stolpert oder mit ihr nicht klar kommt, ein fruchtbarer Anstoß des Nachdenkens.) Ich versuche, den *Sinn* des F-Dur zu *ergründen*. (Das ist hier vergleichsweise einfach. Bei anderen Werken ist diese letzte Stufe meist die schwierigste.)
Theoretische Kenntnisse sind also kein Selbstzweck. Die Fähigkeit, hier »F-Dur« zu erkennen oder in T. 30 einen Dominantseptakkord auszumachen und »D^7« zu notieren, besagt für sich genommen noch gar nichts. *Jedes* analytische Instrumentarium ist nur Mittel zum Zweck: nicht schon selbst Erkenntnis, sondern *Hilfsmittel zum Erkennen*. Analyse heißt zunächst zwar, in allen Dimensionen eines Satzes, *Bestandsaufnahme*; dann aber heißt sie *Deutung*, indem aus dem Gesehenen Konsequenzen gezogen werden. Darauf zielt Analyse, sonst wäre sie nichts als eine sprachliche Nacherzählung.
Es gibt allerdings Verfechter einer strikt phänomenologischen Betrachtung. »Analyse« heißt dann allein genaueste Wiedergabe dessen, was *ist*; nur das Evidente zählt, eine tatsächliche oder vermutete Sinngebung hat zu unterbleiben. Was hier leicht zum sprachlichen Entlanghangeln an der Musik und zu bloß Technischem verkümmert, kann sich auf der anderen Seite leicht in poetische Höhenflüge und subjektivistische Eigenbrödelei verirren. Beiläufig einmal hat Alfred Dürr solche analytische Schere wunderbar formuliert: daß dort, wo der eine den Einsatz der Oboe in Takt x konstatiere, der andere ragende Berggipfel sehe. Technokratisierung und wuchernde Auslegung bezeichnen konträrste Haltungen.

Schließen sich also musikalisches »Sein« und musikalischer »Sinn« wirklich aus? Ich meine, daß beides direkt verknüpft ist und aufeinander bezogen werden muß, soll »Analyse« ihren Namen verdienen. Das Werk selbst und seine Bedingungen ziehen die Grenze: Was nicht in den Noten steht, darf man nicht hineingeheimnissen. Die kompositionstechnische Analyse, die »Bestandsaufnahme«, führt zur Deutung: sonst bleibt das Technische abstrakt und stumm. Die Deutung ist rückgebunden an die technischen Ergebnisse: sonst bleibt die Deutung ohne Halt.

Für das *Schnitterliedchen* sähe ich am Ende drei interpretatorische Folgerungen:
- Die unterschiedlichen Satzarten zeigen unterschiedlichen Arten von Stimmrelationen, den Titel des Stückes beim Wort genommen: *verschiedene Formen des Singens*. Am Anfang die Melodie allein über hingezogener Begleitfläche: wie ein Vorsänger über chorischem (Summen im) Hintergrund. Dann (T. 5) die Auffächerung in drei solistisch anmutende Stimmen, jede mit ihrer eigenen Melodie. Und schließlich (T. 13) das bestimmte, kräftige Tutti; alle versammeln sich zu gemeinsamem Gesang.
- Die Coda setzt sich, nach Tonfall und Satztechnik, merklich davon ab. Sie wirkt wie *instrumentales* Rufen, das vor oder neben den Gesang tritt, so als ob plötzlich anderes hörbar wird: An den Hornquinten haftet traditionell die Assoziation von Jagd und Abschied; man vergleiche das »Lebe-wohl«-Motiv am Anfang von Beethovens Es-Dur-Klaviersonate op. 81a

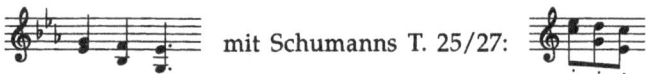

Das *Schnitterliedchen* erhält dadurch *bildhafte und räumliche Präsenz*. Bilder romantischer Vorstellungswelt drängen sich auf, von Feld und Wald, von singend begleiteter Arbeit und mit Hörnerklang begleitetem Jagen. Die sonore Wärme des Beginns, die klanglich-harmonische Aufhellung im Laufe des Satzes: Greifbar geradezu sind Nähe, Entfernen, herüberwehende und entschwindende Klänge am Ende, die den Gesang überdecken.
- Die Überschrift »Liedchen« verdient Beachtung. Auffällig viele Stücke im *Album für die Jugend* hat Schumann mit diesem Diminutiv versehen: *Trällerliedchen* (Nr. 3), *Jägerliedchen* (Nr. 7), *Volksliedchen* (Nr. 9), *Ernteliedchen* (Nr. 24), *Kanonisches Liedchen* (Nr. 27).

Das »-chen« meint wohl die vergleichsweise unkomplizierte Satzart und das kleinere Format des Stückes. »-chen« beschwört aber auch eine liebevolle, behagliche, unschuldige Atmosphäre. Entscheidend scheint mir daher zu sein, daß dies dem tatsächlich Komponierten widerspricht. Der Titel täuscht Anspruchslosigkeit vor, wo in Wahrheit Artifizielles vorliegt (wenn auch graduell, jedoch nicht dem kompositorischen Prinzip nach, geringer als in anderen Werken Schumanns). Er verweist auf eine volkstümliche Sphäre, ohne von Kunst zu sprechen. Er suggeriert Unmittelbarkeit, wo künstlerische Kontrolle am Werk gewesen war. Alle analytischen *Einzelbe-*

obachtungen belegen, wie »gearbeitet« das *Schnitterliedchen* ist. Das *Naive* - im Sinne eines Unverstellten, Heilen, Ursprünglichen - ist als Sujet gesucht und in Musik gesetzt; aber es ist zugleich Schein.

System-Analyse

Einem Text *Fragen stellen* zu können, ist die zentrale Aufgabe. Schlicht gesagt: Worauf überhaupt kann man beim Analysieren achten, damit etwas sichtbar wird am Notentext? (Anregungen dazu stehen im Kapitel »Fragen stellen« S. 53ff.)

Ein Text beginnt erst vielfältig zu reden, wenn er vielfältig befragt wird. Zu den Möglichkeiten des *Detail-Studiums* und der *Al-fresco-Lektüre* (S. 14) tritt damit ein ertragreicher dritter Weg: *System-Analyse*. (Auch hier geht es nicht um ein Entweder-Oder: Alle *drei* Möglichkeiten können sich wechselseitig stützen.) Man geht *systematisch* den Text durch, unter je *einem einzigen analytischen Gesichtspunkt*, etwa: harmonische Stationen, Taktgruppierungen, motivischer Verlauf ... Je mehr Aspekte ich an den Text herantrage, desto dichter und innerlich verzahnter wird das analytische Mosaik.[1]

Verweigert der Text eine Antwort (»harmonisch gebe ich nichts her«), bedeutet das kein Versagen der Analyse. Eben das Verweigerte *ist* das, was es anzumerken lohnt: »harmonisch arm, dafür aber ...«, »rhythmisch uniform, denn ...«, »melodisch nichtssagend, weil ...«. Die Eingangs-*Toccata* zu Montevedis Oper *L'Orfeo* (1607) ist harmonisch ereignislos. Unveränderter, prächtiger Raum: ein Fest in C-Dur. Aber: Wieviele rhythmische Schichten gibt es, und was geht in ihnen melodisch vor (s. S. 20)?

---

1   Eindrucksvoll belegt das auch ein Aufsatz von Reinhold Brinkmann: Lied als individuelle Struktur. Ausgewählte Kommentare zu Schumanns »Zwielicht«; der Aufsatz steht S. 257-275 in der S. 7 angeführten Festschrift für Hans Heinrich Eggebrecht. Brinkmann kreist das Lied von sechs verschiedenen Seiten her ein: Schrittweise zeigt es immer mehr von sich.

Musiken

Musik zeigt sich in faszinierender Vielfalt, die jedes Werk zum neuen Prüfstein macht. Es gibt nicht »die« Musik, sondern nur Musiken: epochal und stilistisch unterschiedliche Sprechweisen. Der Satz »*so* ist ...« scheidet für Analyse aus.

Später wird von harmonischen Spannungsgraden (S. 79 und S. 85), von Septakkorden (S. 73ff.), von melodischer Richtung (S. 101f.) oder von der Bedeutung einzelner Intervalle (S. 102f.) die Rede sein. Sei es ein Akkord, ein harmonischer Vorgang oder eine melodische Bewegung: *Kein* Sprachmittel läßt sich in seinem Gehalt ein für alle Mal festlegen. Äußerlich Identisches kann, je nach Sprache und Kontext, völlig unterschiedliche Funktion und Wirkung haben.

Um mit dieser Schwierigkeit fertig zu werden, muß man sich ihrer zunächst bewußt sein: um hellhörig zu werden für gestalterische Fülle, Bedeutung und Bedeutungswandel in diversen Musiken.

Nicht immer »alles«

Analyse heißt nicht: immer »alles«. Der Drang, »vollständig« sein zu wollen oder zu müssen, schadet der Sache eher: Ein enzyklopädischer Ehrgeiz (oder eine analytische Pedanterie), auch noch jede Kleinigkeit anzusprechen, würde das musikalische Geschehen verschütten unter einem Wust angehäufter Details. Nicht Lückenlosigkeit ist erstrebenswert, sondern *gewichtende Beschränkung*, um den *abgestuften Rang* von Ereignissen zu erkennen oder Musik womöglich auf den Punkt zu bringen.

● Was läßt sich beobachten und was sollte man hervorheben an diesem kleinen Klavierwalzer Schuberts (*Zwanzig Walzer*, D 146, Nr. 18)?

Man könnte vieles ansprechen: die *Form* (hört man den Walzer *zweiteilig*, als 8+8 Takte, oder *dreiteilig*, mit T. 9-12 als - wie häufig: dominantischem - Mittelteil?); die *entfernten Terzverwandtschaften* (B-Dur/D-Dur - in T. 8 als klangschöne Vertretung eines herkömmlichen Ganz- oder Halbschlusses -, D-Dur/F-Dur); die wechselnde *harmonische Beleuchtung* des herausgestellten Melodietones d^2 (als Terz von B, Grundton von D, Quinte von g, Sextvorhalt - T. 15 - in F); den schmalen *melodischen Raum*; die *motivischen Varianten*, deren Tonfolgen so in sich kreisen, daß exakte Zuordnungen schwer fallen (vgl. T. 1/2 mit 5/6 und 9/10 = 11/12 und mit dem gegenläufigen T. 14; vgl. T. 3 mit seiner Umkehrung T. 7 und mit T. 15; oder ist T. 7/8 Variante von 5/6, T. 15/16 von 7/8, und T. 14 von 3 ...?); einen aufstrebenden *Sekundzug* innerhalb der melodischen Zieltöne (T. 2: c^2, T. 6/8: d^2, T. 10/12: es^2); das behutsame *In-Bewegung-Kommen* am Anfang (Kadenz über dem Orgelpunkt B, T. 6 dann ...); die *Vorahnung* der kleinen None ges (T. 10) im ges von T. 3, oder die *Analogie* der Schritte b-fis (verminderte Quarte)-g im Baß T. 5-7 zu b-e (verminderte Quinte)-f in T. 13-15.

Nur sechzehn Takte Musik locken zu zahlreichen Entdeckungen. Alles *anzuführen*, könnte das kleine Stück erdrücken oder verdunkeln. Hervorhebenswert scheint mir am Ende *ein* unauffälliger Kunstgriff zu sein. Bis zu T. 12 gibt es ausschließlich Zweitakter, eingezirkelt durch immer dasselbe rhythmische Modell ♪♪♪ | ♩. . Und nun, einmal nur und um so bezwingender, geht die Linie in Vierteln durch: Vier zusammenhängende Takte lang hat der Walzer plötzlich einen melodisch weiten Atem; T. 14, wo der Hörer erneut ♩ erwartet, ist das Fortziehen harmonisch herausgehoben durch die Weichheit des verkürzten Septnonenakkordes (e g b d) an Stelle der (bitte alternativ ausprobieren!) klangpräzisen Subdominante. Der Schluß des Walzers schenkt einen wunderschönen Moment.

> Aufgabe
> Schubert-Tänze, unterschätzt und wenig gespielt, sind bezaubernde *Charakterstücke*; wer einmal auf sie gestoßen ist, mag nicht mehr davon lassen. Jeder dieser Tänze hat irgendwo einen ganz persönlichen Einfall: indem er mit einer Schlußwendung beginnt oder im zweiten Achttakter ausschert oder mit harmonischen Farben spielt oder ... Ans Herz gelegt zum Spielen und Nachdenken seien alle Tänze, herausgegriffen hier wenigstens ein Zyklus: *Ländler* für Klavier op. posth. 171 (D 790), zumindest Nr. 2, 3 und 4: Was an ihnen wäre hervorzuheben?
> Meine persönliche Sicht: Nr. 2 weiß nicht, in welcher Tonart er steht, Nr. 3 fängt mittendrin an und zeigt erst am Schluß - T. 14 -, wo T. 1 harmonisch »eigentlich« hingehört, Nr. 4 verzerrt, nach *dominantischem* Hineinplatzen, den ersten Achttakter, indem T. 4 die motivische Analogie zu T. 2 verweigert.

Das Wesentliche

Der Mittelteil kleiner dreiteiliger Formen steht, harmonisch abgesetzt, gern in der Dominante. Das ist ein Stück Konvention. Eine Analyse braucht sich darüber nicht lang auszulassen. Quintschrittsequenzen gehören zum Repertoire tonalen Komponierens; wenn aber eine Sequenz bei Schubert als Es-As-H-E-Dur verläuft statt »normal« als Es-As-*Des-Ges*-Dur, ist der analytische Kommentar gefordert. Daß das Stück X in der Tonart Y steht und vierstimmig beginnt, ist nur erwähnenswert, wenn die Tonart - gemessen am historisch, gattungsmäßig, charakterlich Üblichen - auffällt und die *Vier*stimmigkeit (warum?) etwas Besonderes ist.

Lerne - darum geht es hier -, Selbstverständliches vom Wesentlichen zu unterscheiden. Das klingt einfach, ist aber aus zwei Gründen schwer: Erstens steht nicht von vornherein fest, was substantiell ist; deswegen sollte man zunächst auch vermeintlich Marginales notieren, um erst am Ende, wenn sich das Bild geklärt hat, Belangloses oder auf der Hand Liegendes auszusortieren: das, was keiner Erörterung bedarf, da es aus den Noten unmittelbar ersichtlich ist. Und zweitens bedarf es der Kenntnis historisch-stilistisch unterschiedlicher Sprachweisen, um Typologisches von Eigenständigem trennen zu können. Zu jeder Zeit lassen sich generelle von spezifischen Sprachmitteln - allgemein *Verfügbares* und persönlich *Erfundenes* - unterscheiden.

Exemplarisch sei ein konkretes Beispiel durchgespielt. Ich wähle es bewußt aus »alter« Musik, weil man damit nicht so recht umzugehen gelernt hat, wo man aber auch unbefangener ansetzen kann, ohne sich sofort in gewohnten Denkbahnen (Motiv, Zweitakter...) einzunisten. ● Wie analysieren Sie diesen Anfang einer *Ave Maria*-Motette von Josquin des Prés (~ 1440-1521), was daran ist »wesentlich«, also erwähnenswert? Es empfiehlt sich, die eigenen Beobachtungen zur Selbstkontrolle schriftlich zu skizzieren; erst danach bitte weiterlesen.

Folgendes ließe sich wohl im ersten Anlauf festhalten: (1) Vier melodische Phrasen: für »Ave Maria«, »Gratia plena«, »Dominus tecum«, »Virgo serena«. (2) Jede wird durch alle Stimmen imitiert. (3) Die jeweiligen Nahtstellen sind durch Überlappung verdeckt (»Gratia« setzt sein, während der Baß noch sein »Ave« singt). (4) Nur »Gratia« und »Virgo« enden mit erkennbarer melodischer Schlußwendung (*Klausel*) - »Ave« hat keine Klausel, eine Klausel für »Dominus« im Tenor T. 24[2] fällt zusammen mit dem »Virgo«-Beginn. (5) Der Rhythmus belebt sich - beachte auch die Imitation zwischen Alt und Tenor T. 27/28 - gegen Ende. (6) Auffällig die gleichlautenden Baßgänge T. 16/17 und 30/31.

Nun aber beginnen die Probleme erst. Was an all dem ist wichtig, was fehlt eventuell, und was wäre der Gesamtbefund? Denn daß (1) einem neuen Wort oder Textabschnitt eine neue melodische Phrase (*Soggetto*) entspricht, ist ebenso Allgemeingut in Josquins Zeit wie (2) das Prinzip der Durchimitation und (3) die Verzahnung der Soggetti. Klauseln (4) waren als Abschluß einer Phrase möglich, aber nicht zwingend. Alle vier Beobachtungen können, beiläufig gewissermaßen, in einer Analyse angeführt werden; aber sie treffen offenbar nicht das Spezifische *dieser bestimmten* Motette. Es scheint also, daß erst (5) und (6) dahin führen könnten. Denkt man an ihnen weiter, gelangt man von selbst - weil ein Schritt den nachfolgenden provoziert - zu vier bemerkenswerten Erkenntnissen:

1. Zunächst nur ganze Noten, dann Einführung der Halben (T. 8, 10) und der Viertel: als Ornament der Klausel (T. 11), als Durchgang (T. 19) und schließlich als kleine Kette (T. 27/28): Das vorsichtige Einschwingen im Rhythmischen ist zwar durchaus zeittypisch, öffnet aber - in solcher Weise nachgezeichnet - plötzlich die Augen für ein analoges *klangliches Crescendo*: die sammelnde *Vierstimmigkeit* der T. 28-30.

2. Die Identität der Baßgänge T. 16/17 und 30/31 legt einen Vergleich der Phrasenschlüsse nahe. Dann aber fällt deren Gleichlaut ins Auge: die Klausel c-h-c, verziert in T. 11/12ff., unverziert in T. 29/30. Zwei Schritte deswegen weiter (denn daß zweimal dieselbe Klausel auftritt, ist ja noch nicht verwunderswert). Erster Schritt: Wie sieht es im *weiteren Verlauf* aus? Wer Gelegenheit hat, die ganze Motette einzusehen, erkennt das »c-h-c« als Bauprinzip. Nicht die Klausel *selbst* ist das Bemerkenswerte; sie gehört zum normalen Vokabular dieser Zeit. Erstaunlich ist die Unermüdlichkeit, mit der sie eingesetzt und herausgestellt wird. Sie kehrt stereotyp wieder: T. 52/53, 59/60, entsprechend 64/65, 76/77, 92/93, 108/109, 136/138, 140/141, und am - S. 68 zitierten - Schluß; dabei kehrt der melodische Zug

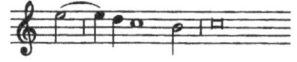

aus T. 29/30 *wörtlich* wieder in T. 52/53 und 92/93.

Zweiter Schritt: Es drängt sich auf, nun auch die *Anfänge* zu vergleichen.

---

2 Zur unkomplizierteren Verständigung sei das Sprechen in »Takten« gestattet, die diese Musik noch nicht kennt.

Frappierend, daß jedes Soggetto das c anspringt oder mit ihm beginnt; bis zum T. 30 erklingt im Sopran 14mal das c^2. Auch das setzt sich in der Motette fort. Jedes neue »Ave«, ausgenommen T. 111, beginnt in dieser Weise: T. 31 (hier zitiert S. 70), 55, 78, 94 im Tenor, die Schlußbitte (S. 68) T. 143. Und tief berührend - hat man es bewußt wahrgenommen -, wie oft die Melodik hinaufsteigt zum Klangschmelz der C-Terz; man spiele und *singe* daraufhin die ersten 30 Takte und die Ausschnitte auf S. 68 und 70!

3. Wenn Anfänge und Schlüsse derart übereinstimmen, liegt wiederum ein Vergleich der Soggetti nahe. Verblüffend ist ihre Nähe zueinander (auch dies gilt für die *ganze* Motette). Man ist versucht, von Varianten und Ableitungen zu sprechen, während doch sonst die *Verschiedenheit* von Soggetti die Norm ist. Notenbeispiele empfehlen sich, wie jetzt, in Analysen immer dort, wo sie etwas unmittelbarer und anschaulicher zeigen als das beschreibende Wort:

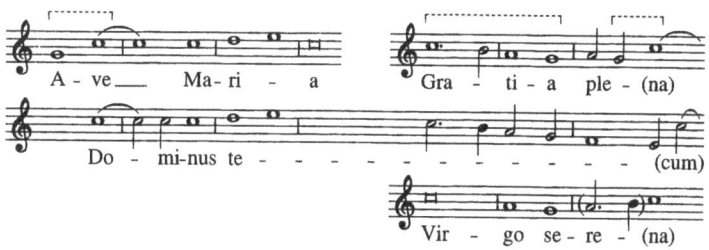

Eine Differenz ist schön: »Gratia«, »Dominus« und »Virgo« verbinden, wie es gern bei Soggetti geschieht, prägnanten Beginn mit fließender Fortsetzung. Allein das »Ave« bleibt ohne melismatisches Ausschwingen: als purer Gruß. Dieser rhetorische Gehalt *begründet* nun auch, warum das »Ave« keine Klausel hat.

4. An diesem Punkt fällt auf, daß für jedes Soggetto noch ein Aspekt fehlt. Die Beobachtung (2) oben sagt noch nichts aus über die *Einsatzfolge*; als Klangmoment ist sie für durchimitierte Sätze ein Mittel satztechnischer Differenzierung. »Virgo« ausgenommen (Folge: A - S - T - B), setzen die Stimmen von oben nach unten ein (S - A - T - B). Solche Einsatzfolge ist ganz normal. Zu etwas Besonderem wird sie durch die *Konsequenz*, mit der sie sich behauptet (ähnlich den auf c fixierten Anfängen und den immer wieder c ansteuernden Klauseln: die *Hartnäckigkeit*, mit der etwas hervorgekehrt ist, kann als Indiz für *kompositorische Absicht* gelten). Dreimal hintereinander gleiten die Soggetti vom Sopran zum Baß hinab. Auf mich wirkt dies wie eine in Musik umgesetzte *körperliche Geste*: Abbild einer ehrerbietigen Verneigung oder Kniebeuge.

Dies wäre, zusammengefaßt, für mich das »Wesentliche«: Josquins *Ave Maria* ist *gestische Musik in C*. Klangsteigerung, identische Anfänge und Schlüsse, einander verwandte Soggetti: Dies sind formbildende Momente, weil sie eine deutliche Gliederung der gereihten »Ave« und einen einheitlichen Ton verbürgen. Vor allem aber gibt das c-Zentrum eine melodischklangliche Eindringlichkeit, die sich dem Hören eingräbt; in immerhin 155

Takten gibt es nur viermal eine Klausel mit dem Leitton fis. Die tiefste Sinnschicht ist wohl symbolisch zu nehmen: Das *Ave Maria* dreht sich, seinem Sujet folgend, im reinen, von Akzidentien gleichsam »unbefleckten« C-Modus.

Aufgabe
Heinrich Schütz: *So fahr ich hin zu Jesu Christ; Also hat Gott die Welt geliebt* (= Nr. 11 und 12 aus der *Geistlichen Chormusik 1648).* Was sollte Analyse als bedeutsam zur Sprache bringen?

Staunen

Staunen können ist wichtig. Wer, besessen von theoretischem Eifer, einen Notentext mit Zeichen und Begriffen vollstopft, wird wundersame harmonische Wendungen, ungewöhnliche formale Wege, erschreckende melodische Einbrüche leicht zukleistern. ● »Welch schöne Nacht« ruft Agathe im *Freischütz* (Nr. 8, Szene und Arie).

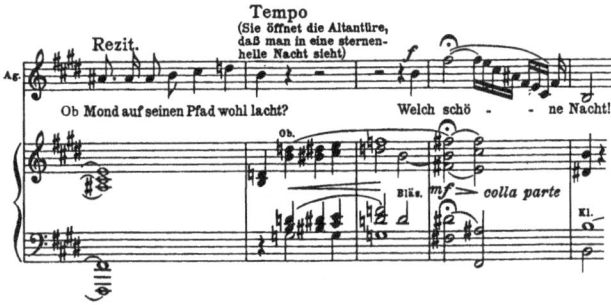

»An dieser Stelle setzt Weber einen übermäßigen Quint-Sextakkord, der sich, wie so oft ..« ruft regungslos der Theoretiker - und der überwältigende Zauber dieses musikalischen Moments ist nicht nur verkümmert zu einer technischen Prozedur, sondern überhaupt nicht erfaßt.

Theoretische Erklärung: Der Akkord im dritten Takt ist, in Fortsetzung der chromatischen Linie, gemeint als g h d *eis.* Auf die Zieltonart H-Dur (T. 5) bezogen, ist der Akkord die Doppeldominante: als verminderter Septakkord (DD^v) mit tiefalterierter Quinte g statt gis im Baß (DD^v: <cis> eis gis h d; alteriert: eis g h d; Akkordstellung: g h d eis).

Musikalisches Ereignis: Die »Schönheit« der Nacht ist eingefangen in einer betörenden Wendung. Denn die Auflösung des Akkordes in den kadenzierenden *Dur*-Quartsextakkord ist überraschend und von hoher Leuchtkraft: überraschend, weil der Hörer, wie »falsch« notiert, einen Dominantseptakkord (g h d f) hört und eine entsprechende Weiterführung erwartet; leuchtend, weil ein Verminderter dem *Moll*-Bereich entstammt, also auch nach Moll leiten sollte. Hier aber wird die kleine None d, unausgesprochen als Leitton cisis verstanden, nach oben zur Durterz dis gehoben; und in der Singstimme unterstreicht der Sprung zum Spitzenton die außerordentliche Wirkung. (Das muß man *hören*, nicht nur lesen!³)

Musik kann betroffen machen, und man sollte nicht die Fähigkeit verlernen, sich betroffen machen zu lassen. Gedachtes auch emotional erfassen, Gefühltes auch denkend durchdringen: Das angerührte, staunende Herz des Analytikers ist die Kehrseite seines forschenden Blicks. Wer sich vor dem einen fürchtet - weil er es als unangebracht »subjektiv« und gefühlig oder als bemüht »objektiv« und leblos beargwöhnt -, dem wird auch das jeweils andere nicht recht gelingen.

Einen »kühlen Rausch« nannte Pierre Boulez das Komponieren. Gilt dieselbe hinreißende Paradoxie nicht ebenso für Analyse, dem *Musik-Machen auf nachvollziehendem Wege*? Analyse verlangt nach Distanz *und* Hingabe.

Aufgabe
Franz Schuberts Lied *Einsamkeit* (Nr. 12 der *Winterreise*). Was geschieht harmonisch bei dem Text »war ich so elend nicht«? (Die Takte beziehen für mich paradoxerweise aus der Negation eines Verstoßes ihre Ausdrucksstärke. Die harmonisch »korrekte« Weiterführung des übermäßigen Quintsextakkordes nach *Moll* wirkt so bedrückend, weil sich die harmonisch »falsche«, lichtvolle und gehobene Weiterführung nach *Dur* eingebürgert hatte.)

Beziehungen

Es gibt Musik, die durch thematische Dichte und äußersten Beziehungsreichtum gekennzeichnet ist. Doch ist dies kein musikalisches Gesetz. Je mehr Beziehungen = desto großartiger die Kunst = desto begeisterter das Urteil: Die Gleichung geht in solcher Form nicht auf.

Der Drang, ein möglichst umfassendes Netz von Zusammenhängen nachzuweisen, ist verführerisch, aber gefährlich. Bei einiger Großzügigkeit läßt sich alles mit allem verknüpfen. Eher sind jedoch die Grenzen zu sehen, jenseits derer Analyse in haltlose Spekulation oder Einbildung umschlägt. Zu *zügeln ist eine analytische Lust*, die musikalisch Eigenständiges dadurch einebnet, daß sie alles erbarmungslos auf anderes zurückführt.

Ludwig van Beethoven, 1. Satz der Klaviersonate B-Dur op. 22. Ein analytischer Eifer, der die Oberstimme T. 13-15

---

3 Tief bewegend - zu Herzen gehend, ohne sentimental zu sein - sang für mich Elisabeth Grümmer diese Partie. Ihre Interpretation ist auf Schallplatte festgehalten (EMI 29 1210 3: Elisabeth Grümmer. Ein Porträt).

zur »Augmentation« der Unterstimme T. 13

und beides wiederum zur melodischen Vorausnahme von T. 17

erklären würde, schösse doch wohl über das Ziel hinaus. Die satztechnische, harmonische und formale Situation ist grundverschieden. Gerade *Trennendes* wird hier formbildend.

Das Thema von Mozarts *Sonata facile*

exponiert eine Dreiklangsbrechung aufwärts (T. 1), den Leitton zum Grundton (T. 2) und eine ornamentierte Skala (a^2 g^2 f^2 e^2) abwärts (T. 3/4). Allgemeiner oder anonymer könnte das Baumaterial nicht sein: Kein klassisches Werk kommt aus ohne Dreiklänge, Leittöne, Skalen. »Alles«, was in Mozarts Satz geschieht, läßt sich daher aus dem Anfang »herleiten«. Was eher spielerisch assoziativ vorangeht, bekommt dann unversehens die Schwere stringenter thematischer »Arbeit«.

Zur Verdeutlichung: Nicht das »Allgemeine« oder »Anonyme« ist das Problem. Dafür gibt es viele Belege. Drei repetierte Töne und eine fallende Terz: Für sich genommen ist das Anfangsmotiv von Beethovens 5. Symphonie ebenso nichtssagend wie der Themenbeginn, ein gebrochener Es-Dur-Dreiklang, seiner 3. Symphonie. Monumentalität und Prägnanz erhält das Motiv der *Fünften* durch seinen unvermittelten Einsatz und den rhythmischen Impuls, Individualität erfährt die Idee der *Dritten* durch die (thematisch zu ihr gehörige) chromatische Fortsetzung. Zwingend und verbindlich werden derart reduzierte Ausgangsmaterialien durch ihre beherrschende Rolle im Satzverlauf. Es geht also nicht darum, Beziehungen unterschlagen zu sollen. Es geht um das schwierige Problem von deren *Ausmaß*: wieweit etwas komponiert ist, oder was ein Analytiker, befangen in der Suche nach unbedingter Konsequenz, noch zu sehen wünscht.

Hebt man jede Dreiklangsbrechung in den Rang des Thematischen, erhalten selbst Allerweltsvokabeln der Klassik tiefsinnige Bedeutung. Und konzentriert man sich nur auf »Zusammenhang«, büßen noch gegensätzliche Ideen ihr Profil ein, da ihre Herkunft bedeutsamer wird als ihr kontrastierend Eigenes.[4]

Man kann Musik auch dadurch Unrecht tun, daß man ihre Analyse überzieht. Die Gefahr liegt oft nicht darin, daß man etwas *über*sieht, sondern zu *viel* sieht.

Kategorien

Nicht jede Kategorie taugt für die Betrachtung jeder Musik. Ein Denken, das von der Linie Haydn-Beethoven-Brahms-Schönberg herkommt, wird von der Idee »Entwicklung« - dem folgerichtigen Auseinanderhervortreiben von Gedanken - beherrscht sein; einer durchimitierten Motette Josquins ist sie ebenso unangemessen wie einem seriellen Werk von Boulez.

Analyse braucht Kategorien in Form von Begriffen und Normen. Ohne sie wäre verstehende Deutung gar nicht möglich. (Über das F-Dur für die Reprise in Schumanns *Schnitterliedchen* - vgl. S. 17 - würde man dann einfach hinweggehen.) Angreifbar ist nur deren Verabsolutierung: wenn etwa ein Lehrbuch eine »ältere, unentwickelte Sonatensatzform« von jener Beethovens abgrenzt, gebannt in *dessen* formalen Vorstellungen.

Kategorien helfen sehen und verstehen. Darin liegt ihre Funktion. Oft jedoch kollidieren sie mit dem einzelnen, für sich gültigen Werk; und dann gilt es, das *Werk* zu würdigen, nicht aber die Kategorie retten zu wollen. Ein viel kritisiertes Beispiel gibt die metrische Theorie Hugo Riemanns. Er betrachtete die Folge »leicht« | «schwer« als verbindlich; sie war ihm »Urtypus aller Form« für Motive, Motivgruppen, Takte, Taktgruppierungen. Dieses System - normativ verabsolutiert - wurde *Maßstab* der Analyse. Riemann war (mit bei ihm seltsamer Unempfindlichkeit gegenüber harmonischen, melodischen, rhythmischen Gegebenheiten) der Überzeugung, daß Beethoven und Mozart Taktstriche immerzu falsch (also gegen das leicht-schwer-System) gesetzt hätten; so müßte Mozarts Variationenthema der Klaviersonate A-Dur KV 331 »eigentlich« ♩♫ | ♩ ♪ notiert sein.

Kategorien sind fruchtbar, wo sie greifen. Sie sind noch fruchtbarer dort, wo sie scheitern (Beispiel: Sonatensatz, S. 184ff.): weil *daran* das Persönliche einer Sprache faßbar wird.

---

4 Ähnlich leicht verschieben sich die Akzente bei einer beliebten Untersuchung: dem analytischen Nachspüren, wer was von wem wo übernommen hat. Natürlich ist es aufschlußreich und musikalisch spannend zu sehen, wo Mozart auf Haydn und Schubert auf Mozart zurückgreift. Aber ist nicht die Frage viel bedeutungsvoller, was sie daran *anders* machen, wo also der personengebundene *Unterschied* statt des vordergründig Gemeinsamen liegt?

Linie contra Klang

● Ist der Ton B im Baß dieses Choraltaktes von Johann Sebastian Bach ein »Vorhalt« (zum Grundton von As-Dur) oder ein »Durchgang« (als Verbindungsnote zwischen c und As)?

Unverziert wäre der Takt (a) ohne den Ton B; regulär wäre er (b) mit dem B *un*betont auf »eins und« (statt betont auf »zwei«):

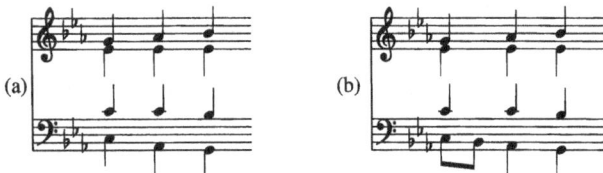

Bachs Fassung weicht von der Norm ab. Der Ton B ist, nach damaligem Verständnis und Vokabular, *irregulärer Durchgang*. Christoph Bernhard, Schüler von Heinrich Schütz, zählt den »transitus irregularis« zu den *Figuren*, rhetorisch begründeten Abweichungen vom regelhaften kontrapunktischen Satz. Die Figur entsteht, »wenn die anschlagende Note« (bei Bach das B) »falsch« (also dissonant) »ist, die folgende aber gut«. Ebenso beschreibt es Johann Philipp Kirnberger, Schüler von Bach; ein irregulärer Durchgang, bei dem die »Hauptnote« der »durchgehenden Note« folge, sei zwar weniger »angenehm« als ein regulärer, mache aber »den Gesang reizender«. Bernhard stellt seinem Beispiel (a) (bei * stehen irreguläre Durchgänge) Beispiel (b) als einfache Version gegenüber. Bezeichnend bei Kirnberger, Beispiel (c), ein Unterschied zu Bernhard: Die beigefügten Generalbaßziffern sind Ausdruck gleichzeitigen *klanglichen* Denkens.

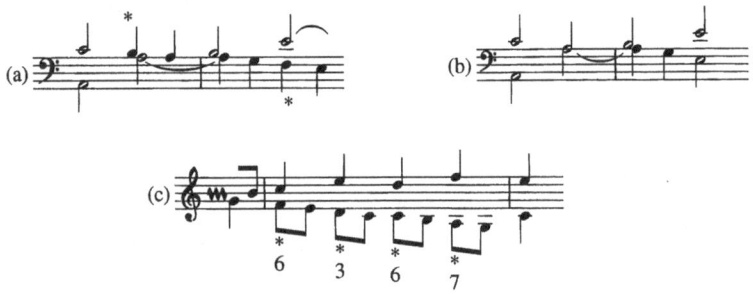

Die Antwort auf die eingangs gestellte Frage hängt also von meiner Perspektive ab. Lese ich den Takt als Akkordfolge c, As, Es, so ist der Baß ein Vorhalt in As-Dur. Lese ich den Takt linear als Stimmengefüge, so ist der Baß ein (irregulärer) Durchgang, mit dem man »die fallenden Tertien« - hier die Terz c-As - »auf solche Maße stärcken« kann (Bernhard)[5]. Im ersten Fall denke ich akkordisch-klanglich, im zweiten intervallisch-linear: »Vorhalt« ist eine *harmonische*, »Durchgang« eine *kontrapunktische* Kategorie.

Ich habe das einfache Beispiel bewußt ausführlich erörtert, um ein generelles Problem verständlich zu machen. Im Kanon der musiktheoretischen Fächer haben sich die Rangverhältnisse umgestülpt. Galt »Kontrapunkt« bis in das 18. Jahrhundert hinein als Inbegriff von Komposition, so ist er heute zu einer peripheren Disziplin abgesunken. Fast allbeherrschend ist statt dessen die »Harmonielehre«. Leicht führt diese Verschiebung - darin liegt das Problem - zu einer Verzerrung: indem für durmolltonale Musik prinzipiell harmonische Sachverhalte als das Eigentliche gewertet werden. *Lineare* Vorgänge aber sind mindestens gleichrangig, wo nicht wesentlicher als klangliche.

● In Mozarts Klavierfantasie d-Moll KV 397 stehen diese merkwürdigen Takte:

Ein harmonisch-funktionaler Nachvollzug gerät schnell in eine Sackgasse: a-Moll als Tonika, ihre Dominante E-Dur, Zwischendominante (g-b-e) zum Gegenklang F-Dur, das aber nicht kommt, weil ... Die Bezüge werden absurd, und kein Hörer hört so. Die Takte beruhen offenbar nicht auf einem harmonischen Akkordsatz, sondern einem *linearen Intervallsatz*. Trägt man schrittweise die Chromatik und die Vorhaltsbildungen ab, wird das Gerüst sichtbar. Hier sei der umgekehrte Weg beschritten - von der diatonischen Urform zur tatsächlichen Formulierung:

---

5   Beide Zitate Bernhards nach: Joseph Müller-Blattau: Die Kompositionslehre Heinrich Schützens in der Fassung seines Schülers Christoph Bernhard, Kassel 1963, S. 146f. (»Vom Transitu«). Kirnberger: Die Kunst des reinen Satzes in der Musik, Bd. I, 1776-79, Nachdruck 1988, S. 195f. und 215.

Diatonische Urform
zweistimmig
(dreistimmig durch hinzutretenden Alt)

Mit chromatischem Baßgang

Mit chromatisch parallel laufender
Mittelstimme

Mit leittöniger Verschärfung des Sopran
(d - dis) nach Vorhalt;
dann Tontausch zwischen Alt und Sopran.

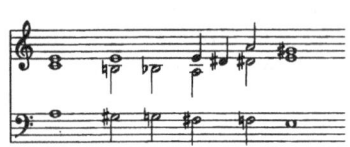

Die Behauptung wäre unsinnig, Mozart hätte in solchen Schritten gedacht und komponiert. Die Rekonstruktion soll nur verständlich machen, daß das *harmonische* Ergebnis auf *kontrapunktischen* Voraussetzungen beruht: Die Takte sind zu verstehen als chromatisierter *Fauxbourdon* (zum Fauxbourdon s. S. 46).

Aufgabe
Franz Schubert, 1. Satz der großen C-Dur-Symphonie, T. 589-606 und die steigernde Wiederholung T. 610-633: Wo und wieweit erlauben die Partien noch eine harmonisch-funktionale Erklärung, welche Rolle spielen lineare Vorgänge?

Repertoire

Analyse gelingt um so besser und glaubwürdiger, je mehr Musik man kennt. Wer nur eine Bach-Fuge, eine Beethoven-Sonate, ein Chopin-Prélude präsent hat, kann andere nicht richtig würdigen: Es fehlt jede Möglichkeit des Vergleichs und der Einordnung.

Für den Anfänger liegt darin ein großes Problem, das nur durch schrittweise und kontinuierliche Erweiterung des Repertoires zu lösen ist. Alle

Energie muß daher, gerade am Anfang, in *das Hören und Lesen von Musik selbst* investiert werden. Nach meiner Beobachtung passiert aber durchweg das Gegenteil. Da hat sich jemand den Komponisten X ausgesucht. Und prompt liest er - gläubig und gedrängt, sich abzusichern - viele gescheite Aufsätze und Bücher, merkt sich ein paar Gedanken und Begriffe, setzt sich ein Bild zusammen, und am Ende hat er Gelesenes - statt Erfahrenes. Vergeudete Zeit. Denn begriffen, erlebt, gefühlt, für sich als Musiker gewonnen hat er rein gar nichts: weil er sich nicht zunächst unvoreingenommen und wahrhaft mit der Musik allein auseinandersetzte.

Wer sofort Literatur *über* Musik liest, schüttet eigene Eindrücke und Ideen völlig zu. Gewiß: Je unüberschaubarer die Flut an Publiziertem wird, desto größer mag die Scheu werden, sich unbefangen auf einen Gegenstand einzulassen. Aber Exegesen dürfen nicht bedeutsamer werden als die Musik, der sie gelten: Die Anschauung des Notentextes ist durch nichts zu ersetzen. Niemand sollte der Herausforderung ausweichen, sich - spielend, hörend, lesend, erlebend, nachdenkend - *ungeschützt und eigenständig einem Werk zu stellen.*

Die Reihenfolge - es läßt sich nicht nachdrücklich genug sagen - ist in jedem Fall umzudrehen: *erst* die persönliche, intensivste Beschäftigung mit einer Musik, *dann* Lektüre von sekundärer Literatur. Nur auf diesem Wege kann im Laufe der Zeit Eigenes wachsen und sich festigen.

Musik abschreiben

Eine unzeitgemäße Empfehlung zum Schluß. Johann Sebastian Bach schrieb sich Konzerte von Antonio Vivaldi ab. Im Zeitalter der Kopiergeräte geht die Kunst des Abschreibens verloren. *Waches, innerlich mitgehendes* Abschreiben ist ein vorzüglicher Weg, sich eine Sprache bewußt zu machen und sein eigenes Sehen zu schärfen, weil korrektes Schreiben zum *genauesten* Blick auf die Noten zwingt. Es kann auch für Analyse gelegentlich eine Hilfe sein (vgl. etwa Aufgabe 2, S. 106), das Besondere einer Stelle oder Passage gleichsam in physischer Nachzeichnung zu begreifen und durch aufmerksames Betrachten des *eigenhändig* Geschriebenen. Man notiere Schumanns Naturmelodie von S. 101: Die ständigen Überbindungen und das zum Takt Verquere erfährt man »störend« beim Schreiben. Man merkt auf - und Analyse ist der Boden bereitet.

SPRACHE

Ich

Als Kind wurde mir gesagt, ein schriftlicher Satz dürfe nicht mit »ich« beginnen; oft verlangte es nach sprachlichen Verrenkungen, das einzuhalten. Im Studium wurde betont, daß es ein »ich« nicht gebe, sondern nur ein »wir« oder »der Verfasser«; zur Not mußte man auf eine passive Satzkonstruktion ausweichen.

Das »ich« am Anfang war verboten im Namen einer Höflichkeit, die sich sprachlich nicht in den Vordergrund drängen wollte. Das andere »ich« war verboten im Namen einer Wissenschaftlichkeit, die schon in der Sprache ihre Objektivität suchte (ohne zu spüren, daß der Pluralis majestatis ebenso anmaßend wirken kann wie »der Autor« peinlich, von Hölzernheit des Sprechens zu schweigen).

Subjektives, so der Grundgedanke beider Verbote, hat draußen zu bleiben. Doch ist dies eine Fiktion. Keiner kann seiner persönlichen Art des Denkens, Sehens, Empfindens entrinnen. Er sollte es auch nicht: weil ihn eben dies Persönliche befähigt, Dinge zu bemerken, die einem anderen vielleicht verschlossen bleiben. Und weiter ist der Unterschied wichtig zwischen Tatsachenbehauptungen (»Das Thema umfaßt acht Takte«) und subjektiven Eindrücken (»Es wirkt, als sei« statt eines sicher wissenden »Der Komponist hat«) oder nicht »beweisbaren«, aber auf den Notentext gestützten Thesen.

So wenig Analyse eine tumbe Ich-Sicht erlaubt, die auf die Musik projiziert, was sie in ihr sehen möchte, so wenig ist hier eine analytische Sprache mit unentwegtem »ich« gemeint; auch ist der Grat empfindlich schmal, wo ein »ich« zudringlich wirkt oder in Privates weist, das unangenehm oder gar nicht mehr berührt. Geboten aber scheint mir eine unverkrampftere (und weniger unbedingte) Haltung, die Persönliches auch in der Sprache nicht gewaltsam abwürgt. Wo tatsächlich »ich« rede - Stellung beziehe, eine eigene Idee entwickle, *meine* Meinung äußere, *meinen* Höreindruck wiedergebe, eine persönliche Deutung vortrage, etwas, selbst nicht unerschütterlich sicher, zur Diskussion anbiete - sollte ich auch »ich« sagen.

Farbigkeit

Das Vokabular in Analysen ist oft beklemmend grau und steril. Sprechen über Musik jedoch ist etwas anderes als ein Börsenbericht oder eine wissenschaftliche Abhandlung. Sprache muß genau sein, plastisch und (wichtig) sachlich angemessen. Aber darüber sollte sie sich nicht ihre unterschiedlichen Farben, ihre Bildhaftigkeit oder ihre Wärme austreiben lassen, in denen sie auch etwas einfängt von der Schönheit und Faszination ihres Gegenstandes.

Um Sprache ringen

Gerade musikalische Ereignisse, die einem emotional besonders nahegehen, scheinen sich dem Wort zu entziehen. Es kann seelisch beunruhigen und intellektuell stimulieren, für deren Wiedergabe um so inständiger das sprachlich »Richtige« zu suchen.

Grundsätzlicher gesagt: Mit einer erstbesten Formulierung gebe man sich, zumal in schriftlichen Analysen, nie zufrieden. Um Sprache sollte man ringen. So wie wirkliche Analyse, die einen Notentext nicht nur paraphrasiert, Zeit braucht, so braucht es Zeit, passende Worte zu finden. Das Bemühen um eine Sprache, die so dicht wie möglich an die Musik heranreicht, ist in seiner Bedeutung gar nicht zu überschätzen. Denn Denken schlägt sich in Sprache nieder. Genauso aber beeinflußt Sprache umgekehrt auch das Denken: Die Ausbildung der eigenen Sprache ist dem analytischen Denken zuträglich.

Einfachheit

Die »subversiven Kräfte« von Beethovens Musik »entziehen das ideelle Movens des Werkes von der Perfektibilität der Geschichte dem Ankunftstriumph« und zielen »gegen die Mnemonik des Formgesetzes und das prozessuale Telos«: Zitate aus einer Arbeit, die 1992 gedruckt wurde. Wer um Himmels willen soll sich durch derart aufgeblähte Sätze wühlen? Die Annahme ist falsch, daß hochgestochene Formulierungen den Anspruch ihres Gegenstandes oder das besonders gescheite Denken ihres Autors spiegelten. Sie verleiden nur das Lesen.

Einen Sachverhalt in mondäner oder furchterregender Sprache oder Kompliziertes kompliziert wiederzugeben, ist kein sonderliches Kunststück. Die Herausforderung liegt darin, eine Sache mit *einfachen* Worten darzustellen und gleichzeitig *ihre Substanz zu erhalten*. (Pädagogen wissen, daß darin ein Kernproblem liegt: etwas zu vermitteln, ohne es unter dem Zugzwang des »Didaktischen« auszudünnen.)

Es klingt widersinnig, aber es ist so: Einfachheit steht am Ende komplexen Denkens. Habe ich, nach meinen Möglichkeiten, eine Sache völlig durchdacht und »verstanden« - *das* ist Voraussetzung -, bin ich auch in der Lage, sie (oder bescheidener: meine Sicht von ihr) verständlich darzulegen, ohne Schnörkel und ohne verkürzende Simplifizierung.

Nicht kumpelhaft

Perotin ist nicht angewiesen auf meine Anerkennung, und Beethoven sitzt nicht neben mir am Stammtisch. »Die Passage zeugt von kompositorischer Meisterschaft«: Schulterklopfen dieser Art ist hohl. Die Sprache von Analyse darf animiert sein und animieren, aber sie spare sich jedes Gönnerhafte.

Variabel darstellen

Fertige Analysen, die vorn im Werk beginnen und schließlich hinten ans Ende kommen, sind lähmend. Gewiß gibt es Stücke, die das vertragen oder sogar nahelegen, aber die analytische Regel ist es nicht. Wie die *analytische Methode* letztlich vom Werk abhängt, so beeinflußt ein Werk auch die *sprachliche Darstellungsform*. Sie braucht nicht Originalität um jeden Preis (die leicht maniriert werden könnte). Aber mündlich gehaltene oder schriftlich fixierte Analysen sollten mehr parat haben als ein schematisches »und dann passiert«. Warum nicht in der Mitte oder vom Ende oder von einer auffälligen Stelle aus ein Werk anpacken? Oder nur *einem* Gedanken nachgehen, ihn aber um so eindrücklicher darstellen. Oder: in kleineren Abschnitten, ganz bunt, verschiedene Aspekte zusammentragen.

Ein Patentrezept wäre ein Widerspruch in sich: Anregen muß das jeweilige Werk. Auch für den analytischen Bericht sollte man Phantasie einsetzen, als *variable* Art des Darstellens.

Gleich anfangen

Wer ein Madrigal von Hindemith analysieren will oder einen Quartettsatz Weberns, braucht nicht vorab das Madrigal seit Willaert oder das Streichquartett seit Haydn auszubreiten. Überflüssig sind solche Einleitungen, die ihrem eigentlichen Werk ausweichen, indem sie sich wortreich herantasten.

Sprecharten

Im Sprechen über Musik zeigt sich nicht nur die eigene Denkweise, sondern auch ein bestimmtes Verstehen von Musik. Von Ursula Brandstätter stammt die bemerkenswerte Untersuchung *Musik im Spiegel der Sprache* (Stuttgart 1990): eine detaillierte, sensible Analyse analytischer Sprechweisen. Vor der Folie dreier Sprachformen - der Wissenschaft, der Dichtung, der Umgangssprache - werden sieben verschiedene Texte akribisch analysiert. Die Texte repräsentieren vom Autor her (Dichter, Musikwissenschaftler, Komponist ...), vom Blickwinkel her (Analyse, Konzerteinführung ...), von der Sprachgebung her (Satzbau, Wortwahl, Sprachebene ...) unterschiedlichste Annäherungen an Musik. Verstörend geradezu wird einsichtig, wie sehr eine *Darstellung* - die Art des Sprechens - das *Dargestellte* - die Musik selbst - beeinflußt oder verändert. Die Untersuchungen hier zu referieren, wäre Unsinn; das Buch sei nachdrücklich zur persönlichen Lektüre empfohlen.

Eine Anregung jedoch möchte ich anfügen. Sprecharten sind auch abhängig vom Zweck: Ein Referat vor Fachpublikum wird anders ausfallen als einführende Worte in ein Kinderkonzert. (Trivial, aber wichtig für beides: Ein Vortrag rechnet mit *Hörern*, die das Gesagte im Moment auffassen müssen, nicht mit *Lesern*, die das Geschriebene beliebig oft durchgehen können. Gesprochene Sätze müssen darum überschaubar gebaut sein, damit der Hörer sie sogleich nachvollziehen kann.) Für Pädagogen mag dies also ein reizvolles Unterrichtsthema sein, für andere eine wunderbare Übung, die eigene Sprechbreite zu trainieren: Man schreibe über - zum Beispiel - die *Träumerei* aus Schumanns *Kinderszenen* sechs verschiedene Texte: für eine musikwissenschaftliche Zeitschrift (fachliche Bildung kann vorausgesetzt werden); für das Programmheft eines Abonnement-Konzertes (Gratwanderung zwischen Allgemeinverständlichkeit und Anspruch); für den Rundfunk (kurze Sätze, keine Abneigung gegen sprachliche Wiederholungen, Hörbeispiele - überlegen: wo, wieviele, wie oft gespielt - einfügen); für ein Schulbuch (was eigentlich will ich den Schülern zeigen?); für einen Lexikon-Artikel »entwickelnde Variation« (Beschränkung auf einen Aspekt); für ein Buch über »Programm-Musik« (geht es noch um Schumanns Stück selbst?).

BEGRIFFE

Ohne sachgerechte Begriffe kommt keine Analyse aus.[6] Daß es, bereits im Elementaren, keinen terminologischen Konsens gibt, wird oft beklagt. Die Klage um eine weitere zu verstärken, würde nichts einbringen, und terminologisch hier »das« Gültige sagen zu wollen, wäre vermessen. Wichtig scheinen mir jedoch drei allgemeine Überlegungen und eine unkonventionelle Anregung.

1. Begriffe, als Niederschlag bestimmter Auffassungen, ändern im Laufe der Zeit ihren Sinn und Inhalt.

»Periode« ist für uns heute ein - normhaft achttaktiger - syntaktischer Grundtypus der Klassik. Im 18. Jahrhundert dagegen bezeichnete »Periode« einen großen Formabschnitt. Heinrich Christoph Koch spricht in seinem *Versuch einer Anleitung zur Composition* (III, 1793) in diesem Sinne von den »Hauptperioden« eines »Tonstückes« (vgl. den Haydn-Satz S. 203ff.).

»Reprise« ist für uns heute fixiert auf die veränderte Wiederkehr der »Exposition« nach der »Durchführung« eines Sonatensatzes. Im 18. Jahrhundert bezeichnete »Reprise« die sofortige Wiederholung eines Formteils: »Was also zweymahl gemacht und executiert wird«, ist nach Johann Gottfried Walthers *Musikalischem Lexikon* von 1732 eine »Ripresa« (vgl. S. 116 die »veränderten Reprisen« bei Carl Philipp Emanuel Bach).

»Rhythmus« ist für uns heute eine Ordnung von Tondauern, die in taktgebundener tonaler Musik metrisch fundiert sind. Im 18. Jahrhundert war »Rhythmus« weiter gedacht. Geradezu aufregend anders definiert ihn Koch in seiner Kompositionslehre als den »Umfang«, das »Ebenmaas« oder das »Verhältnis« zwischen »melodischen Theilen«, »welches sie in Ansehung der Anzahl der Tacte unter einander haben« (II, 1787, S. 346).

Eine Analyse muß wissen, welcher Begriff von »Periode« gemeint ist. An der begrifflichen Verengung von »Reprise« läßt sich ablesen, welch ungeheuren Einfluß Form und Idee von »Sonate« auf das musikalische Denken gewannen. Der Rhythmus-Begriff Kochs - darin liegt das Aufregende - macht bewußt, wie bedeutsam musikalische *Proportionen* waren.

Allgemein gesagt: Mit einem späteren begrifflichen Apparat frühere Musik beschreiben und erkennen zu wollen, ist oft verfälschend.

2. Für musikalische Analyse eine *allgemein verbindliche* Begrifflichkeit durchzusetzen, scheint fast aussichtslos zu sein. Drei unterschiedliche Beispiele greife ich heraus, um das Problem zu illustrieren:
- Ist die Exposition der klassischen Sonatensatzform dreiteilig (Hauptthema, Seitenthema, Schlußgruppe) oder vierteilig (plus Überleitung zwischen Haupt- und Seitenthema) oder fünfteilig (plus der Fortsetzung nach dem

---

6 Lesenswert ein Aufsatz von Erhard Karkoschka, der sich engagiert einsetzt für historisch-stilistisch angemessene Begriffe: Zur Relation zwischen Begrifflichkeit und Analyse. In: Musica 6/1983, S. 512-515.

Seitenthema)? Heißen die Themen Haupt-, Seiten-, Erstes und Zweites Thema oder Haupt- und Seitensatz? (»Erstes« und »Zweites« gehen neutral chronologisch vor, »Haupt-«, »Seiten-« enthält latent eine Hierarchie, »-satz« zielt eher auf Syntax und Umfang.) Ist »Überleitung« ein angemessener Begriff, wo dieser Teil doch gern entwickelnde Züge trägt; wie soll man den Teil nach dem Seitenthema benennen; soll man das Ende der Exposition als Schlußgruppe, Schlußwendung, Epilog oder ... bezeichnen?

– Karlheinz Stockhausen prägte den Begriff »Momentform« für eine Musik, in der jeder Augenblick für sich gilt, also nicht - wie in einer *Entwicklungsform* Beethovenscher Prägung - Ergebnis des Vorherigen und Ausgangspunkt des Folgenden ist. Wilhelm Fischer prägte den Begriff »Fortspinnungstypus« für eine syntaktische Grundidee des Spätbarock (Vivaldi, Bach): den dreiteiligen Aufbau aus prägnantem Vordersatz, sequenzierender Fortspinnung und kadenzierendem Epilog.

Wer aber benutzt Formbegriffe Stockhausens, und hat sich »Fortspinnungstypus« musiktheoretisch allgemein durchgesetzt?[7]

– Das Finale klassischer Zyklen ist gern angelegt als Mischform zwischen Sonatensatz und Rondo. Üblich ist dafür der Begriff »Sonatenrondo«. In einem bemerkenswerten Aufsatz unterschied Rudolf Stephan - um die Gewichtung der Formanteile kenntlich zu machen - »Sonatenrondo« und »Rondosonate«.[8] Das begrifflich einmal Eingebürgerte ist träge: Daß »Rondosonate« jemals als gleich wichtiger Begriff angenommen wird, ist zu bezweifeln.

Allgemein akzeptierte Begriffe lassen sich nicht verordnen. Beispiel »Sonatensatzform« (»Sonatenhauptsatzform« - da geht es schon los - ist eine verbreitete, aber schiefe Vokabel, weil sie sich auf den ersten Satz eines Zyklus beschränkt). Meine persönliche Auffassung lautet: Sie ist, entsprechendes Format vorausgesetzt, fünfteilig innerhalb dreier großer Abschnitte (zwei Themen, Schlußgruppe). Denn *beide* Themen haben einen fortsetzenden Teil; der Teil aber nach dem *zweiten* Thema fällt - da er in der Theorie keinen Namen bekam - auch in der Analyse geflissentlich unter den Tisch. Haupt*satz* ist unglücklich wegen der begrifflichen Überfrachtung von »Satz« (Liedsatz, Kopfsatz, Satztechnik...). »Entwicklungsteil« trifft meist besser als »Überleitung«. »Schluß*gruppe*« halte ich für pauschalierend - es liegt ja nicht immer eine ausgewachsene musikalische »Gruppe« vor -, jedoch für grundsätzlich praktikabel. Diese Auffassung aber, so plausibel vielleicht die Argumente sind, ist kaum »die« Instanz, die für alle Sonatensatzform definiert. Historische Nähe klärt nicht unbedingt. Soll man Heinrich Christoph Kochs Kompositionslehre sozusagen in allem unbesehen

---

7   Karlheinz Stockhausen: Texte zur elektronischen und instrumentalen Musik, Bd. 1, Köln 1963, S. 189ff. (»Momentform«) sowie S. 250 innerhalb des lesenswerten Textes »Erfindung und Entdeckung. Ein Beitrag zur Form-Genese«. - Wilhelm Fischer: Zur Entwicklungsgeschichte des Wiener klassischen Stils. Studien zur Musikwissenschaft III, Wien 1915.
8   Rudolf Stephan: Zu Beethovens letzten Quartetten. In: Die Musikforschung 28 (1970), S. 245-256.

glauben? Es ist sicher, daß musiktheoretische Denker früher ebenso *ihre* Befangenheiten und Probleme hatten. Man sehe einmal in Walthers *Lexikon* von 1732 und in Johann Matthesons *Der vollkommene Capellmeister* von 1739 unter (den barocken Variationenformen) »Chaconne« und »Passacaglia« nach. Walther sagt, die Passacaglia sei »eigentlich eine Chaconne« (!), hat demnach ein Baß-Thema, sei aber langsamer als die Chaconne. Mattheson sagt, die Passacaglia habe *kein* »eigentliches Subjekt«, und sie sei *schneller* als die Chaconne... Die Würde und Autorität, die ein geschichtliches Dokument ungewollt ausstrahlt, machen es nicht automatisch zum unanfechtbaren Kronzeugen.

Ich bin daher überzeugt, daß sich die Schwierigkeiten generell nicht aufheben lassen, daß sie nur durch eine vernünftige Pragmatik zu mildern sind. Begriffe müssen, da sie das *Wesen* einer Sache zu fassen suchen, stimmen: Ein Ricercar Frescobaldis hat keine »Themen«, sondern »Soggetti«. Mit gewissen Unzulänglichkeiten jedoch muß man leben. Weiß jemand treffendere Namen für die Themen eines Sonatensatzes? Mehrdeutigkeiten (»Satz«) lassen sich auffangen, wenn ein Begriff unmißverständlich eingesetzt ist. Schlimm wird es erst dann - und *dort* gilt es unbedingt einzugreifen -, wenn Begriffe, gedankenlos oder schludrig verwandt, die Musik verzerren oder verfehlen. Den Terminus »Exposition« vom Sonatensatz historisch auf die - gänzlich andere Formidee - Fuge zu übertragen, war unglückselig: Unbegreiflich, daß es noch heute Fugenanalysen gibt, die von Exposition und zweiter Durchführung reden, statt den Anfang als »erste Durchführung« zu benennen.

3. Noch einmal das Beispiel »Periode«. Acht Takte, Vordersatz - Nachsatz, Halbschluß - Ganzschluß, Motiv - Kontrastmotiv: Das lernt man. Und dann kommt der fatale Moment: Der Begriff wird herausgeholt und auf die Musik geklebt, *ohne* die persönliche Gestalt der jeweiligen Syntax überhaupt noch einen Blickes zu würdigen.

Die Gefahr ist offenkundig: Begriffe dürfen nicht zu Etiketten verkümmern, die sich selbst genügen.

4. Für Musikpädagogen ist Sprache eines ihrer wichtigsten Instrumente. Schon während des Studiums sollten sie daher, vornehmlich im Theorieunterricht, das Sprechen über Musik üben, mit präziser Terminologie und treffenden Vokabeln.

Nicht allein im Blick auf Schule und Schulwirklichkeit sollte aber auch dies erprobt, vielleicht sogar ebenso geübt werden: ein Sprechen und Analysieren, das musiktheoretische *Termini bewußt ausspart*. Das ist sprachlich mitunter umständlich. Doch es schärft den Blick für musikalische Vorgänge (weil die *Automatik* Begriff = Sache entfällt); es fördert Sprachkontrolle und unbedingte Genauigkeit des Sprechens; es verlangt, *persönliche* Rechenschaft abzulegen über Musik; und es kann, weil Bilder, Gleichnisse, Symbole gefunden werden müssen, die verbale Ausdruckspalette weiten.

TOPOI

Im Mittelpunkt von Analyse steht die *Individualität* des einzelnen, je für sich geprägten Werkes.
Die Idee »individuelle Analyse« ist prinzipiell gültig. Aber sie ist, glaube ich, durch eine Gegenposition ins Lot zu bringen - statt nunmehr musikalische Individualität absolut zu setzen wie ehemals normatives Denken (s. S. 29) absolut gesetzt wurde. Widerpart des kompositorisch »Persönlichen« sind schon künstlerisch-technische Verbindlichkeiten; man denke an Anspruch und Strenge von »Kontrapunkt« mit seiner ehrwürdigen, in einer Kette von Lehrbüchern dokumentierten Tradition. Einem Hang, alle Musik in je Individuelles aufzulösen, stehen sechs Sachverhalte entgegen:
1. Nicht jedes Werk ist, salopp gesagt, »der« musikalische Knüller mit »dem« auszeichnenden Merkmal. Die angestrengte Suche nach Einzigartigem führt leicht zu Überinterpretationen, für das Werk selbst und in bezug auf andere Werke.
● In Mozarts kleinem G-Dur-Menuett

fallen die Takte 5/6 heraus aus der Gemütlichkeit des periodischen Beginns. Der Auftakt, *in* T. 5 hineingenommen, läßt den 3/4 in einen 2/4 umgeschlagen: ⅜ ♩ ♩♪♫ |⅔ ♩ ♫ |♩ . Der Hörer wird dann erneut gefoppt, da T. 6 melodisch zwar mit der *Auftakt*-Terz, metrisch aber *voll*taktig, also wieder als 3/4 beginnt. Ein hübscher Einfall. Begeisterungsstürme - »hier ist das individuell Besondere« - können sich aber in Grenzen halten: Das Menuett war seit Haydn (vgl. S. 175) stets der Ort für metrische Raffinessen, für vielfältige, viel geistreichere Störungen einer gesetzten Ordnung.
Es kommt auf den Maßstab an. Was der Blick auf nur *ein* Stück als herausragend ansieht, kann gemessen an *vielen* Stücken völlig normal oder gar unwichtig sein.
2. »Die« Sonatensatzform gibt es nicht, sondern nur deren verschiedenste Ausprägungen; sie ließen sich dann nicht als eigen und eigenständig würdigen, wenn das Modell Beethovens absolut gesetzt wird.
Eine Einschränkung ist dabei geboten. Beethovens Klaviersonaten bieten 32 unterschiedliche Lösungen desselben Formproblems »Sonate«. Zu radikal wäre jedoch die Schlußfolgerung, es gäbe nicht »die« Beethovensche Klaviersonate. Auch hier existieren formale Schnittpunkte, in denen sich die unterschiedlichen Werke treffen: als abstrahierbares Modell »der« und »seiner« Sonate. *Ohne* ein solches Modell ließe sich das je Individuelle - des

Einzelwerkes Beethovens oder anderer Konzeptionen - gar nicht ausmachen.

3. Nicht zu unterschätzen ist, was die Sprache einer Zeit in ihren formalen, klanglichen, syntaktischen, satztechnischen Ausdrucksmitteln eint. Das (historisch wechselnde) Allgemeine ist stets Ergänzung und Folie des (historisch wechselnden) Besonderen. In der Klassik wurde, bei »standardisierter« Harmonik und Metrik, die thematische Erfindung besonders, die Romantik individualisierte das Harmonische.

4. Aus der Summe von Individualitäten erwächst kollektiv Faßbares. Bestimmte Wendungen in der Mitte des 18. Jahrhunderts, ursprünglich als Ausdruck persönlichen (nicht länger rhetorisch formelhaften) Sprechens gemeint, neutralisieren sich zu verfügbaren »Manieren« (S. 96). In Werken seit Mitte der 1970er Jahre - die historische Parallele ist verblüffend - suchen Komponisten wieder eine subjektive, unverhüllt emotionale Aussprache. Wer aber mehrere Stücke, zumal für Orchester, hintereinander hört, wird merken, daß sich viele in einem gemeinsamen Merkmal treffen: in der Neigung zu klanglich-dynamischen Extremen, heftigen Kontrasten, stets großer Anspannung. Als Gesamt bilden die Werke, je individuell gedacht und geschrieben, einen überindividuellen Tonfall aus.

5. Radikale Individualisierung läuft Gefahr, ungewollt in Relativistisches abzurutschen, und - künstlerisch-geistig zentraler - ein schiefes, da einseitiges Bild von Vereinzelung zu entwerfen: daß es *nur noch* epochal sich grundlegend Veränderndes und nur noch musikalisch absolut Einzelnes gebe. Aus dem Blick geraten *verbindende Züge* im Ideellen, in Grundspannungen, in Ausdrucksprinzipien. Wäre es ein deplaciertes Bonmot, *The bells* (S. 144ff.) von William Byrd »Minimal music der Renaissance« zu nennen - also etwas ideell Gemeinsames zu bemerken statt des mental und sprachlich Trennenden? Von der Spannung zwischen I und V leben zahllose Tänze des 16. Jahrhunderts, von der T zur D - und lösend zurück zur T - schreitet der barocke Suitensatz in Dur, in ihre Gegenkräfte stellt sich in Dur die Exposition des klassischen Sonatensatzes, und schon in der Gregorianik spannt sich der Rezitationston als Quinte über die Finalis: Die linear-harmonische Quintspannung läßt sich als eine *archetypische Konstellation* werten. Und man stelle sich wirklich der Aufgabe 2 auf S. 64f.: Ist Ockeghems Musik an Ausdrucksprinzipien hinter späteren Werken zurück, nur weil sie eine leisere Sprache spricht?

Es ist sinnvoll möglich, Sprach*mittel* zu unterscheiden von Sprach*ideen* und Sprach*prinzipien*, ohne unbekümmert-kecke Zusammenschau und ohne daß sich daraus neue Dogmatiken verfestigen.

6. Die Fixierung auf Individualität darf nicht den Blick verschließen für *Konventionalität*: wo also der Komponist sprachliche Muster und Formeln heranzieht, die für sich selbst alles andere als individuell sind (es freilich werden können durch den persönlichen kompositorischen Gebrauch).

Fünf solcher Sprachmuster seien hier skizziert. Analyse braucht das Wissen um derartige Modelle: um sie und ihren *Bedeutungsgehalt* überhaupt erkennen zu können, und um nicht blind von der Vorstellung des individuell Einmaligen auszugehen.

Schlußformel

Der langsame Satz von Mozarts Klaviersonate a-Moll KV 310 endet mit diesen Takten:

Sie bringen zweimal dieselbe harmonische Formel: über dem Orgelpunkt eine Kadenz, erweitert durch die Zwischendominante zur Subdominante. Es ist wohl dem besonderen Ausdruck der Zwischendominante, mit der Süße ihrer Septime, zu danken, daß dieses Kadenzmodell unzählige Male zur Schlußbildung diente. Im Barock wurde es gern genutzt, um *einleitend* eine stabile harmonische Fläche zu entfalten, so im Es-Dur-Präludium aus Bachs *Wohltemperiertem Klavier* I (= WK I).

Gleichermaßen konnte sie Präludien und Fugen - so die G-Dur-Fuge, WK I - klangvoll beschließen.

In der Klassik tritt die Formel einleitend nur noch selten, schließend aber sehr oft auf; zum Vergleich lese man die Schlußtakte von Mozarts Klaviersonate C-Dur KV 309 - eine Coda, in der das Rondothema unüberhörbar Abschied nimmt -, und die konzentrierte Fassung am Ende des 1. Satzes der G-Dur-Sonate KV 283. Zugleich erweiterte sich der Gebrauch. Das harmonische Modell wurde auch herangezogen, um überhaupt *formale Einschnitte* zu markieren: In Mozarts Klaviersonate c-Moll KV 457, 1. Satz, steht es in der Schlußgruppe der Exposition, in den T. 67-71.

Noch in der Romantik findet sich die Formel immer wieder an Satzschlüssen. Man sehe beispielsweise: Franz Schubert: Klaviersonate D-Dur op. 53 (D 850), Schluß (T. 187ff.) des 2. Satzes; Johannes Brahms: Klaviersonate C-Dur op. 1, Schlußtakte des langsamen Satzes, und im Scherzo dieser Sonate T. 189-197; Felix Mendelssohn: Lieder ohne Worte, Nr. 48 C-Dur (op. 102, Nr. 6), Schlußtakte, sowie - in formbildender Wiederkehr - in Nr. 23 a-Moll (op. 53, Nr. 5, »Volkslied«).

Interrogatio

Der Frage Orfeos (»Aber was höre ich?«) im 4. Akt von Monteverdis *L'Orfeo* liegt eine harmonische Wendung zugrunde,

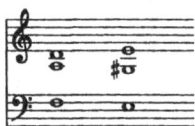

die hier mit der Antwort (»Ich Armer, wie erschöpft ich bin«) zusammenfällt:

Diese *phrygische Wendung*, mit dem charakteristischen Halbtonschritt im Baß, etablierte sich in der Vokalmusik als Frageformel. Die musikalische Rhetorik nennt sie »Interrogatio«. Aus der unendlichen Fülle von Belegen - vom Barock bis zur Romantik, in allen vokalen Gattungen - sei aus der *Zauberflöte* die Frage Paminas an die drei Knaben zitiert:

Spätere Komponisten, so zeigt das Beispiel, intensivierten die Interrogatio, indem sie den Mollsextakkord (hier hieße er: ges b es) zum übermäßigen Sextakkord alterierten (ges b e): Mit *zwei* Leittönen (ges/e) strebt der Akkord nach außen.

In der wortlosen Instrumentalmusik (vergleiche T. 7/8 des Schubert-Walzers S. 21) behält die Formel ihren öffnenden Charakter, der nach Fortsetzung verlangt. Der Mittelteil von Schumanns *Nachklänge aus dem Theater*, Nr. 25 aus dem *Album für die Jugend*, erzwingt damit gleichsam die Wiederkehr des Anfangs (bitte anschauen!).

Sätze *untereinander* wurden damit gern im Barock verklammert. Das *Adagio* aus Arcangelo Corellis Kirchensonate op. 1, Nr. 11, öffnet sich dominantisch, das nachfolgende *Allegro* gibt die tonikale Antwort:

Fauxbourdon

Das Finale von Haydns Klaviersonate E-Dur Hob. XVI/22 ist angelegt als Kontrast eines Dur- (*Maggiore*) und Moll- (*Minore*)-Teils, die variiert wiederkehren. Am Anfang ein Thema, das aus der klassischen Musiksprache heraus unmittelbar eingeht:

● Der Minore-Teil ist strenger:

Eine konventionelle harmonische Lesart ist zwar nicht ausgeschlossen (taktweise: t, V, s, tP ...), aber im Grunde unglaubwürdig. Im Vordergrund steht - über einem Baß, der diatonisch von e bis G abwärts zieht - die Wahrnehmung der Sequenzen (T. 1/2 -> 3/4, T. 5 -> 6). Notiert man den klanglichen Extrakt der Takte, wird *in der Folge von Sextakkorden*

das eigentliche Gerüst erkennbar: der »Fauxbourdon«. Er ist seit dem frühen 15. Jahrhundert ein berühmter Satztypus, der substantiell auf einem *zwei*stimmigen *Intervall*satz beruht. Komponiert waren die Oberstimme und der Baß, zu ihr in Sexten und auch Oktaven geführt; improvisiert wurde, als Zusatz, die Mittelstimme, die sich in parallel laufenden Quarten an die Oberstimme kettet. Labile, klangbetonte Terz-Sext-Klänge (1) lösten sich auf diese Weise ab mit stabilen Quint-Oktav-Klängen (2), wie der Anfang eines Fauxbourdon-Hymnus von Guillaume Dufay (um 1400-1474) verdeutlicht:

Das kompositionsgeschichtliche Nachwirken dieses Satzmodells bis in das 19. Jahrhundert war enorm. Drei Gründe könnten dafür maßgeblich sein: daß der Satztypus - verlockendes Ineinander - zwar kontrapunktisch *ist*, sich aber klanglich *gibt*; daß er harmonisch nicht funktional ist, sich daher besonders für spielerisch und harmonisch lockere Partien eignet, wie im Kopfsatz von Haydns Klaviersonate C-Dur Hob. XVI/35, T. 45ff.;

und daß er offen ist, an jeder gewünschten Stelle, mit entsprechendem Leitton, beendet werden kann: Stünde im 4. Takt von Haydns *Minore* ein gis statt g, hätte die Kette im 5. Takt nach a-Moll geführt.

Der Kontrast auf verschiedenen Ebenen macht den musikalischen Reiz von Haydns Finale aus: *farblich* der Wechsel des Tongeschlechts; *stilistisch* der Gegensatz von klassischer und alter Sprechweise; *satztechnisch*: Melodie plus Begleitung gegen zwei (im zweiten *Minore* dann drei) eigenständige Stimmen; *syntaktisch-formal*: das linear betonte Fortziehen des achttaktigen *Minore* (4 = 2+2 plus 4 = 1+1+2 Takte), das die ruhigen Zweitakter und die kleine, in sich geschlossene Form des *Maggiore* auflöst; und *harmonisch*: funktional gebundene Harmonik gegen »frei« fallende Klangkette.

Aufgaben
1. Johann Sebastian Bach: Zweistimmige Invention G-Dur, T. 7-10.
2. Wolfgang Amadeus Mozart: Streichquartett C-Dur KV 465 (»Dissonanzen-Quartett«), Einleitung zum 1. Satz, T. 7ff. (Ratschlag: klanglichen Extrakt herausschreiben).
3. Wunderbare, nach ihrer formalen Position differenzierte Beispiele zeigt der Kopfsatz von Haydn Klaviersonate Es-Dur Hob XVI:52:
a) Man studiere aufmerksam die T. 6-8; 10-14 (was verbindet sie mit, und was unterscheidet sie von den T. 6-8?), 36; 57-61; 72-76; 88-90 (beachte den Unterschied zu T. 10-14 in der Exposition und die Nähe zu T. 57-61 in der Durchführung), 107.
b) Zur Übung (es lehrt sehen!) schreibe man, ähnlich meiner Mozart-Reduktion auf S. 32, die T. 10-14 in Satz-Schichten heraus: das akkordische, rein *diatonische* Fauxbourdon-Gerüst (es-g-c / d-f-b / c-es-as ...); dieses Gerüst plus den *Vorhalten* (»Syncopatio«: nach alter kontrapunktischer Tradition eine vorbereitete, regulär durch Überbindung entstehende Dissonanz auf schwerer Zeit, die sich auf leichter Zeit auflöst; hier also: das T. 10 vorbereitete c^3, das sich T. 11 zu b^2 auflöst, dann b^2 zu as^2 ...); dazu dann Haydns chromatische *Unter*stimme; zuletzt mit der chromatischen *Mittel*stimme (sie erklärt den Septakkord T. 11 auf »drei«).
4. Franz Schubert: 5. Symphonie B-Dur, 1. Satz, T. 5ff. (Empfehlung: den Anfang erst mehrfach hören, *dann* in der Partitur lesen).

Lamentobaß

»Passus duriusculus«, einen etwas harten Gang, nennt die musikalische Rhetorik einen chromatischen Gang auf- oder abwärts. Traditionell war er gebunden an den Affekt der *Klage* (geweint, gelitten, geklagt wird in der Musik seit dem 17. Jahrhundert immer chromatisch, nie diatonisch). Das Rahmenintervall ist nahezu stets die Quarte; auf einen solchen chromatischen Quartgang, den Lamentobaß, stützt sich das Mozart-Beispiel S. 31. Dem Lamento-Charakter fügt sich das widerstandslose *Fallen* der Chromatik; vergleichsweise selten, in der Wirkung angespannter, drängt die Figur *auf*wärts, wie in Monteverdis *Lamento d'Arianna* (piangendo = weinend, gridando = schreiend):

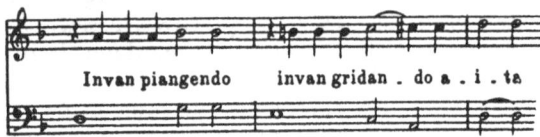

oder im Bach-Choral »Mir hat die Welt trüglich gericht'« (Nr. 38) aus der *Matthäus-Passion*.

Der Lamentobaß hat eine natürliche Affinität zum Tongeschlecht *Moll*; Versionen in Dur sind selten und von starkem farblichen Eindruck. Normhaft läßt sich die Harmonisierung des Modells fassen. Am Anfang steht die Tonika. Am Ende steht öffnend die Dominante. Gelegentlich nur weichen die Komponisten zu Gunsten der parallelen Durtonart davon ab, so Antonio Vivaldi im Schlußsatz seines *Concerto grosso* d-Moll op. 3, Nr. 11, wegen einer durchgehaltenen Sequenz:

> Aufgabe
> Johann Sebastian Bach: *Menuett* a-Moll (Nr. 14) aus dem *Notenbüchlein für Anna Magdalena Bach*. An zwei Stellen tritt ein Lamentobaß auf. Was unterscheidet die Stellen harmonisch und satztechnisch (bei der zweiten Stelle auch die Oberstimme bedenken)? Beachte auch ihren jeweiligen Kontrast zur *diatonischen* Umgebung.

Variabel ist die Harmonisierung der mittleren vier Töne. Regel: Entweder werden sie als schlichter Fauxbourdon oder mit ihm als Gerüst gesetzt (a), oder sie werden als Zwischendominanten harmonisiert. Deren Anzahl bestimmt das Maß der harmonischen Spannung: eine Zwischendominante (b) oder zwei unterschiedlich plazierte (c; d: Der Tonika-Grundton a wird, wie oben bei Vivaldi, Septime) oder drei Dominanten (e) als barocktypische Septakkord-Kette, deren Grundtöne in Quinten fallen (in a-Moll: e - a - d).

(a)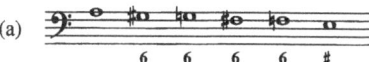

Bach: *Capriccio* (Die Abreise), 3. Satz (Adagissimo)

Mozart: Streichquintett g-Moll KV 516, Beginn des 1. Satzes

Schumann: *Fürchtenmachen* aus den *Kinderszenen* (mit chromatisch parallel laufender Stimme; führt zur Durparallele, da das ganze Stück tonal zwischen e und G schwankt)

Chopin: *Prélude c-Moll* (Nr. 20 der *Préludes* op. 28), T. 5ff. (mit Vorhalten gespannt, der letzte Akkord wie in Version (f) alteriert)

(b)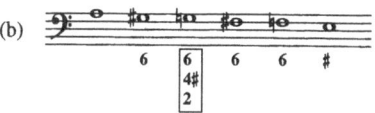

Bach: Choral *O große Lieb'*, Nr. 7 aus der *Johannes-Passion* (in B-*Dur*; der erste Sextakkord ist ausgelassen, Bach-typisch die Verlängerung des Schlusses durch Quartsextakkord und Verminderten)

(c)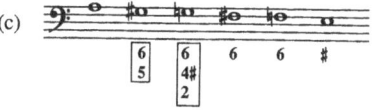

Schubert: 3. Symphonie, Introduktion (in D-*Dur*)

(d)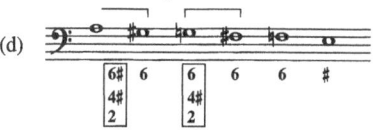

Bach: *Duett* e-Moll BWV 802

(e) (vgl. c)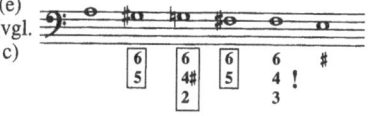

Bach: Arie *Ach mein Sinn*, Nr. 19 aus der *Johannes-Passion*, Ritornell

(f) (vgl. b)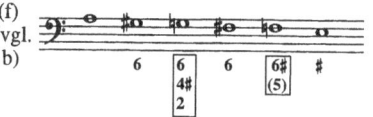

Beethoven: *32 Variationen c-Moll* für Klavier, Thema (auch die Oberstimme beachten und das diatonisch ausbrechende Unisono)

In Klassik und Romantik wird - stereotyp - der phrygische Schluß leittönig verschärft (f). Die Fassungen sind hier, um sie vergleichbar und übersichtlich zu halten, sämtlich in a-Moll und als Generalbaß notiert; die Literaturbeispiele sollten genau studiert werden.

Klage, Leid, Trauer, Schmerz; im theologischen Sinne: Sünde, Trug, Marter, Kreuz, Tod, Knechtschaft: Das sind die primären Bedeutungsfelder des chromatischen Modells. In Vokalmusik haben sie sich immer erhalten: Schumann unterlegt in seinem Lied *Lotosblume*, aus dem Zyklus *Myrthen* op. 25, der Zeile »vor Liebe und Liebeweh« den chromatischen Quartgang c^1 - g. In Instrumentalmusik schwingen die Bedeutungen unausgesprochen mit, oder sie prägen (wie in Beethovens c-Moll-Variationen) würdevoll-ernste Haltung.

Doch schließt der instrumentale Topos auch andere Ausdrucksbereiche ein. Die Werke, die unter den folgenden »Aufgaben« genannt sind, stehen dafür. Der Topos ist Ausdrucksmittel eines *erhabenen Stils* (als »erhaben« charakterisierte man um 1800 primär die symphonische Sprache). Er gehört, wie bereits das Mozart-Beispiel S. 31 belegt, zur Welt der *Fantasie*; in seiner Klavierschule (II, 1762, S. 329) gibt schon Carl Philipp Emanuel Bach Chromatik und ihre Harmonisierung als möglichen Ausgangspunkt der »freyen Fantasie« vor. Und er zählt zu den Sprachkonventionen einer *schweifenden Introduktions-Harmonik*.

Aufgaben
1. Beethoven: 7. Symphonie A-Dur, Einleitung zum 1. Satz (erst mehrfach hören - auch Instrumentation erfassen! -, dann genaues Partitur-Lesen)
2. Mozart: Klavierfantasie c-Moll KV 475, T. 10-15. Hilfestellung: Der Lamentobaß h-ges(fis) ist Unterstimme eines Fauxbourdon mit Syncopatio (vgl. dazu die Erläuterung S. 47 unter Aufgabe 3b). T. 14/15 sequenzieren T. 12/13.
3. Haydn: Symphonie G-Dur Nr. 94, Introduktion. Beim Beginn des chromatischen Ganges T. 10ff. kippt zugleich, von den Bläsern unterstützt, der 3/4-Takt in einen 6/8-Takt um.
Wo in den Introduktionen von Haydns Symphonien G-Dur (Nr. 92), D-Dur (Nr. 101) und B-Dur (Nr. 102) ist der Topos eingesetzt?

Diatonik und Chromatik

● In einem zauberhaften Kammerduett (um 1700) von Agostino Steffani treffen kontrastierend zwei affekterfüllte Vorgänge aufeinander: das Weinen (piangete)

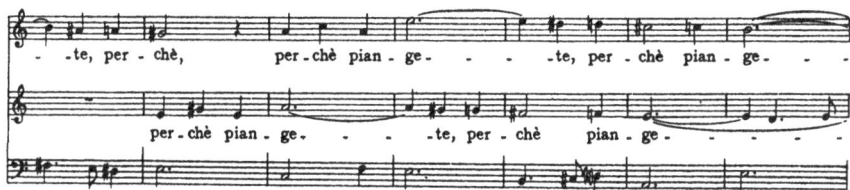

gegen das Schmeichelnde (lusingar):

Imitatorisch sind beide komponiert. Aber im ersten Fall ist die Polyphonie hörbar, im zweiten versteckt sie sich hinter schöner Terzenseligkeit. Und der chromatischen Konvention dort steht die diatonische Erfindung hier entgegen: Diatonik als ergänzender Kontrast von Chromatik.

Diatonik war im System der Modi (Kirchentonarten), im »alten« Stil, die Norm. Chromatik gehört zu den Kennzeichen des »neuen« Stils, der sich dem stilistischen Umbruch um 1600 verdankt. Seitdem also, vereinfacht gesagt, Chromatik dem Komponieren generell verfügbar wurde, gibt es zahllose Werke, in denen sie und Diatonik aufeinander treffen: als *formstiftendes Kontrastpaar* und als *Bedeutungsträger* gegensätzlicher Welten, Vorstellungen, Affekte. Denn Diatonik, als *musikalische Metapher* eingesetzt, steht für das Gegenteil dessen, was Chromatik bedeutungsgemäß verkörpert (vgl. S. 50).

Solche Kontrastierung war seit dem 17. Jahrhundert eine überindividuelle Kompositionsidee, die bis in das 19. Jahrhundert gültig blieb. Individuellen Sinngehalt erfährt sie durch den jeweiligen Kontext.

Einige Werke seien hier angeführt. Die skizzenhaften Anmerkungen können der eigenen Analyse eine Einstiegshilfe bieten (sollten aber, wenn möglich, besser *hinterher* gelesen werden).

1. Bach: h-Moll-Messe, *Credo*, »Et expecto resurrectionem mortuorum«

Die Aussage wird *zweimal* dargestellt: am Ende des 8. Satzes in einer hoch-chromatisch meditierenden Partie, im 9. Satz in diatonisch unerschüttertem D-Dur. Die chromatische Version, wie grüblerisch und unfaßbar, spiegelt das Herausfordernde und

Geheimnisvolle des Glaubenssatzes; die gleitenden Verwandlungen (vor allem T. 138-140!) wirken wie ein harmonisches Sinnbild jener Wandlung, die hier verkündet wird. Auch bewegungsmäßig im drastischen Kontrast dazu die Zuversicht der D-Dur-Fassung.

2. Beethoven: Klaviersonate A-Dur, op. 2, 2; erster Satz

Das Seitenthema T. 59ff. beginnt irregulär in e-*Moll* und ist auch sonst alles andere als gewöhnlich: kantabel zwar, aber modulatorisch (zunächst im Kleinterzzirkel e-G-B-D) unruhig und offen, mit einer Sequenz, die immer leuchtender blüht (vgl. T. 59 mit T. 63 und T. 67) und dann in Seufzermotivik umschlägt. Das Chromatische wird Mittel der Formgebung: als satztechnisches und affektives Kontrastfeld zum stabil diatonischen Satzbeginn.

3. Mozart: Klaviersonate c-Moll KV 457, Thema des ersten Satzes

Eine Periode am Beginn (T. 1-8), diatonisch in c-Moll; chromatische Fortsetzung: über dem Orgelpunkt der Passus duriusculus im Alt, dann (Stimmtausch) im Sopran; schließlich Kadenz in c-Moll.

Ist das Thema zweiteilig (regulärer Achttakter plus irreguläre 11 Takte) oder dreiteilig: die Chromatik diatonisch umrahmt?

4. Schubert: *Am Meer* (aus dem *Schwanengesang*)

Umschlag nach Moll, Tremolo und ein über 8 Takte auskomponierter Lamentobaß bestimmen die T. 12ff. und 33ff. Am Beginn ungetrübtes C-Dur, vorangestellt ein irisierender Farbklang: Drei Leittöne (as, dis, fis) gleiten hinein in C-Dur.

5. Schubert: *Sei mir gegrüßt*, D 741

Verblüffend: über 4 Seiten hin dasselbe Satzbild, unverändert gleichförmig. Dafür aber, von nichts anderem abgelenkt, geschehen Abenteuer im Harmonischen. Kein Hörer wird in der Lage sein, sich viel von dem zu merken, was hier passiert. All das ist nur farbenreicher Hintergrund für das sechsmalige, unvergeßliche »Sei mir gegrüßt, sei mir geküßt«; inmitten all der chromatischen Verwirrungen bleibt es einziger Ruhepunkt:

Theoretisch verstehen läßt sich der Gruß als Variante einer alten *harmonischen Formel* (vgl. S. 176f.), der Aufeinanderfolge von Paralleltonarten (hier: g und B) mit ihren Dominanten (hier: *g-D/F-B* statt, wie es normal hieße, D-g/F-B: so daß hier D und F in mediantischem Klangreiz aufeinander treffen).

FRAGEN STELLEN

»Fragen stellen« ist, wie S. 19 umrissen, die wichtigste analytische Technik. Zu überlegen ist also, welche Fragestellungen *möglich* und inhaltlich *angemessen* sind. Die Untersuchung harmonischer, melodischer, rhythmischer Vorgänge ist zentral. Sie erfaßt mit *Vertikale, Horizontale* und *Bewegung* tragende Dimensionen; aber in ihr erschöpft sich nicht der gestalterische Reichtum musikalischer Kunst. Die inhaltliche Angemessenheit hängt ab vom geschichtlichen Ort und damit der Sprechweise des Kunstwerks: Es wäre verfehlt, an die Klanglichkeit einer kirchentonalen oder tonal nicht gebundenen Komposition mit dem Instrumentarium der funktionalen Harmonielehre (S. 213ff.) heranzugehen.

Einen durchgehenden Bezugspunkt dieses Kapitels bildet der 1. Satz von Mozarts Klaviersonate D-Dur KV 284. Neue analytische Fragen werden zunächst an ihn gerichtet. *Ein* konkretes Werk fungiert damit als Bindeglied der diversen Ansätze; es offenbart immer mehr von sich, wenn man es von den unterschiedlichsten Seiten her anschaut. Und die Wahl gerade Mozarts ist nicht zufällig: Seine Musik - die sich so rückhaltlos anzubieten und gleichzeitig so wenig von sich preiszugeben scheint - gehört sicherlich zu den größten Herausforderungen an das musikalische Verstehen[9].

Noch ein überaus wichtiger Hinweis für dieses ganze Kapitel: Entscheidend ist nicht, daß *jede* denkbare Frage bei *jedem* Werk greift. Es wäre ein fatales Mißverständnis, aus einem Fragenkatalog Erwartungen abzuleiten, die sich in einem Werk zu erfüllen hätten. Klar machen muß man sich aber, *wonach* überhaupt gefragt werden kann.

Harmonik

Interpretation

Die Aufgabe »Harmonische Analyse des durmolltonalen Stückes X« wird mit Vorliebe mechanisch absolviert. Man beginnt in T. 1 und bezeichnet, fortlaufend bis zum Schlußtakt, alle Akkorde. Diese Methode ist ebenso zeitraubend wie in der Sache nichtssagend. Sie schenkt vermutlich ein Gefühl persönlicher Sicherheit; denn es kommt theoretisch Handgreifliches heraus, und die harmonischen Phänomene scheinen allein dadurch schon bewältigt, daß sie benannt wurden. Doch eben darin liegt der Trug. Der Glaube,

---

9 Für diejenigen, die sich das analytisch Zerstreute lieber im Zusammenhang erarbeiten möchten, ist es hier zusammengestellt: S. 54ff. (Harmonik); S. 56f. (Deutung der T. 60-66); S. 61 (harmonischer Rhythmus des Durchführungsteils); S. 89f. (Melodik); S. 111f. (rhythmische Bewegungstypen); S. 137ff., 142 (Fülle der Ideen); S. 139f. (struktureller Baustein); S. 155 (Register); S. 159f. (Orchestermusik).

damit bereits das Eigentliche geleistet zu haben, gaukelt Erkenntnis vor, wo lediglich die Notenschrift durch harmonische Chiffren ersetzt wurde. Als harmonische Leseübung ist das zu empfehlen, aber den Rang einer *harmonischen Interpretation* darf es nicht beanspruchen. Eine Chiffrierung, die sich selbst genügt, bleibt belanglos und völlig leer.

Bei verzwickten Partien kann es unumgänglich sein, sich an den Noten entlang zu tasten: um erst einmal die Akkorde und ihre Verbindungen zu entziffern. Anzuraten sind normalerweise aber eine *punktuelle* oder *diagonal überfliegende* Lektüre und das Bemühen, schnell das harmonisch Wesentliche zu entdecken. (Solche Wendigkeit bedarf des Trainings: Harmonische Lesefähigkeit ist allein eine Sache intensiver Übung.)

Hilfreich können (hier zunächst formuliert für durmolltonale Musik) Leitfragen sein. Sie steuern den Blick und ebnen gleichzeitig den Weg vom bloßen Nachvollzug zur Interpretation:

1. *Stationen*: Wo und welches sind harmonische Zentren; wie - gezielt oder mit Umwegen - werden sie erreicht und befestigt?

2. *Brennpunkte*: Gibt es - in der Art, der Verbindung und der Abfolge von Klängen - Stellen, die herausragen, überraschen, ungewöhnlich sind? Welche Funktion haben sie?

3. *Analogien*: Bestehen Korrespondenzen zwischen auseinanderliegenden harmonischen Momenten oder Verläufen? Welche Bedeutung haben sie innerhalb des Werkes?

4. *Charakter*: Stabil in sich ruhend (tonartlich fest; funktional klar aufeinander bezogene Klangfolgen; diatonisch ausgerichtet; konturiert; zielgerichtet) oder labil gleitend (modulatorisch schweifend; funktional gelockerte oder uneindeutige Klangfolgen; chromatisch ausgerichtet; verschwimmend; in sich kreisend)?

5. *Dichte*: Geschieht viel oder wenig, ist die Harmonik angespannt oder gelöst, schlicht oder kompliziert? (Hierher gehört auch der *harmonische Rhythmus*; er wird auf S. 61ff. gesondert besprochen. Zur Frage der Anspannung s. auch die Überlegungen S. 85ff.)

6. *Stellenwert*: Welchen Rang besitzen die harmonischen Vorgänge, sind sie anderem unter- und zugeordnet, oder sind sie die Hauptsache, auf die sich die primäre Aufmerksamkeit richtet?

Den Leser bitte ich, den ersten Satz von Mozarts Klaviersonate D-Dur KV 284 entsprechend zu untersuchen; erst danach bitte die folgenden Kommentare lesen, die nacheinander die Fragen durchgehen:

1. *Stationen*: In der Exposition vollzieht sich der harmonische Ablauf in drei großen Feldern: das erste Feld (T. 1-21) steht in D und führt nach A, das zweite (T. 22-38) steht, ganz analog, in A und führt nach E; das dritte (T. 38-51) bleibt, erstmals mit kompletten Kadenzen, in A (T. 38 ist harmonischer Schlußtakt des zweiten und motivischer Anfangstakt des dritten Feldes).

Ebenso flächig-unaufgeregt sind die Modulationen nach A und E: Sie umfassen jeweils fünf Takte (T. 13-17 und T. 30-34); sie entsprechen sich in der musikalischen Gestik: Sechzehntel rechts, Oktavgänge links; und beiden folgen je fünf Takte, welche die Zieltonart ausbreiten (T. 17-21;

T. 34-38, durch ihre Septime d^2 schon dominantisch auf das schließliche A-Dur T. 38 gerichtet).

2. *Brennpunkte*: Aufgefallen sind mir in der Exposition der Fauxbourdonsatz der Takte 23ff. (aus vorhaltsreicher Melodie und begleitendem Terzfall) und der modulierenden Takte 30ff. sowie der übermäßige Quintsextakkord in den Takten 16 und 33.

3. *Analogien*: Diese harmonische Korrespondenz von T. 16 und 33 legt einen genaueren Vergleich nahe. Und in der Tat: T. 13-17 und T. 30-34 entsprechen einander nicht nur umfangmäßig und gestisch (s.o. unter 1.), sondern gehen sogar denselben harmonischen Weg:

Das überraschende Ergebnis verlockt dazu, weitere Taktgruppen der harmonischen Felder nebeneinander zu halten: Wohl kaum als Zufall abzutun ist die Analogie der Sechzehntel in T. 8 und 25; Berührungen zeigen sich zwischen T. 17-21 und 34-38 (Liegestimme a bzw. Orgelpunkt e; ähnliche Sekundzüge im Melodischen; figurative Spielmuster; Wiederkehr von ♪♫); den T. 13ff. und 30ff. sind, in Satzart und Tonfall, die T. 38ff. vergleichbar.

4. *Charakter*: Die drei Felder der Exposition sind unterschiedlich fest gefügt: am Anfang unerschütterter D-Dur-Raum, in der Mitte (T. 23ff.) der klangweiche Fauxbourdon, im Epilog (T. 38ff.) - er bringt nichts als viermalige Kadenzwendungen zur Dominante A-Dur - äußerste Stabilität.

Die Frage drängt sich auf, wie es im Durchführungsteil aussieht. Hier wird der Zusammenhang labiler. Der schweifende Fauxbourdon am Ende (T. 66ff.) ist harmonisch haltlos gegenüber den ineinander verschränkten Kadenzen des Beginns T. 52ff:

T. 52/53	54/55	56/57	58/59	60
a-Moll	H-Dur	e-Moll	Fis-Dur	h-Moll
s	D	t		
		s	D	t

5. *Dichte*: Nirgends geschehen Abenteuer. Die Harmonik ist unbeschwert, frisch, ohne großen Aufwand, in kleinen, in sich tonal fixierten Einheiten gereiht (T. 1-4, 5-8, 9-12 ...).

6. *Stellenwert*: In der harmonischen Disposition spiegelt sich die formale Idee des Satzes. Die bisherigen Ergebnisse zusammengesehen: Die harmonischen Felder, Korrespondenzen, Unterscheidungen und das harmonische Reihungsprinzip sind deckungsgleich mit dem Formverlauf. In der Exposition nämlich gibt es eine einzige Generalpause: in T. 21. Hörbar wird dadurch ein formaler Neuansatz markiert. Vor allem aber verbinden sich die ersten 21 Takte ähnlich zu einem formalen Block wie die nachfolgenden Takte. Das Verblüffende ist, wie sie, bei allen Unterschieden, inhaltlich aufeinander verweisen (s.o. unter 3.). Sie zeigen dadurch Nähe und Wandlung; zugespitzt formuliert: zweimal dasselbe, zweimal völlig anders.

Wenn solche Deutung Gültigkeit beanspruchen darf, resultiert daraus eine fundamental andere Auffassung von »Sonate« als die von Beethoven her eingeschliffene. Die generelle Vorstellung, »der« Sonatensatz verlange wesenhaft nach dramatischem Konflikt, ist offenbar zu eng. In Mozarts Satz ist die zweite Gruppe (ab T. 22) *nicht* dialektischer Widerpart der ersten, sondern ihr ausbalancierendes Gegenstück: Ergänzung des Gleichgewichts wegen, nicht Opposition eines Konfliktes wegen. Der Epilog T. 38ff., als dritte Gruppe, ist eben darum große Fläche. Denn seine Inhaltslosigkeit - das viermalige Kadenzieren - kontrastiert merkwürdig zu seiner Ausdehnung von immerhin 14 Takten; die aber wahren eine angemessene Proportion zum Vorhergegangenen.

Nicht festschreiben

● Die Takte 60-66 bilden den zweiten Abschnitt von Mozarts Durchführungsteil; sie wurden oben unter Antwort 4 bewußt ausgespart. Wie funktioniert der harmonische Zusammenhang dieses Abschnitts?

Ich sehe drei verschiedene Möglichkeiten der Erklärung:
a) *Quintschrittsequenz*: Das Modell (T. 60/61) wird über fallenden Baßquinten sequenziert. Die Fundamentschritte (die Folge der *Grund*töne) lauten taktweise: g cis fis h e a d.

b) *Kadenzverschränkung*: Je drei Takte bilden eine vollständige Kadenz aus; der dritte Takt ist jeweils subdominantisch in der folgenden Kadenz. (In der Klassik ist solche Harmonieprogression typisch für modulierende und verarbeitende Partien.)

T. 60	61	62	63	64	65	66
h-Moll/G-Dur	Cis-Dur	fis-Moll	H-Dur	e-Moll	A-Dur	d-Moll
s/sⁿ (Neapolitaner)	D	t				
		II	D	t		
				II	D	t

c) *Fauxbourdon*: Formtragend ist eine abwärts gleitende Sextakkordkette:

Muß der Analytiker sich für a, b oder c entscheiden? Ich wüßte keine sichere Antwort auf die Frage, welche der drei Erklärungen schlüssiger ist. Jede betont ein Teilmoment: a und c heben die Sequenztechnik hervor; a denkt, im alten Modell der Quintschritte, von einem Baßfundament her, b denkt die Figurationen harmonisch zusammen, und nur c erklärt - neben dem diatonischen Baßgang (h-a-g-f) - den chromatischen Sekundzug d-cis-c-h-b-a. Im Kontext gesehen: Erklärung b ist plausibel, weil bereits die *vorherigen* Takte (52-60) Kadenzen verschränken (vgl. S. 55), aber c ist ebenso plausibel, weil die *folgenden* Takte 66ff. den Fauxbourdon unverhüllt bringen. Vielleicht auch treffen a *und* b *und* c, untrennbar verwoben, *zusammen* den harmonischen Sinn.

Es wäre ein falscher Ehrgeiz von Analyse, wollte sie in verwirrenden Fällen »das« Richtige festschreiben. Die harmonische Komplexität hier ist nur ein Beispiel für Grundsätzliches: Wo Musik mehrere Deutungen erlaubt, soll man sie nicht gewaltsam auf eine einzige Erklärung zusammenpressen. Der Analytiker scheitert nicht, wenn er *Viel*deutigkeit als das Eigentliche erkennt. Im Gegenteil: Er kann seinen Gegenstand tiefer treffen als eine verengende Sehweise, die überall Handfestes will.

Formbildung

Harmonik stiftet Form in allen Größenordnungen: für die Zusammengehörigkeit oder Trennung, die Geschlossenheit oder Offenheit von *Motiven* und *Taktgruppen*; für den Bau von *Themen*; für *Satzteile*, untereinander oder für sich; für die Organisation ganzer *Sätze* bis hin zu Beziehungen innerhalb eines *Zyklus*. Die folgenden Beispiele entstammen Klaviersonaten Beethovens:

● Man vergleiche die folgenden *Taktgruppen* (op. 110, 1. Satz, T. 5-8; op. 2, 3, 1. Satz, T. 47-50; op. 2, 3, 2. Satz, T. 1-4). Alle drei beschränken sich auf

Tonika (T) und Dominante (D), alle tragen zweimal ihre motivische Idee vor - und doch sind sie, in ihrem Zusammenspiel von Motivik und Harmonik, ganz unterschiedlich:

(a) Die Umkehrung der melodischen Bewegungsrichtung (T. 3/4) hat ihr Pendant in der Umkehrung der Harmonik: T-D wird zu D-T. Solches Frage-Antwort-Prinzip ist in der Klassik ein charakteristisches Formungsmittel; das *harmonische Hin und Zurück* macht den Viertakter zu einer kleinen, *in sich geschlossenen* Einheit. (Ein definitives Schließen ist durch den Sextakkord der T - statt ihrer *Grund*stellung - vermieden.)

(b) Imitatorisches Duett von Sopran und Tenor. Mit T T D D drängt der Viertakter, harmonisch *offen*, zur Fortsetzung. Man mache das Experiment und schreibe diese Takte im Sinne von (a) um: sie verlören ihren weiten melodischen Atem.

(c) T D und noch einmal T D (T. 1/2): Harmonische Identität - nicht, wie in (b), Intensivierung - trägt die Sequenz. Die Gesten sind auffallend kurz, setzen wie erwartungsvoll ab: Jede Phase öffnet sich, stets als Achtel, dominantisch.

Am wesentlichsten ist wohl, daß es in T. 1 und 2 *halb*taktige Harmoniewechsel gibt, dann - analog zur fließenderen Bewegung - pro Sechzehntel. Beispiel (a) dagegen hat *ein*taktigen, (b) *zwei*taktigen Harmoniewechsel. Das Tempo des Wechsels wirkt entschieden auf den Charakter: das ruhig schreitende Espressivo von (a), den blühend großen Ton von (b), das in sich Gekehrte von (c).
● Zwei *Themen* (op. 7, 4. Satz, T. 1-4, op. 31, 3, 1. Satz, T. 1-8):

(a)

(b)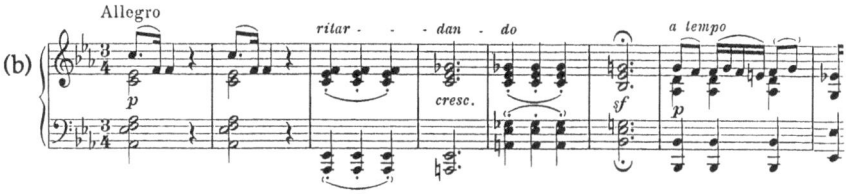

Thema (a) fällt herab mit vorhaltsreicher galanter Verbeugung. Ihr graziöser Charme wird maßgeblich bestimmt vom Beginn auf der *Dominante*; zur Erdenschwere der Tonika führt erst eine Kadenz in T. 7/8. Man beachte auch, wie das motivische 1+1+2 Takte mit den Harmoniewechseln in T. 3/4 korrespondiert.

Thema (b): irregulär aufgebaut aus 2x1+2x2+2 Takten. Die ungewöhnliche Syntax findet ihr Gegenstück in ungewöhnlicher, wie noch unschlüssig tastender Harmonik. Nachträglich ist der Anfangsakkord als Subdominante (as c es) mit sixte ajoutée (f) deutbar. Chromatisches Gleiten (unvorhersehbar, wohin) im Baß (as-a-b) und parallel im Sopran (f-ges-g). Überraschende *Dur*-Auflösung (T. 6) des verminderten Septakkordes (a-c-es-ges), gespannt durch die Fermate.

● F-Dur ist die Tonart des Kopfsatzes der Sonate op. 10, 2. Die Reprise des Satzes steht in - ? (Bitte nachschauen: lesen, spielen, die Überraschungen genau nachvollziehen.) Das formale Verwirrspiel der *Scheinreprise* ist herausgestellt durch besondere harmonische Farbe: das entfernt terzverwandte D-Dur.

● Wie ist das Zusammenspiel von Form und Harmonik im ersten Satz der Sonate op. 27, 1?

Die formale Dreiteiligkeit ist auch in harmonischer Dreiteiligkeit wiedergegeben. Der schnelle Mittelteil in C-Dur sticht mediantisch ab vom Es-Dur der langsamen Eckteile. Im einleitenden Andante, von T. 12 zu T. 13, gibt es bereits den leuchtenden Wechsel von Es zu C: Ein harmonisches Ereignis, das die Mitte des *kleineren Formteils* heraushebt, bestimmt wiederum die *Großform* des Satzes.

Quintenzirkel oder Terzverhältnis sind für Liederzyklen bevorzugte Ordnungsmittel. In Schumanns *Liederalbum für die Jugend* op. 79 fallen die Tonarten der Lieder 1-6 als A-D-G-G-C-F, und die Lieder 10-14 pendeln zwischen a und F. Schroffe Schnitte können inhaltlich bedeutsam sein: Man betrachte in Schuberts *Winterreise* die harmonisch zerklüftete Folge c-Moll, A-Dur, h-Moll für *Rast*, *Frühlingstraum* und *Einsamkeit*.

Norm eines Zyklus ist es, daß Anfang und Schluß tonartlich identisch sind. In den berühmten Liederzyklen Schumanns (*Heine-Liederkreis* op. 24, *Myrthen* op. 25, *Eichendorff-Liederkreis* op. 39, *Frauenliebe und -leben* op. 42) kehrt das Schlußlied zur Ausgangstonart zurück (in op. 39 ist das anfängliche fis-Moll zum Fis-*Dur* der *Frühlingsnacht* verwandelt). Eine Ausnahme darf daher als Absicht gelten: Schumanns *Dichterliebe* op. 48 beginnt in fis (?) und endet in cis -> Des. Die Unentschiedenheit des Anfangsliedes (fis-Moll oder A-Dur?) hat ihr Gegenstück in der tonartlichen Entfernung des Schlußliedes. Herausragend Beginn sowie Ende des ersten Liedes: die zögerliche phrygische Frageformel (S. 44) h_3 Cis^7 sowie der offen haltende Dominantseptakkord Cis^7 am Ende. Damit ergäbe sich eine Verbindung zum Cis-(Des-)Dur des zyklischen Nachspiels. Aber dessen Tonart ist eben *ausdrücklich* zum *Des*-Dur verwechselt: Die Liedreihe bleibt, tief abgewandt im ♭-Raum, unabgeschlossen, nicht erfüllt in ihrer immer wieder anders beschworenen Liebessehnsucht. Erfüllung zeigt sich am Ende der »alten, bösen Lieder« nur in einer Vision. Das Nachspiel nämlich übernimmt den melodisch zart aufblühenden Schlußteil des zwölften Liedes, dort bewegender Ausdruck des »Flüsterns« und »Sprechens« der Blumen, die sich dem »traurigen, blassen Mann« zuwenden: Die Natur verheißt Befreiung vom Leid.

Aufgaben
1. Hören Sie das *Adagio* aus Beethovens 9. Symphonie. Der Wechsel der formstützenden harmonischen Ebenen ist *hörbar* (auf die *Identifizierung* der Tonarten kommt es nicht an!): B D B G ES und abschließend langes B-Dur (aufgeschreckt durch zweimalige Fanfare, bei ihrer Wiederholung mit folgender harmonischer Eintrübung). So heben sich die Formteile des Satzes voneinander ab, mit jener klangsinnlichen *Terzenfarbe*, die in die Romantik weist.
2. Ein Durchblättern lohnt, weil es den Blick schärft für Normalität und Besonderes: Wie ist das tonartlich-zyklische Verhältnis zwischen den Sätzen von Beethovens Klaviersonaten?

    In den viersätzigen Sonaten steht - wie die Ecksätze - schon der dritte Satz regelhaft in der Ausgangstonart, variabel ist der zweite Satz: Er nutzt, in dieser Reihenfolge, Kontrast des Tongeschlechts, direkte Terzverwandtschaft, die Subdominante (op. 22). Aber op. 7 oder op. 26 oder im - gattungserschütternd riesenhaften - op. 106?

Harmonischer Rhythmus

Die *Aktivität harmonisch-klanglichen* Geschehens prägt musikalische *Form* und musikalischen *Ausdruck*. »Aktivität« meint das *Erregungsmaß* und, vor allem, den *zeitlichen Abstand*. »Wie weit und bunt oder wiederholungsreich ist die Harmonik« scheint fast weniger bedeutsam als die Frage »wie schnell oder langsam folgen Ereignisse aufeinander«. Jeder Chorsänger wird Gesellschaftslieder der Renaissance erinnern mit ihrem vom Tanz inspirierten, harmonisch nicht gehemmten Schwung: Peuerl, *O Musica, du edle Kunst*; Gastoldi, *An hellen Tagen*; Haßler, *Tanzen und Springen* ...; hinreißend die beliebten »Fa la la«-Abschlüsse - weil harmonisch wenig oder nichts passiert.

Harmonischer Rhythmus - der Zeitabstand des Harmoniewechsels - setzt als Begriff und Sache die Taktordnung durmolltonaler Musik voraus; der Takt ist die Bezugsgröße, an der er bestimmt werden kann. Bei Bach ist der harmonische Rhythmus durchweg schnell; das gibt seiner Musik Getragenheit und Schwere. Undenkbar, daß Bach einen flotten Satz à la Gastoldi geschrieben hätte. Undenkbar, daß ihm ein Anfang in den Sinn gekommen wäre, wie Vivaldi ihn in seinem Konzert d-Moll op. 3, 11 wagt: kanonisches Spiel der beiden Soloviolinen mit hartnäckig wiederholtem d^1, zwanzig Takte hindurch unbeirrt, ganz großflächig, nur d-Moll:

Man studiere noch einmal die Beethoven-Beispiele auf S. 58; ihre Unterschiedlichkeit ist, wie erwähnt, entschieden mitbestimmt von ihrem unterschiedlichen harmonischen Rhythmus. Der Durchführungsteil im 1. Satz von Mozarts Klaviersonate D-Dur KV 284 verläuft, auflösend, als Accelerando: Der harmonische Rhythmus beschleunigt sich von Zweitaktigkeit (T. 52-59) über Eintaktigkeit (T. 60-65) hin zu viertelweise kurzatmigem Wechsel (T. 66-69); überdies verkürzen sich, parallel dazu, die taktmäßigen Proportionen: konsequent von 8 Takten (T. 52-59) über 6 Takte (T. 60-65) und 4 Takte (T. 66-69) zu den 2 Takten, die dominantisch die Reprise, als wahrhaft kraftvollen Neubeginn, herbeirufen.

Zwischen möglichem *Tempo*, musikalischem *Charakter* und *harmonischem Rhythmus* besteht eine verzwickte Wechselwirkung. Formelhafte Gleichung: *Schnelles* Tempo und *gelöster* Charakter sind nur möglich bei *langsamem* harmonischen Rhythmus, wenn sich also das harmonische Geschehen nicht überstürzt. Mozarts Ouvertüre zur *Entführung aus dem Serail* beginnt im *Presto* (Alla breve) und mit funkelndem Esprit; zwölf Takte lang nichts als C-Dur, zwei Takte flüchtiger Halbschluß, der Nachsatz wiederum mit 12 Takten C-Dur. Ein harmonisch *aktiver* Satz erzwingt, um in seinem Geschehen nachvollziehbar zu bleiben, *ruhiges* Tempo und *bedächtigen* Charakter. Der Mittelteil der Ouvertüre zur *Entführung* kontrastiert durch Taktart (3/8), Tempo (Andante), Tongeschlecht (c-*Moll*), Satztypus (Vorgriff auf die erste Arie) - und *schnelleren* harmonischen Rhythmus, der maßgeblich den plötzlich gewandelten Tonfall prägt.

Die formelhafte Gleichung ist jedoch nicht einfach umkehrbar: Ein langsamer harmonischer Rhythmus bringt nicht automatisch musikalisches con brio; und ein Espressivo entsteht nicht automatisch durch schnellere harmonische Schritte. Im Gegenteil: *Harmonische Regungslosigkeit* kann auch besonderen und tiefsten Ausdruck verkörpern. Zwei Beispiele Beethovens, in denen Musik peinigend langsam oder überhaupt nicht von der Stelle kommt: Ausdruck lastender Schwere im einen, von Verbissenheit im anderen Fall. Klaviertrio D-Dur op. 70, 1 (»Geister-Trio«), 2. Satz: Der Anfang steht still, zurückgenommen im Motivischen (einstimmige Bruchstücke der Streicher, die immer selbe Gestik im Klavier), unentwickelt im Rhythmischen (stehende Viertel, monotones Sechzehntelpochen), quälend langsam im harmonischen Rhythmus (um wieviel lebendiger wirkte der Anfang, wäre der erste Takt allein nur durch ein

des Klaviers in Bewegung versetzt[10]).

---

10 Es ist gelegentlich hilfreich, zu einem Notentext *eigene, alternative Versionen* zu entwerfen. Die Frage »warum ist es nicht *so*?« erleichtert dann eine Antwort, *warum* es anders ist: Vor einer abweichenden Folie läßt sich analytisch besser verstehen, was die Originalversion ausmacht.

Vivace überschrieben ist der 2. Satz des Streichquartetts F-Dur op. 135. In seiner A-Dur-Mitte, ab T. 143, passiert es. Unter exaltierten Sprüngen der Violine I repetieren die restlichen Streicher *siebenundvierzigmal* dieselbe unveränderte Figur. *Keine* harmonische Bewegung. Der Satz beißt sich fest, in barbarischem Trotz und bestürzender Ausweglosigkeit:

Aufgabe
Analyse des harmonischen Rhythmus in folgenden Werken Beethovens:
1. Klaviersonate c-Moll op. 13 (»Pathetique«), langsamer Satz, T. 1-16 für sich und im Vergleich mit dem folgenden Abschnitt T. 17-29. (Beachte in T. 3 das Zusammengehen von rhythmischer und harmonischer Beschleunigung: Auf dem 2. Achtel hätte ja *noch* die T, auf dem 3. Achtel *schon* die DD stehen können.)
2. *Bagatelle* h-Moll, Nr. 4 der Klavierbagatellen op. 126: jene kontrastierenden, nicht enden wollenden H-Dur-Räume.
3. *Hörend* - nicht lesend - erfahren sollte man das Misterioso im Finale der 9. Symphonie, beim Ruf »über Sternen muß er wohnen«: in lichter Höhe liegender, langer vibrierender Klang.

Aktivität

»Harmonischer Rhythmus« setzt, wie S. 61 erwähnt, die Existenz von Takten voraus. »Harmonische Aktivität« generell ist ein Moment aller Musik, die mit Klang operiert. Klanglich steigernd gedacht (S. 24) ist die Hinführung zur Vierstimmigkeit in Josquins *Ave Maria*; sie faßt noch einmal groß zusammen (ab T. 25 zweimal die Folge C a G, dann a C), was harmonisch verstanden schon hinter den Takten 10-17 stand. Klanglich bildhaft gedacht ist das Decrescendo, mit dem Cipriano de Rore (1516-1565) den Schluß seines Madrigals *Amor, ben mi credevo* ausblendet:

Der Satz verliert harmonisches Leben: viermal hintereinander nur IV. (a) und I. (e) Stufe, zu gleichmäßigem Alternieren geführt. Linear atypisch der durchgängige melodische Fall des Sopran. Und erst der Sopran, dann der Tenor setzen aus: Der Satz verdünnt sich zur Zweistimmigkeit (in welcher der Alt wie ein verschwindendes Echo des Tenor wirkt). Klanglichkeit, Linie und Satzart sind musikalisches Abbild des ausgelöschten Lebens (»vita spento«).

Wer Mahlers *Symphonie der Tausend* (die Achte) oder das schreckenerregende *Dies irae* aus Berlioz *Requiem* im Ohr hat, dem mag es schwer fallen, sich auf die Diskretion früher (Ockeghem) oder später (Anton Webern) Musik einzulassen. Entscheidend ist - im Vergleich zu anderer Musik - die Drastik oder Zurückhaltung der Ausdrucksmittel. Leisere Kunst bewegt sich auf einem anderen Sprachniveau; was in aufwendigerer Musik untergehen würde, wird hier gerade auffällig. Auf diesem Level aber, auf den sich das Ohr einstellen muß, offenbart sie gleiche Gestaltungsprinzipien: Erregung, Zurücknahme, Nachdruck, Steigerung, Gleichmaß.

> Aufgabe
> Warum nur muß solche Musik in den Archiven verstauben! Werke von Johannes Ockeghem (ca. 1420-1497) gibt es in zwei Bänden einer schönen, wenn auch durch die alten Schlüssel unpraktischen Ausgabe (*Collected Works*, hrsg. von Dragan Plamenac, American Musicological Society, Studies and Documents Nr. 1 und 3. Vertrieb in Deutschland über Bärenreiter-Verlag Kassel). Wer Gelegenheit hat, sich die Bände zu besorgen, sollte sich zumindest mit zwei Werken intensiv beschäftigen:
> 1. Mit dem *Requiem* (Bd. 2, S. 83; eine Aufnahme ist auf CD erhältlich). Beachte die formverdeutlichenden Stimmlagen; das Alternieren von kontrapunktischem und klangbetontem Satz; die Aussparung der Vierstimmigkeit für das schließende »Kyrie«.
> 2. Mit dem unglaublichen *Credo* aus einer *Missa sine nomine* (Bd. 2, S. 79). Außergewöhnlich der Tenor, ohne Melodie und rhythmisches Eigenleben: Er psalmodiert, nur mit den Tönen e f g a b, genauer: lediglich mit g und a, denn e wird nur vier-, f nur acht- und b nur einmal berührt. Klangliche Einengung also: drei »g-Klänge« (G, e, C)

und drei »a-Klänge« (a, F, d), da beide Töne Grundton, Terz oder Quinte sein können. Großartig statische Musik, in der Mitte mit einem pulsierenden Ton-Band und eingewoben in immer dieselben Klänge; man verfolge genau, mit welchen Techniken das Klanggeschehen variabel gehalten ist: durch Klang*anordnung* (Beispiel für den Ton g: G e G e C G G_3 C e; es ist überaus lehrreich, mögliche Klangfolgen niederzuschreiben!); Klang*dauer*; Klang*stellung*; *Lage* (Grundton, Terz oder Quinte oben); Satz*dichte*, *Register* und *Volumen* durch Anzahl oder Auswahl der Stimmen.

Die bewegende Lösung bringt der Schluß »et vitam venturi saeculi«, von dem her die vorangegangene Enge erst ihren tieferen Sinn erhält. Hier löst sich der Tenor, nach unten zum d, oben zum h geweitet, von seiner Fessel: Er *singt* statt zu psalmodieren. *Aussingen* können sich nunmehr auch die anderen Stimmen, deren melodisches Eigenleben vorher gering gewesen war, der Klangbindung untergeordnet. Die Zuversicht des ewigen Lebens ist, in der Addition der Glaubenssätze, als Eigentliches herausgehoben; die Länge des »et vitam venturi saeculi« ist selbst Ausdruck der besungenen Ewigkeit: großer, erstmals *ununterbrochen fünf*stimmiger, *befreiter Klang*.

Jenseits von Dur-Moll

● Wie läßt sich dieser homophone Satz von Gesius (1601) beschreiben?

Der Satz ist gänzlich diatonisch. Es kommen, begrenztes Akkordrepertoire, nur Dur- und Mollakkorde vor. Sie treten ausschließlich in Grundstellung auf. Akkorde werden wiederholt (T. 1; Bach würde melodische Tonwiederholung harmonisch differenzieren). Der Zeilenschluß ist melodisch durch einen Vorhalt und harmonisch durch den Fall V-I markiert.

Kontrapunktisch zu verstehen sind: der Baß, der wo möglich in *Gegen*bewegung zum Sopran geführt ist; und eine Schlußwendung, in der sich die alte kontrapunktische *Syncopatio* erhält, eine durch Überbindung entstehende Dissonanz (vgl. S. 47 unter Aufgabe 3); denn harmonisch - als »Kadenz«

gedacht - ist das Sopran-b ein Quartvorhalt zum Baßfundament f, linear aber - als »Klausel« im Verhältnis zum Tenor gedacht - ist es eine Septime, die sich korrekt zur konsonanten Sexte a auflöst:

Musik zwischen hergebracht linearem und neuem harmonischen Denken. Die Kirchentonarten sind noch nah: Als Tonart (nur *ein* ♭) ist Dorisch auf g vorgezeichnet; das Melodie-a in T. 1 würde später, funktional aufgefaßt, mit der Dominante D-Dur harmonisiert. Das neue Dur-Moll ist nicht mehr fern: T. 3/4 ahnen eine spätere »Kadenz zur Tonikaparallele B-Dur« voraus.

Für Musik vor Dur-Moll also gilt ein anderes Gesetz. Durmolltonale Musik - von, grob gesagt, Mitte des 17. Jahrhunderts bis zum ausgehenden 19. Jahrhundert - funktioniert nach dem Prinzip der harmonischen *Unterordnung*: Den Hauptfunktionen Tonika (T), Subdominante und Dominante - mit der T als Zentrum - sind die anderen Akkorde als Vertreter untergeordnet (S. 213). Frühere Musik verfährt nach dem Prinzip der harmonischen *Nebenordnung*[11]; Klänge gleichen Ranges folgen nebeneinander. Musik »um und vor 1600« entzieht sich daher einer funktionalen Auffassung. (Die Grenzziehung »1600« - als Beginn der Herausbildung von Dur und Moll - ist üblich, im Grunde aber vage: Es bleibt das schwer lösbare Problem, ob und wo um und vor 1600 schon harmonisch-tonale Interpretationen möglich und sinnvoll sind.)

Homophonie wie bei Gesius steht an einer historischen Grenze zwischen »nicht mehr« (ausschließlich modal-kontrapunktisch) und »noch nicht« (definitiv durmolltonal-harmonisch); die jeweiligen Anteile sollte Analyse zu bestimmen versuchen. Das fließend Klangweiche solcher Musik hat für Ohren, die auf Dominante-Tonika eingeschworen sind, einen ganz wundersamen Reiz: Man mache die Probe und setze in Takt 1 D- statt F-Dur, um zu spüren, wie gerichtet-zwingend die Dominante und wie klangbetont-nachgiebig die VII. Stufe ausfällt.

Wie aber stehen Linie und Klang in *Polyphonie* zueinander? Hier ein zweistimmiger imitatorischer Satz (Sopran und Tenor) aus Josquins Motette *Ave Christe, immolate*. Terzen, Sexten, Oktaven (in dieser Reihenfolge) sind die Zusammenklänge; am Ende die typische Septimen-Syncopatio: Der Ton g, nach Überbindung Septime geworden, löst sich auf leichter Zeit auf in die konsonante Sexte fis:

---

11 Carl Dahlhaus: Untersuchungen über die Entstehung der harmonischen Tonalität, Kassel 1967, ²1988, S. 130.

Allerdings habe ich gemogelt. Der Satz ist original nicht zwei-, sondern vierstimmig. Nur so erklärt sich auch der Sopran-Vorhalt a-g in T. 37, den es als Nonenvorhalt in Josquins *Zwei*stimmigkeit nicht gäbe; der Sopran aber ist in T. 37 zum *Baß* korrekt geführt. Und die Syncopatio g-fis im Sopran T. 37 ist, harmonisch verstanden, ein Quartvorhalt in D-Dur.

Tragende Stimme (Tenor) plus Oberstimme (Discantus) ist die historisch älteste Form mehrstimmiger Musik. Mein Fälschung zeigt verblüffend, wie sich das bei Josquin in der Vierstimmigkeit noch hält. Der Klang bewahrt die Linie, die Linie webt sich in den Klang. Ist also der herauslösbare intervallische Satz (T. 37: Syncopatio zwischen S und T, mit *Zusatz*stimmen) oder ist der hörbare akkordische Satz (T. 37/38: Schlußformel C-, D-, G-Dur, mit Baß*fundament*) entscheidend?

Josquin geht von Linien aus, deren Summe Klang ergibt. Bach geht vom Klang aus, auf dessen Grund er Linien gestaltet. Diese Formel wird gern gebraucht: daß in der Renaissance der Klang aus dem Linearen resultiere, im Barock aber die Voraussetzung des Linearen sei. Solche Entgegensetzung darf nicht überzogen werden: Die Hierarchie zwischen »Kontrapunkt« und »Harmonik« ist nicht immer eindeutig bestimmbar. Bachs Polyphonie ist harmonisch fundiert (der Untergrund seiner *Inventionen* beispielsweise ließe sich - mal zweifelsfrei, mal weniger eindeutig - als homophoner Satz darstellen); aber nicht in jedem Moment ist mit Gewißheit zu entscheiden, ob aus dem Klang die Linienzüge hervorgehen oder umgekehrt aus den Linien der Klang. Josquins Polyphonie ist linear konzipiert; aber nicht in jedem Moment ist mit Gewißheit zu entscheiden, ob die - greifbare oder latente - Klanglichkeit sekundär oder primär ist (vgl. dazu auch die klangliche Skizze seines *Ave Maria*, S. 63).

Harmonisch analysierbar ist also auch polyphone Musik, die noch nicht durmolltonal organisiert ist. Zwei Erscheinungsformen lassen sich wohl unterscheiden:

1. Klang als *rhetorischer Kontrast*. Am Ende von Josquins *Ave Maria* (S. 23) steht die Bitte »memento mei«. Abgesetzt ist sie durch ganztaktige Generalpause und durch schlichte Homophonie. Markiert wird dadurch, formal verstanden, der Schluß der Motette. Herausgehoben wird dadurch, rhetorisch verstanden, die Bitte selbst: Das würdevoll Verhaltene, Klangschöne und Sprachbetonte des plötzlich homophonen Satzes gibt dem »Memento« Nachdruck:

Gattungstypisch ist für die Motette zu Josquins Zeit die Durchimitation. Ein Aussetzen solcher Norm gewinnt eben deswegen besonderen Ausdruck; die Rhetorik kennt solche Partien, die zur polyphonen Umgebung kontrastieren, als *Noema*.

2. Klang als *Hintergrund oder Vordergrund*. ● Im *Sanctus* aus Josquins *Missa 'Pange lingua'* fällt die Partie »in excelsis« durch ihr merkwürdiges Satzbild auf. Wem es zu schwer fällt, die vier Stimmen zusammen zu lesen, der sollte sie auf zwei Systeme umschreiben:

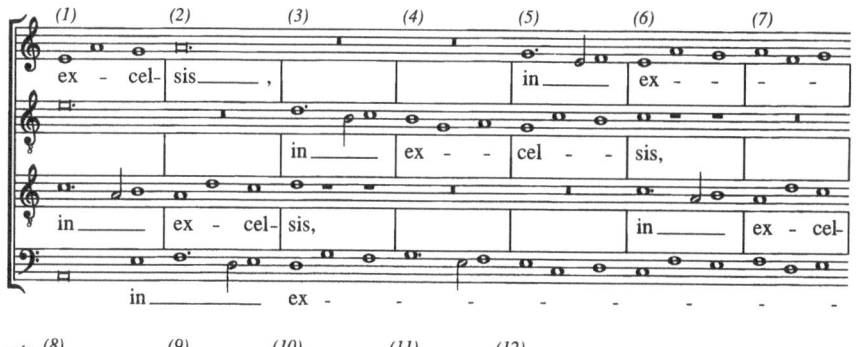
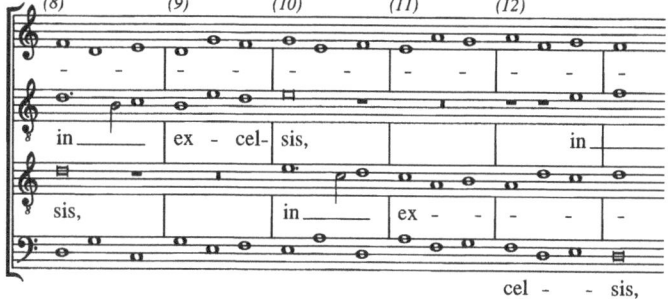

Zwei Betrachtungsweisen bieten sich an:
1. Ich höre und lese *harmonisch*. Dann treten die in sich kreisenden Klangfolgen hervor, die durch rhythmische Statik (o o o) oder immergleichen Impuls (o. ♩ o) etwas gelöst Erhabenes gewinnen und wie grenzenlos fortzuklingen scheinen: Die Stimmen sind aufgehoben in großem Klingen. Das *ganze* »in excelsis« erstreckt sich über 35 Takte, in denen nichts weiter geschieht, kein neuer Text, kein neues Soggetto, kein formaler Absatz. Wo aber lange »nichts« passiert, verliert sich auch ein Zeitgefühl. Die Musik bleibt nur noch bei sich selbst. Das ausgedehnt Ungerichtete gibt dieser Partie das Bezwingende.
2. Ich höre und lese *linear*. Dann treten die zwei in sich kreisenden Tongruppen hervor, aus fallender Terz + steigende Sekunde und aus steigender Quarte + fallende Sekunde gebaut; alle Takte dieses Ausschnittes sind daraus gebildet. Es lohnt sich, jede Stimme - am besten nimmt man zwei verschiedene Farben - entsprechend zu kennzeichnen. Man sieht erst dann so richtig, wie eine Gruppe durch die Stimmen wandert (1: S, 2: T, 3: B); wo sie wörtlich übernommen wird (vgl. B -> S in 4/5, 7/8, 9/10, 11/12, ab 7 immer einen Ganzton höher ansetzend); wo sich eine Variante ergibt (8, 10: B); wo Gruppenfolgen sequenziert sind (S: 5-7 -> 8-10); daß bei gleichlautendem Sopran (5-6[=1]-7 = 10-11-12) ein harmonisch oder rhythmisch oder durch Zusatzstimme (12: Alt) abgewandelter Satz steht. Der Begriff »Motiv« drängt sich hier geradezu auf, wo man sonst von »Soggetto« zu sprechen hat: Klang wächst heraus aus motivischer Konstruktion.

> **Aufgabe**
> *Credo* derselben Messe: Man analysiere das abschließende »et vitam venturi« für sich und im Vergleich zum nachfolgenden »Amen«. Man beachte auch den Wechsel von ungerader (3) zu gerader (¢) Mensur.

Bezogen auf das *Klang*moment empfehlen sich sechs analytische Fragen an Vokalpolyphonie vor 1600:

1. *Art der Klangprogression*

Ist sie freie, »systemlos« farbige Nebenordnung, bevorzugt sie gewisse Stufen, zeigt sie Wiederholungen, die expressiv nachdrücklich, aber auch versteinernd (wie im Madrigal S. 64) wirken können. Ist das Tempo des Klangwechsels langsam, gleichmäßig - und damit harmonisch flächig - oder schnell, und was besagt das für Aufbau, Charakter, Wirkung?

2. *Satzgestalt*

Anzahl, Einsatzfolge, Einsatzabstand, Kombination, ausdrucksbezogene *Register* (hoch/tief), *Imitationsweisen* oder *homophone Sammlung* der Stimmen.

Die genannten Mittel dienen einer satztechnischen Abwechslung, die maßgeblich den *Formverlauf* bestimmt; und sie prägen vor allem, nach *Raum* und *Dichte*, die *Klanglichkeit* eines Satzes: Dem ersten Großabschnitt aus Josquins *Ave Maria* (S. 23) folgt die *paarige Imitation* - zwei Stimmen *zusammen* imitieren einander - zwischen S-A (T. 31) und T-B (T. 35). Zu T-B tritt noch der A hinzu: Der Satz erweitert sich zur *Dreistimmigkeit*, um nach Abschluß der Imitation *vierstimmig* fortzufahren (T. 40). Zurücknahme des vorher (T. 28ff.) vierstimmigen Satzes, Kontrastierung hohen (S-A) und tiefen (T-B) Raums, und wiederum Anwachsen zur Vierstimmigkeit bestimmen gleichermaßen Form wie Klang:

3. *Stationen*

Mittel der Gliederung und der Gesamtform (wie stehen ihre Teile zueinander im inneren Verhältnis und in äußerer Proportion) sind die *Klauseln* als melodische Schlußwendungen. Das System der Kirchentonarten war prinzipiell diatonisch (S. 51). An chromatischen Einschlägen aber gab es die Doppelstufen b/h und analog dazu es/e; und Klauseln waren, mit den entsprechenden Leittönen, gebräuchlich zu den Tonstufen d, g und a. Tonstufen, zeitlicher Abstand und Anzahl der Klauseln können Entscheidendes aussagen, wie Josquins *Ave Maria* (s. S. 24 und 25f.) und Ockeghems *Agnus* (s. S. 97) zeigen.

4. Maß der Bewegung

Ein Aspekt über das allein Klangliche hinaus: Josquins *Sanctus* ist rhythmisch statisch (S. 69), sein *Ave Maria* lebt auf in allmählicher Unterteilung (S. 24), Ockeghems *Agnus* (S. 96) bleibt auf einem gleichmäßig fließenden Niveau. Für den Verlauf formaler Abschnitte und für die Anlage ganzer Sätze (etwa als: Ruhe - Steigerung - Ruhe) spielt das Bewegungsmaß eine hervorragende Rolle.

5. Sprache und Musik

Wo und wie reagiert die Vertonung auf Inhalt und Ausdruck des Textes? (Beispielhaft sehe man noch einmal den Madrigalschluß S. 64.) Hinweise können sein: melodische Richtung, rhythmische Bewegungsart, fülliger oder dünner Satz, Homophonie (S. 68), stimmliche Klangfarben, komplizierte oder simple Satzart.

6. Klang und Linie

Auf dem Papier sieht es nach nichts aus. Auf dem Klavier gespielt, machen immerhin die ineinander verhakelten Hände auf Besonderes aufmerksam. Aber erst im Singen erlebt man im folgenden Beispiel von Orlando di Lasso den Zauber des kreisenden G-Klanges mit seiner heraustönenden d^2-h^2-Terz:

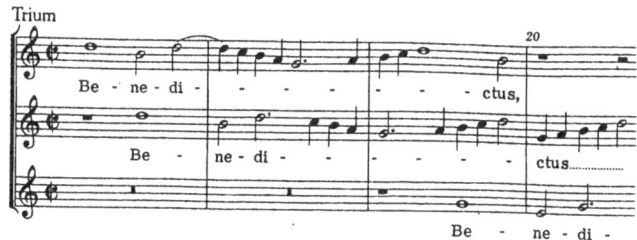

Grundsätzlich: Man beachte, wo Klangliches aus sich verschlingenden Linien und wo tatsächlich Lineares dominiert. Genau in der Mitte des *Gloria* in Lassos *Missa super Congratulamini mihi* steht ein Trio (A, T, B), umrahmt von sechsstimmigen Teilen. Das Trio umfaßt 22 Takte. Genau in der Mitte wiederum steht eine Klausel zur V. Stufe: In 11+11 Takte ist der Satz geteilt. Ein Soggetto (für »Domine Deus«) im ersten, eins für »filius Patris« im zweiten Teil; begrenzter klanglicher Radius (nur F und C, einmal B, einmal G) im ersten Teil, dann ausgreifend (F, g/G, B, C d, Es). Warum diese Differenz? Weil Proportion (11+11) und harmonischer Radius zwei Prinzipien in deswegen nur *zwei* Soggetti spiegeln: »Domine Deus« ist auf Klang gestellt - hier zwei Ausschnitte -,

»Filius Patris« auf »wirkliche« imitatorische Polyphonie:

Klangraum also gegen Linearität; Statik gegen Dynamik; innerlich bewegte Fläche gegen präzise imitatorische Zeichnung; rhythmisch glatt laufender Satz gegen differenzierte rhythmische Buntheit: Wird das entsprechend tief begriffen und entsprechend *gesungen* (statt alles in schönem, aber nichtssagendem Gesang einzuebnen), erhält solche Musik *eigenes Gesicht*: Auch sie hat, bei allem Typologischen (S. 94f.), eine je spezifische, persönliche Idee und Ausdrucksweise; *dem* (nicht bloß Satztechnischem) muß man nachspüren, in sorgsamem Hinhören und Erleben. »Klassische Vokalpolyphonie«, in Kirchenchöre verbannt und in akademischen Kontrapunkt-Exerzitien zu einem leblosen Regelwerk ausgedorrt, erfährt man dann plötzlich als lebendige Sprache: als *Musik* statt als tote Grammatik.

Akkord und Affekt

Akkorde sind der wichtigste Baustein durmolltonaler Musik. Kompositionstechnisch sind sie musikalisches *Material*. Ästhetisch - in ihrer erlebten Ausstrahlung - sind sie, für sich oder auch durch die Art ihrer Verbindung,

Ausdrucksträger. An zwei Akkorden möchte ich das zeigen, als Anregung für Analyse, schon den einzelnen Akkord nicht nur zu definieren (»Hier steht ein Quintsextakkord«), sondern wo nötig in seinem Ausdrucksgehalt zu fassen: am verminderten Septakkord (D^v) und am Dominantseptakkord (D^7).

Verminderter Septakkord

Der D^v, sagt die Allgemeine Musiklehre, ist aufgebaut aus drei kleinen Terzen, ist darum in jeder Umkehrung klanggleich, und er ist prädestiniert für Modulationen, da jeder seiner vier Töne Leitton sein kann. All das ist wichtig. Aber es bedeutet, so belassen, eine akademische Verdünnung. Das *musikalisch* Entscheidende ist sein *Affektgehalt*: Zur Bach-Zeit ist der D^v der *ausdrucksstärkste Akkord*. In den Vokalwerken Bachs ist der D^v an jene Textworte gebunden, die von menschlicher Schwäche und Kreatürlichkeit oder der Passion Christi sprechen (man erinnere sich an den fürchterlichen »Barrabam«-Schrei der *Matthäus-Passion*). Sein rhetorisches Bedeutungsfeld ist dadurch klar umrissen; charakteristische Vokabeln sind: züchtigen, erbarmen, büßen; betrübt, verlassen, bitter; Marter, Welt, Schande, Laster, Sünde, Strafe ...

Auch bei Bach freilich darf man analytisch nicht überziehen und sein Werk derart mit theologischer Rhetorik befrachten, daß jede Note zum Abbild der Heilsgeschichte wird. Eine kleine Einschränkung deshalb: Nicht *jeder* D^v ist eingebunden in solche Bedeutungen; so findet er sich auch bei »getrost ist mir mein *Herz* und Sinn«, »Du, du bist *meine* Lust«, oder »welcher seine Zuversicht auf Gott *setzt*«. Und umgekehrt verlangt nicht jede »Marter« nach einem D^v. Auffällig allerdings ist, daß Bach dann bevorzugt den Quintsextakkord einsetzt; dessen klangliche Intensität macht ihn offenbar dem Affekt des D^v ebenbürtig:

...du litt'st Mar-ter   ...den Äng - sten   ...Pas - si - on

Bis in die Romantik blieb der D^v Ausdrucksträger, um dann, abgenutzt, seine Semantik einzubüßen. Sein Bedeutungs*wandel* ließe sich vielleicht so formulieren: Im Barock ist er *der* schmerzliche Affektakkord[12], die Klassik nutzt ihn zum Ausdruck des Dramatischen, Energischen, die Romantik interessiert eher seine düstere Färbung und sein tonales Schillern.

Man studiere noch einmal den Ausschnitt aus Beethovens 5. Symphonie S. 12: Das Pathos dieser Stelle verdankt sich wesentlich dem D^v. Ungewöhnlich gehäuft tritt er auf in der Introduktion zu Beethovens Klaviersonate c-moll op. 13 (»Pathetique«); hier prägt er ganz entschieden den großen heroischen Ton. Im *Fidelio* erklingt er zu den Worten »Rache«, »verfluchte« und »fürchterliche« Stunde (Ende von Nr. 14; man schaue sich auch deren Nachspiel an). Ausdruck des Schauerlichen ist der D^v in der Wolfsschluchtszene von Webers *Freischütz*. Und im 1. Satz von Schuberts Klaviersonate B-Dur (D 960) löst sich, mit dem D^v (T. 45ff.), das Hauptthema tonal, melodisch und atmosphärisch in Unschärfe auf: Die knappe Modulation (aus h d f *as* wird *eis gis* h d) bezeichnet einen formalen und charakterlichen Wendepunkt.

> Aufgabe
> Welche Rolle spielt der verminderte Septakkord in Schuberts Lied *Der stürmische Morgen* (Nr. 18 der *Winterreise*)?

Dominantseptakkord

Bachs Choräle sind nie, wie streckenweise Imitate des 19. Jahrhunderts, süßlich. Einer der Gründe dafür ist, glaube ich, die Handhabung des D^7. Er besaß für Bach offenbar (siehe oben die Quintsextakkorde bei »Marter«, »Ängsten«, »Passion«) eine besondere rhetorische Intensität. Nur an expo-

---

12 Carl Philipp Emanuel Bach rechnet ihn im Instrumentalen der Fantasie-Harmonik zu. Man untersuche daraufhin Johann Sebastian Bachs *Chromatische Fantasie und Fuge*, in der Fantasie etwa die T. 7ff. oder 32ff., vor allem aber die ungeheuerlichen Schlußtakte 75ff. (beachte hier gleichrangig die chromatisch-linearen Züge in den Mittelstimmen).

nierten Stellen erscheinen der angespannte Sekundakkord und der liebliche Terzquartakkord. Und den D^7 in *Grund*stellung meidet Bach so gut wie immer: indem die Septime in Schlußwendungen regelhaft als Durchgang auftritt oder flüchtig berührt in der rhythmischen ♩♫ - oder ♫♩ -Formel. Dort, wo der D^7 *direkt* gesetzt ist, hat er expressivste Bedeutung. Drei Beispiele, deren rhetorischer Gehalt unmittelbar einleuchtet:

Klanglich unerhört der gleißende D^7, der im Choral *Jesu Leiden, Pein und Tod* (BWV 245) das Böse abbildet.

Das »Böse« äußert sich in der abnormen Linearität (Tenor!, der zum Baß schrille Sopran) und in der für A-Dur »falschen« Harmoniefolge: cis-fis im Baß ließ die weiteren Quintschritte h-e erwarten, zumindest aber, wenn es schon *auf*wärts gehen soll, die bloße Subdominante D-Dur; und die Kadenz nach h-Moll weicht einer üblichen Harmonisierung Bachs aus, die hier normalerweise zum Halbschluß E-Dur geführt hätte.

Die exzentrische Stelle bestätigt den besonderen Status des D^7; im Ausdruck normhaft ist sie für ihn nicht. Bach setzt ihn gezielt ein, nicht als harmonischen Zuckerguß wie spätere Imitate: Der direkte D^7 in Grundstellung, der Terzquartakkord, gelegentlich der Quintsextakkord sind bei ihm *Akkorde der Süße*.

> Aufgabe
> Schlußchoral *Ach Herr, laß dein lieb Engelein* aus der *Johannes-Passion*: Bei welchen Textworten ist ein Dominantseptakkord (Grundstellung, Umkehrungen) eingesetzt? Beachte den harmonischen Kontrast zwischen »erhöre mich« und »ich will Dich preisen«.

Romantik und Impressionismus verlegten sich (*nicht*: entdeckten - das tat schon Bach) auf sein *Koloristisches*: Wo ein D^7 sich nicht mehr auflöst, wird seine farbliche Komponente unverhüllt greifbar. Der Es-Dur-Septakkord im Seitenthema von Schuberts Klaviersonate c-Moll, D 958, 1. Satz, löst sich nicht auf; die Septime ist allein Klangzauber, ohne harmonische Konsequenz, allenfalls als heimlicher Faden zum unendlich fernen Des-Dur:

In Debussys *Sirènes*, dem dritten der Orchester-Nocturnes, studiere man die Takte 26ff. (s. S. 101): vier Takte H^7, vier Takte G^7, wieder vier Takte H^7 (intensiviert durch die kleine None), darüber das immer selbe Motiv und der in sich kreisende Lockruf der Sirenen. Bitte nicht nur »studieren«. Erst im *Hören* erlebt man das Verführerische dieses Satzes: zauberisch einlullende Musik.

> Aufgabe
> Man spiele, lese, höre in Debussys Klaviermusik
> 1. aus *Soirée dans Grenade* (Nr. 2 der *Estampes*) T. 17-33.
> 2. aus *Mouvement* (Nr. 3 der *Images* I) T. 89ff. (»En augmentant«).

Überlegungen, wie hier exemplarisch an zwei Akkorden angestellt, wären ebenso ergiebig für den klangerfüllten Sextakkord, den labilen Quartsextakkord, den farbsinnlichen Dominantseptnonakkord ... Das ausdrucksmäßig »Sprechende« von Akkorden darf nicht zugeschüttet werden von bloß theoretischer Betrachtung (»wie löse ich einen D^7 'richtig' auf?«). Unbehaglich also, wenn der D^v oder der »Neapolitaner« (ein Klageakkord bis in die Romantik hinein) in Modulationsübungen heruntergewirtschaftet werden zu sinnentleerten Bastelklängen; Max Regers merkwürdiges Moludationsbüchlein gibt dafür nur ein unrühmliches Beispiel.

Individualisierung

Drei Bedingungen erschweren es, für die Analyse nicht mehr tonaler Klangbildungen flugs griffige Ratschläge zu geben.

1. In durmolltonaler Musik ist (regelhaft) die Folge Subdominante (S) - Dominante (D) nicht zur D-S umkehrbar, und auf die D folgt (regelhaft) die Tonika. Regulative dieser Art gibt es in atonaler Musik nicht; und andere übergreifend gültige Ordnungsprinzipien haben sich nicht herausgebildet.

Die sechs Klänge am Anfang von Schönbergs Klavierstück op. 33a (1928) gehen hervor aus der zugrundeliegenden Zwölftonreihe. In jedem Takt stehen drei viertönige Klänge; ihr Tonvorrat ergänzt sich sukzessive zur Zwölftönigkeit. Zudem greifen die Klänge 4, 5, 6 im Krebs (rückwärts gelesen) die Klänge 3, 2, 1 auf; sie sind deren intervallische Umkehrung: Klang 3 beispielsweise ist aufgebaut aus Tritonus + großer Sekunde + kleiner Terz, Klang vier umgekehrt (von oben nach unten) aus denselben Intervalltypen:

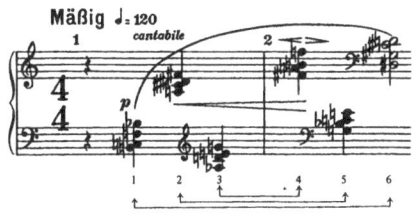

Drei spezielle Prinzipien also regeln *hier* die Vertikale: Ergänzung des Tonvorrats[13], Krebsgängigkeit der zwei Takte, Intervallumkehrung. Sie begründen die »Logik« von Einzelklang und Klangfolge - an *dieser* Stelle. Schönberg hätte auch eine völlig andere Ordnung wählen können. Die gewählten Prinzipien lassen sich nicht verallgemeinern.

2. Anton Webern bevorzugt kleine Sekunden, große Septimen (Beispiel S. 130), kleine Nonen. Alban Berg scheut nicht - prominentestes Beispiel: sein Violinkonzert - tonale Bindungen. Die Klanglichkeit bei Arnold Schönberg steht etwa in der Mitte zwischen der Anspannung Weberns (siehe Schönbergs Klang 1 oben) und der Milde Bergs (Klang 2 oben; Klang 5 ergibt sogar, aufgrund der intervallischen Mechanik, einen eigentümlich berührenden Terzquartakkord).

Bereits die Differenzen zwischen Webern, Berg und Schönberg - so holzschnittartig ihre ganz eigenen Handschriften hier charakterisiert wurden - zeigen, wie sehr sich im 20. Jahrhundert die Klangorganisation zunehmend individualisierte. Die Vielfalt klanglicher Strukturen, die entwickelt wurden, entzieht sich einer verbindlichen Systematik und »lehrbaren« Typisierung.

---

13 Zwei Empfindlichkeiten leiten hier wie in anderen Fällen die Klangordnung: das Gefühl, daß ein Ton, der erklingt, damit zunächst verbraucht sei, und die Scheu, Tönen durch Verdopplung ein Übergewicht zu geben. In seiner *Harmonielehre* (1911, S. 502) bemerkt Schönberg, unter Berufung auf Beispiele bei Webern, Berg, Schreker und Bartók: »Die Akkordfolge scheint geregelt zu sein durch die Tendenz, im zweiten Akkord Töne zu bringen, die im ersten gefehlt haben ...« und »daß Tonverdopplungen, Oktaven, selten vorkommen«.

3. Der Stellenwert von »Harmonik« und »Klang« hat sich gewandelt. In Durmolltonalität sorgt primär die Harmonik für Zusammenhalt. Musik, die tonale Harmonik preisgibt, gibt damit auch ein eminent formstiftendes Mittel preis. Anderes muß deren tragende und verbindende Kraft übernehmen. Dies erklärt, warum *linear-thematische* Vorgänge so oft dominieren. Ihre Stringenz aufgrund von Radikalisierung - »alles« ist thematisch - ersetzt die ehemaligen *harmonischen* Kräfte.

Ein Beispiel für unzählige andere. Lied XIV, das kürzeste von Schönbergs George-Liedern 1908/09 (*Das Buch der hängenden Gärten*, op. 15), ist fast ausschließlich auf motivisch Lineares gestellt, das - ohne je identisch wiederzukehren - überall wirkt. Durchzogen ist das Lied von der flüchtigen Figur, mit der es im Klavier anhebt; sie ist bestimmt von Aufwärtsbewegung mit fallender Sekunde am Schluß sowie durch ihre Intervallstruktur (wie lautet sie?). Die Figur beherrscht auch (Klavier) T. 3, 6, 9 11 - worin bestehen die jeweiligen Varianten?

Aufgabe
Weiterführende Fragen zu diesem Lied: Welche Bedeutung kommt der fallenden kleine Sekunde zu (vgl. z.B. T. 2 Singstimme es^2-d^2 mit dem Schlußtakt im Klavier)? Was geschieht (Sequenzen beachten) T. 4/5 und T. 7 im Klavierpart? Wie ist die Linie der Singstimme gestaltet (vgl. z.B. T. 3 »Windes-« mit T. 10/11 »wandelbar«), auch in Beziehung zur anfänglichen Klaviergeste?

Auch angesichts der skizzierten Bedingungen lassen sich jedoch vier analytische Gesichtspunkte benennen:

1. *Spannungsgrade*
In seinen *Zwölfton-Kontrapunkt-Studien* (1940, deutsch 1952) unterscheidet Ernst Krenek Intervalle nach dem »Grad ihrer Spannung«: Als *konsonant* gelten Prim, Terz, Quinte, Sexte, Oktave; als *milddissonant* große Sekunde, kleine Septime, große None; als *scharf dissonant* kleine Sekunde, große Septime, kleine None. (Die Einordnung der Quarte als »konsonant« oder »dissonant« ergebe sich aus dem Kontext.) Mit diesen Intervallen bildet Krenek dreitönige Akkorde, die er entsprechend als »konsonant«, »mild« oder »scharf« einstuft.

Vorgegeben ist damit die vielleicht zentralste analytische Kategorie: der *Spannungsgrad* des *einzelnen Klanges* sowie eines *Klangverlaufs*. Intensität aber existiert nicht abstrakt; sie wird, wie auch die Beispiele S. 85f. zeigen, entschieden bestimmt von der konkreten Situation. Kreneks »scharfen« Klang (a) kann ich durch Register, Dynamik und Instrumentation »milder« machen als seinen »milden« Klang (b):

Aufgabe
Entsprechende Anregungen geben für das eigene Analysieren kann Alice von Heyls Skizze »Klang im 20. Jahrhundert«, in: Musica 5 (1988), S. 451-456. In gedrängter Form differenziert sie Art und Wirkung von Klängen nach Tonanzahl, Dissonanzgrad, Verteilung im Tonraum, Nachbartönen, und nach dem Einfluß von Register, Artikulation, Instrumentation, Umgebung; zu ergänzen wäre ggf. die metrische Position von Klängen.
Die angesprochenen Werke sollte man - für sich allein oder an Hand dieses Artikels - im Zusammenhang studieren.

2. *Eigenschaften*
Klänge können grell oder dunkel sein, rund oder spitz, großräumig oder gepreßt, körperhaft oder fahl, voluminös oder zerbrechlich ... Man scheue nicht ein »untheoretisches«, aber kräftig-anschauliches Vokabular, um Charakter und Wirkung von Klängen oder Klangflächen zu fassen.

3. *Eigenständigkeit*
Tonal freie Klänge sind *nicht* demolierte tonale Akkorde. Sie müssen als eigenständige Formen begriffen und gewürdigt werden.
Arnold Schönberg war ausgegangen von der *Emanzipation der Dissonanz*: Sie war ihm, gelöst von der Begründung durch eine nachfolgende Konsonanz, eine Klangform *eigenen* Rechts. Hugo Leichtentritt dagegen versucht,

in seiner - heute noch lesenswerten - *Musikalischen Formenlehre* (1911, ⁸1971), die »verwirrenden Zusammenklänge« in Schönbergs *Drei Klavierstücken* op. 11 (1909) durch entsprechende Änderungen auf »ihre tonale Basis« zurückzuführen. Die halb widerwillige Bestürzung Leichtentritts ist ebenso spürbar wie sein angestrengter Versuch, Schönbergs Sprache (noch) zu verstehen: indem er sie zum »eigentlich« Gemeinten, einer tonalen und satztechnischen »Normalität«, zurechtbiegt.

Leichtentritt Text, in unmittelbarer zeitlicher Nähe zu op. 11 geschrieben, ist ein analytisches Dokument. Ihm aus späterem historischen Verständnis vorzuhalten, sein Ansatz verfehle die Sache, wäre dumm arrogant. Ich führe dieses Beispiel nur an, um ein grundsätzliches Problem klar zu machen. Tonale Kriterien versagen an Atonalem oder verzerren seinen Sinn. Die Suche nach einem »Grund«ton ist widersinnig, wenn kein hierarchisches Gefüge von Tönen, Intervallen, Akkorden mehr existiert. Töne in Terzschichtung zu zwingen, ist unsinnig, wenn Terzen nicht mehr das Baumaterial von Akkorden sind. Tonale »Relikte« herauszustellen sagt weniger aus als gerade das Nicht-Tonale zu betonen: das eigene *Neue* statt eines anders gesehenen Alten.

4. *Klangkomposition*

Im historischen Rückblick mutet es erstaunlich folgerichtig an, daß sich das kompositorische Interesse in dem Maße auf den Klang *selbst* richtete, wie sich die (tonalen) Klang*verbindungen* auflösten. Komponieren *mit* und *in* dem Klang bestimmt die Klangfarbenkompositionen der 1960er Jahre (das frühe Modellwerk ist das Orchesterstück *Atmosphères*, 1961, von Ligeti), dann aber auch andere Werke.

● Detlev Glanert: *4 Fantasien für Klavier op. 15* (1988): Was in der beeindruckenden Mitte der zweiten Fantasie (hier ein Ausschnitt) klanglich geschieht, bitte selbst herausfinden (beim Spielen die Oktavierung beachten!):

Klangorganisation: Zwei viertönige Klänge (cis gis dis fis / d g e f), ein dreitöniger (b a a c) und ein zweitöniger (h a a h) sind jeweils sekundmäßig benachbart;

zusammen breiten sie, mit betontem Ton a, das chromatische Total aus. Die vier Klänge setzen sich fest. Ihre Abfolge (1 2 3 2 4 | 4 3 4 | 2 3 1 2 3 | ...) und damit ihre Häufigkeit, ihre Dauer und Dynamik wechseln. Glitzerndes Band als Klangmelodie und Melodieklang; jeder Klang bleibt er selbst und wirkt doch durch die wechselnden Kombinationen immer anders und neu.

> Aufgabe
> Arnold Schönberg: *Fünf Orchesterstücke* op. 16, das berühmte dritte Stück *Farben*, T. 1-11. Man studiere genau (Stimmführung der Instrumente verfolgen!), wie der anfängliche fünftönige Akkord sukzessive so verändert wird, daß er in T. 9 eine kleine Sekunde tiefer liegt. Was geschieht in T. 1-3 mit dem Akkord?

Bedeutungen

Für die Analyse von Harmonik möchte ich abschließend drei Kategorien ansprechen: *Farbe, Sinnbildhaftigkeit, Intensität*. Sie sollen nicht Kästchen bereit stellen, in die man Musik gedankenlos verstaut. Sie sollen dazu anregen, den *Bedeutungsgehalt* von Harmonik zur Sprache zu bringen.

1. *Harmonik als Farbe*

Man studiere noch einmal den Schubert-Walzer S. 21 mit seinem Nebeneinander von B- und D-, D- und F-Dur oder Schuberts *Sei mir gegrüßt* S. 52: Beide Male spielt das Verzaubernde der entfernten Terzverwandtschaft hinein. In der Romantik (Ernst Kurth nannte sie plastisch »das Zeitalter der Terzen«) wird zum harmonischen Stilmittel, was gelegentlich bereits in der Klassik zu außerordentlicher Wirkung führte. Vorder- und Nachsatz seiner F-Dur-Bagatelle (aus den *Sieben Bagatellen* op. 33) stellt Beethoven als F-Dur/D-Dur gegeneinander; berückend jener Moment, da die Melodie in D-Dur und zum *pp* zurückgenommen neu anhebt:

Das *farbliche* Moment von Harmonik tritt umso mehr hervor, je mehr ihre *verknüpfenden* Momente verblassen. Quintverwandtschaft stabilisiert, Terzverwandtschaft - treffender sollte es bei mediantischen Folgen Terz*entfernung* heißen - lockert Verbindungen. Mit der Lockerung wird die harmonische Farbe verstärkt.

> Aufgabe
> Anton Bruckner: *Te Deum* 2. Satz *Te ergo*: Analyse des harmonisch steigernden Gesamtaufbaus (Sequenzen beachten: in welchen Tonarten beginnen und schließen sie?) und darin vor allem die anrührenden Verwandlungen T. 17ff.

Selten beachtet wird eine Technik, wie sie schon Beethoven in seiner F-Dur-Bagatelle nutzt: *dasselbe* in *anderer* harmonischer Farbe zu sagen - und dadurch zu verändern. Das *Andantino* aus Schuberts Klaviersonate A-Dur D 959 steht in fis-Moll. 16taktige Periode am Beginn, um zwei wiederholte Schlußtakte äußerlich erweitert - und dann das Unerwartete: Die Anfangsmelodie kehrt, im pp, noch einmal wieder, anders als bei Beethoven völlig belassen wie sie war, nun aber in A-Dur,

um sich dann (T. 25) nach fis-Moll zurückzuwenden. Der Ausdruck verwandelt sich völlig. Die dünne Zweistimmigkeit (genauer: »Drei«-stimmigkeit aus Melodie, Baßtupfer und ostinatem cis in der Mitte) und die schmale Melodik, die wie gebannt an den Tönen a-gis hängt, gewinnen hier plötzlich weiten Raum und große klangliche Wärme: dasselbe unvergleichlich anders.

> Aufgaben
> 1. Beethoven: Klaviersonate D-Dur op. 28, *Trio*: Welche harmonischen Varianten gibt es? (Beachte den motivischen Gleichlaut der Viertakter!)

2. Schubert: Klaviersonate B-Dur D 960, langsamer Satz, T. 1-17 im Vergleich mit T. 18ff.

2. *Harmonisches Sinnbild*
Bei jener Textstelle, deren Mystik Bruckner durch harmonische Verklärung abbildet, geht Beethovens *Missa solemnis* einen eigenwilligen Weg: beim »et incarnatus est« des *Credo*. ● Was kennzeichnet seine Vertonung? (Bitte auch die *ganze* Partie nachschlagen, hören, lesen, spielen, Stimmen mitsingen!)

83

*Ein*stimmige Intonation (Tenor). Imitatorische Auffächerung. Beginn mit der, in alten Soggetti charakteristischen, Quinte (vgl. S. 94 die Beispiele 1 und 5). Dorisch als Modus (bei vorgezeichnetem d-Moll: b tritt neben h, B-Dur neben G-Dur auf). Analog dem Beginn, dessen A-Dur-Sextakkord den Ton eines Rezitativs anschlägt, später ein offener Schluß, mit stammelndem Psalmodieren des Chores. Harmoniefolgen, die im Sinne kirchentonaler Klanglichkeit keine Funktionen ausprägen, und die ohne tonales Zentrum dann immer dieselben Akkorde verketten (C F G B d). »Rhetorischer« Flötentriller (nach dem zitierten Ausschnitt) als Symbol des Heiligen Geistes.

Das Vorzeitliche und Unfaßbare der Glaubensaussage ist gespiegelt in vortonaler, unfunktional gleitender Harmonik. Beethovens Satz berührt wundersam und wirkt tiefsinnig ferngerückt durch seine *archaisierende musikalische Sprache*.

● Robert Schumanns *Die Lotosblume* (Nr. 7 des Liederkreises *Myrthen* op. 25): Die Blume »erwartet« (T. 8/9) »träumend die Nacht«; warum moduliert der Satz, dann (T. 11) nach As-Dur gewendet, gleich darauf (T. 13) zur Ausgangstonart F-Dur zurück?

Text und Gehalt des Liedes geben die Antwort. T. 14: »Und ihm [dem Mond] entschleiert sie« [die Lotosblume] sich: Mit der Blume tritt wieder F-Dur ein. Das Naturbild ist Chiffre unerfüllbarer - aber darin beseligender - Sehnsucht; der Mond, in unüberbrückbarer Distanz, als Geliebter der Blume, die in der *Hingabe* selbst (T. 18f.: »Sie blüht und glüht und leuchtet«) sich erfüllt. Nur momenthaft (T. 10-13) kommt darum der Mond ins Spiel und mit verwandeltem Klavierklang: in plötzlich hoher Lage, die Klavieroberstimme *über* der Singstimme, verhalten im pp, ohne tragenden Baß wie vorher, und in ferner harmonischer Welt: As-Dur ist die Welt des Mondes, F-Dur die der Lotosblume. Die Entfernung der Tonarten steht für die Situation der Liebenden.

Das, *wofür sie steht*, zeichnet die Harmonik der beiden Beispiele aus: Archaisches als Widerschein eines ehrwürdig-unfaßbaren Glaubensgeheimnisses; flüchtig gestreifte entfernte Terzverwandtschaft als Abbild von Unerreichbarkeit. Harmonik und harmonische Anlagen werden zur *Metapher*.

Aufgabe
Unter solchem Blickwinkel betrachte man Franz Schuberts Lied *Die Stadt* (aus dem *Schwanengesang*). Wie ist das Verhältnis von Vergangenheit und Gegenwart, von Realität und Schau; welche Bedeutung hat - in der Zuordnung zu Unwirklichem und Tatsächlichem - der Wechsel von tonaler Festigkeit und Auflösung sowie des Satztypus; worin (und warum) ist die dritte Strophe gegenüber der ersten verändert? Man vgl. auch die Aufgabe 1 auf S. 172.
Lesenswert, nach der eigenen Analyse, ein Aufsatz von Gernot Gruber, der auch auf dieses Lied zu sprechen kommt: Romantische Ironie in den Heine-Liedern? In: Schubert-Kongreß Wien 1978, Bericht, hrsg. von Otto Brusatti, Graz 1979, S. 321-334.

---

3. Harmonische Intensität

Die Frage nach dem Grad harmonischer Intensität klang schon S. 79 bei den »Spannungsgraden« und S. 54 unter Frage 5 (»angespannt« oder »gelöst«) an. Nur auf den ersten Blick scheint eine Antwort leicht. Denn eine grobe Formel liegt nahe: Je komplizierter im 19. Jahrhundert die harmonischen Ereignisse werden - mit Chromatisierung, harmonischen Rückungen und Brüchen, funktional unklaren Akkorden -, desto intensiver sind sie; weiter gedacht: Je weniger konsonant die Harmonik, desto gespannter wirkt sie.

Solch einsträngige Sicht, welche die Kompositionsgeschichte gleichsam auf den Punkt bringen möchte, erweist sich aber als zu einfach. Der grelle ff-Akkord im Finale von Beethovens 9. Symphonie, gebildet aus der Skala d e f g a b cis, schichtet die Molltonika (d f a) und die Dominante als verminderten Septakkord (cis e g b) ineinander. Strukturell ist das simpel gegenüber dem fff-Akkord, der den dritten Satz von Witold Lutoslawskis *Trauermusik für Streichorchester* (1958) eröffnet; er enthält, das g in der Oktave verdoppelt, alle 12 Töne der chromatischen Skala. Beethovens Akkord aber wirkt unvergleichlich schärfer wegen der Zusammenballung im oberen Register und wegen des Orchester-Tuttis gegenüber der gleichmäßigen Verteilung und der alleinigen Streicherfarbe bei Lutoslawski:

Beethoven

Lutoslawski

Und ist nicht der *konsonante* es-Moll-Dreiklang, mit dem Wolfgang Rihms *Nachtordnung. Sieben Bruchstücke für 15 Streicher* (1976) schließt, viel angespannter als der *dissonante* Klang am Ende des zweiten Stückes von Arnold Schönbergs *Sechs kleinen Klavierstücken* op. 19 (1911)? Der dunkle Ton der Bratschen, das heftige, fast geräuschhafte Crescendo auf kleinstem Raum und die Isolierung durch lange Stille vorher und nachher geben dem es-Moll außerordentliche Intensität:

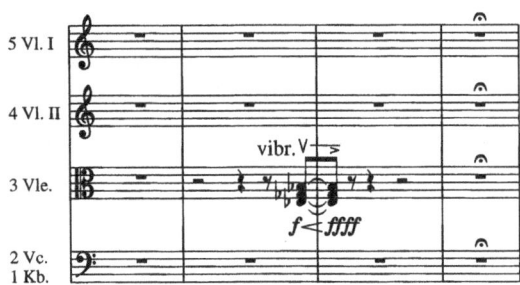
Rihm

Schönberg

Allgemeine Formeln scheitern also am konkreten Einzelfall. Für die Analyse sind zumindest drei Differenzierungen unabdingbar:

1. Ein bestimmter Grad harmonischer Intensität existiert nicht abstrakt, sondern in Relation zur *Norm der jeweiligen Musiksprache*. Beethovens oben zitierter Akkord spottet jeder klassischen Gepflogenheit - und wirkt deswegen so intensiv, erschreckend, programmatisch in diesem Finale gesehen: häßlich.

Aufgabe
Analyse des berühmten Bach-Chorals *Es ist genug*. Wie ist, linear und harmonisch, das »genug« affektiv dargestellt? Eine theoretische Rekonstruktion scheint möglich, verblasst aber völlig vor dem Affektgehalt des Anfangs. Hilfestellung: Die Folge E [A] Fis [h] Gis cis ließe sich als aufsteigende Quintschritte verstehen, welche die Schritte nach A und h überspringen; oder Fis ist Dur-Subdominante zum nachfolgenden cis. Man singe, spiele, höre im weiteren die Variante T. 6-8, die abnorme Harmonik der T. 15-17 und ihr - rhetorisch begründetes - Gegenbild: die stabile Harmonik T. 12-14. (Lineares jeweils gleichrangig beachten!)

2. Harmonische *Einfachheit* kann gelöste Leichtigkeit bewirken. Sie kann aber auch *Spannung* erzeugen: Simple Vorgänge schließen einen großen, monumentalen, angespannten Tonfall keineswegs aus. Zumal in Beethovens Werk gibt es dafür bezwingende Beispiele. Das überwältigende Finalthema der 5. Symphonie kommt für 6 Takte mit Tonika (T) und Dominante (D) aus, dann erst tritt - unerschüttert wird dreimal dasselbe gesagt - dreimal die Subdominante im Wechsel mit der T auf, danach nur wieder T und D: Sie beherrschen 28 Takte von den ersten 31, und solch lapidare Harmonik begründet wesentlich die Wucht, Nachdrücklichkeit und Emphase des Satzes.

Aufgabe
Ergänzend höre/lese man die Stretta (T. 362ff.) des Finales von Beethovens 5. Symphonie. Am Ende (T. 420ff.) erklingt 29 Takte hindurch nichts als C-Dur - noch um 8 Takte länger als am Ende des Kopfsatzes der 1. Symphonie Beethovens: nicht enden wollende Beschwörung der Tonart.

3. Der Grad harmonischer Intensität ist auch abhängig vom *harmonischen Zusammenhang*. (Für harmonische Analyse kann das einen guten Einstieg bringen: Der übermäßige Quintsextakkord in Mozarts Klaviersonate KV 284 war mir deswegen aufgefallen - vgl. S. 55 unter 2. -, weil er - *gemessen* an der unkomplizierten Glattheit der sonstigen Harmonik - klanglich heraussticht.)
● Der langsame Satz aus Mozarts Es-Dur-Symphonie KV 543 bietet harmonischem Verstehen keine Probleme. Eben darum fällt eine Partie in der Mitte dieses Satzes heraus (T. 87ff.). Was geschieht in ihr harmonisch?
Der harmonische Verlauf ist hier schematisch wiedergegeben und kurz kommentiert. Harmonie-Schemata, die den kompletten Tonsatz auf das nackte harmonische Gerüst reduzieren, sind für Analyse eine unentbehrliche Hilfe bei »schweren« Stellen oder bei »leichten«, deren Zusammenhang nicht unmittelbar ersichtlich ist.

Von As-Dur Umschlag nach as-Moll (das irritiert nicht mehr sonderlich, da bereits in T. 24 geschehen). Nun aber: As-Moll ist - wie Mozarts ♯-Notation von Flöte und Fagott in T. 92 zeigt - als gis-Moll zu verstehen, und gis-Moll als Mollparallele von H-*Dur*. Die Kadenz aber wendet sich, entgegen dem ausdrücklichen Dur in T. 95, nach h-*Moll* (»eigentlich«, in dem b-Raum, ces-Moll). Nächste Überraschung: Der verminderte Septakkord gis h d f (T. 99) geht nicht, seiner Notation entsprechend, nach a-Moll, sondern scheint nach F-Dur zu ziehen, wird also dazu doppeldominantisch gelesen als h d f *as*. Doch der Quartsextakkord T. 100 ist selbst nur leittöniger Klang zu Des-Dur T. 101: Harmonisches Band ist der Ton f, c ist Leitton zu des, a (als heses verstanden) Leitton zu as; Zusammenhalt gibt der chromatisch aufstrebende Baß h c des. All das aber ist nur noch theoretische Nachzeichnung. Ein Hörer hat, inmitten des Unvorhersehbaren, spätestens hier jeden tonalen Bezug verloren.

Diese Strecke - man sollte sie zuerst *hören*, dann *lesen* - ist so atemberaubend, weil sie umrahmt wird von harmonischer Harmlosigkeit. Vor solcher Folie gewinnt sie ihre besondere Leuchtkraft und Intensität.

Der theoretische Nachvollzug darf hier, wie schon oben bei Bachs *Es ist genug* (Aufgabe S. 87), eine wichtige Unterscheidung nicht verwischen. Es gilt, Grenzen »harmonischer Analyse« zu verstehen. Zwischen dem *sinnlich Erlebten* und dem *theoretisch Erklärbaren* klafft oft ein Loch. Theoretische Erkenntnisse können das ästhetische Erleben vertiefen. Und sie vermitteln die aufregende Einsicht, daß es, auch in harmonisch viel komplizierterer Musik, noch harmonische *Logik* gibt, fern einer losgelassenen Willkür, die bloße Klangreize anhäuft. Aber das Theoretische ist nicht unbedingt deckungsgleich mit dem hörend Erfahrenen.

»Harmonische Analyse« muß unterscheiden und erkennen, wo sie die Sache noch selbst trifft und wo sie allenfalls eine theoretische Rekonstruktion leisten kann.

Aufgaben
1. Schubert: Streichquartett G-Dur op. posth. 161, D 887, langsamer Satz.
    Nach 39 Takten (oder, die Wiederholungsvorschrift realisiert, ganzen 60 Takten) purer Kantabilität kündigt sich der Umschwung an; die Idylle kehrt zwar wieder (T. 81ff.), aber überschattet vom Nach-

wirken des vorangegangenen Einbruchs: Man traut ihr nicht mehr. Lassen sich die bestürzenden T. 53-59, mit dem schneidenden g-b-Signal, noch theoretisch fassen? (Hilfestellung: Die Takte bewegen sich im Terzenzirkel, die Zieltonarten T. 54, 56, 59 stehen zueinander im Kleinterzabstand; die Zieltonarten wirken dominantisch zum Beginn ihrer Folgetakte, z.B. Gis-Dur T. 54 zu des/e = *cis*/e = »cis-Moll« T. 55; das g-b-Signal ließe sich als herausgelöster Teil verminderter Septakkorde erklären, z.B. g-b T. 54 plus des-e T. 55 = e g b des = D^v zu F-Dur T. 56). Aber die Ungeheuerlichkeit dieser ganzen Partie geht in einer harmonischen »Analyse« nicht auf.
2. Die beiden folgenden Werke - sie sind *in sich* von äußerster Intensität und glühender harmonischer Farbe - setzen fortgeschrittene harmonische Kenntnisse voraus:
– Bruckner: 7. Symphonie E-Dur, 2. Satz, T. 1-9. Man beachte: die formbildende Instrumentation; die Analogie der Chromatik T. 1-3 und T. 5-6; die Verschränkung von chromatischen mit diatonischen Strecken; den Wechsel der tonalen Bezugspunkte (cis, A, E); die drängende motivisch-rhythmische Verkürzung (Violine 1) in T. 4-6; den irisierenden zweiten Akkord in T. 1 (Erklärungsmöglichkeiten?).
– Mahler: 9. Symphonie 4. Satz, T. 3-11.

Melodik

● Erster Satz von Mozarts Klaviersonate D-Dur KV 284 (vgl. die einführende Bemerkung S. 53): Wie stellt sich sein melodisches Geschehen dar?
Gemessen am Profil anderer Klaviersonaten Mozarts wirkt dieser Satz melodisch gleichermaßen anonym wie prägnant. Er hat keinen scharf umrissenen Gedanken, der als individueller Charakter heraustritt, und er bezwingt doch in seinen Ideen. Was bleibt im Ohr haften? Die ersten Takte vielleicht, die daherkommen wie ein markantes Motto. Was folgt, bewegt sich auf demselben Niveau; es wirkt ebenso allgemein wie verbindlich, ebenso vertraut wie zum ersten Mal gehört. Die auftaktige Vorhaltsfigur T. 5ff. ist rhythmisch betont, klangweich in ihren Sexten und Terzen, ein schlichtes Signal, wie man es aus frühklassischer Zeit zu kennen meint - man vergleiche einerseits das gleichlautende Motiv aus einem Stamitz-Quartett und andererseits, in dessem Quintett, die zeittypischen Sextenketten:

Oder Mozarts T. 22ff.: Sie beginnen mit einer eindrücklichen kantablen Geste, aber zerfließen klanglich im Fauxbourdon, melodisch in simpler Sequenz und ornamental in verspielten Figurationen; auch dazu lassen sich in der Literatur frappierende Parallelen finden, z. B. Carl Stamitz' *Quintett* Es-Dur:

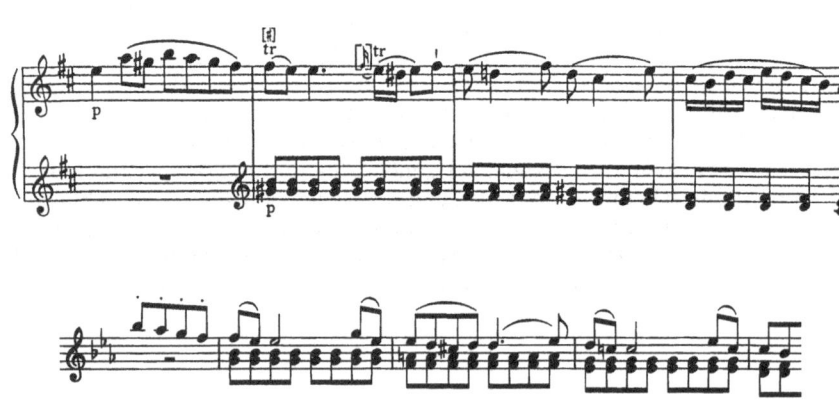

Mozarts Satz beruht auf im Grunde *konventionellen* melodischen Figuren; ihre Neutralität leistet gleichsam keinen Widerstand gegen ihr Zusammenfügen. Wie dies kompositionstechnisch geschieht, läßt sich zeigen (s. dazu S. 138f.); wie dies umschlägt in die ästhetische *Originalität* des Satzganzen, weiß ich nicht zu ergründen.

Die Antwort, die Mozarts Satz gibt, setzte eine analytische Frage voraus: Ist die Melodik individuell? Weitergehend sei hier darum versucht, einen Katalog von *grundsätzlich möglichen Fragen* zu entwerfen; sie werden jeweils an Beispielen konkretisiert.

Tonsystem

Ist die Melodik durmolltonal, tonal ungebunden, pentatonisch (gelegentlich bei Debussy), modal?
● In Beethovens Streichquartett a-Moll op. 132 studiere man den dritten Satz *Heiliger Dankgesang eines Genesenen an die Gottheit, in der lydischen Tonart*. Sein Religioso-Charakter rührt her von dem historisch fernen Modus; der »alten« Choralharmonik (der klangliche Radius ist eng: welche Akkorde kommen vor?); dem Gleichmaß von nur Viertel- und Halbe-Rhythmik in »unklassischer« *Sechs*taktigkeit (stets 2+4 Takte); alten kontrapunktischen Techniken (Imitation abwärts und aufwärts durch alle Stimmen, Prinzip der Umkehrung: vgl. T. 1/2 mit 7/8) und expressivstem, »modernen« Melodieansatz (beachte die großen Sexten T. 1-3 und 25/26).

Einflußreich werden die (transponierten) Modi vor allem bei Béla Bartók. Im *Mikrokosmos*, Band III, studiere man die Nr. 89: Sie beginnt »normal« in A, um es in der zweiten Hälfte nach A-mixolydisch (*g* statt gis) zu verfremden. Bemerkenswert, daß der Ton fis - als Teil einer Subdominante - überhaupt nicht eintritt: traditioneller, »verbrauchter« Kadenzharmonik wird ausgewichen.

Aufgaben
1. Bartók: *Mikrokosmos* II: Auf welcher modalen Mischform beruhen Nr. 52 und Nr. 41? (In Nr. 41 beachte man auch die Umkehrungen von Melodie *und* Begleitung.)
2. Auf welchem Tonsystem beruhen die melodischen Vorgänge in Debussys Klavierstück *Cloches à travers les feuilles* (Nr. 1 der *Images* II), T. 1-12? Welche Töne in T. 6 und 9-11 fallen heraus? Worauf beruht T. 12 harmonisch?
3. Das *Vorspiel* (T. 1-23) zu Debussys Oper *Pelléas und Mélisande*, das klanglich ebenso delikat (tief berührend das Hinabsinken des zweiten Taktes) wie raffiniert (z.B. Streicher T. 14ff.) ist.
    Beachte die unterschiedlichen rhythmischen Typen und vor allem die verschiedenen Sprachschichten: *den modalen Viertakter* (a), der T. 8-11 (Satzart?) und T. 20-23 (woher stammt die Rhythmik T. 20?) aufgefächert und dann bewegter wieder auftritt; *den »melodischen« Vorgang* (b) T. 5/6 (auf welcher Skala beruhen die Takte?), der T. 12/13 anders wieder erscheint

(Klänge? Tonvorrat?); *die neue melodische Idee* (c) ab T. 14 (Tonvorrat der T. 14/15? Worauf verweist der Rhythmus in Englisch Horn/Fagott? Auf welchem Nonenakkord beruhen die T. 16/17 und auf welchem T. 18/19?); die *Kombination* von (b) und (c) in T. 18/19; den Schlußtakt 23 (worauf verweisen klanglich die Dreiklänge von Klarinetten/Fagott?)

Eine These sei zur Diskussion gestellt. Den Formverlauf (a - b - a - b - c - b/c kombiniert - a) nur blockhaft-architektonisch zu verstehen, hieße die Veränderungen und darin einen speziellen Verlauf des Vorspiels übersehen. Mir scheint, daß die Musik, wie aus archaischer Urzeit auftauchend (der Sagenwelt, in der die Oper spielt), in Klang, Rhythmus, Melodik immer konkreter und »gegenwärtiger« wird, um dann wieder, da die Oper beginnt, in den »alten« Tonfall zurückzusinken: T. 1-4, T. 18/19 als hellster und dichtester Moment, das Abwärtsrutschen von T. 23 zum Urgedanken des Anfangs (T. 24-27) markieren die Stationen. Das Fiktive (Oper) geht über in die »reale« Gegenwart (Zuschauer) und zeigt sich am Ende (T. 24) wieder als alte fiktive Welt.

Charakter

Ist die Melodik getragen, exaltiert, beschwingt oder empfindsam, vokal oder instrumental gedacht?

Die Unterscheidungen sind nicht an »Stimme« oder »Instrument« gebunden. Bei Johann Sebastian Bach gibt es keine spezifische Vokalmelodik (das gilt streckenweise sogar für seine Choralstimmen). Seine vokalen Stimmen sind aus dem gleichen kompositorischen Geist und Stoff wie seine instrumentalen Stimmen. Aus dem *Notenbüchlein für Anna Magdalena Bach* könnte man die *Aria II* (Nr. 20b), ohne daß es jemand merkte, ebenso gut als Menuett vortragen, die Arie *Schlummert ein* (Nr. 34) ebenso gut als langsamen Satz einer Solosonate (unbedingt ausprobieren: Wer beim Vom-Blatt-Singen vor allem im Mittelteil - »Welt, ich bleibe nicht mehr hier« - nicht stolpert, erfreut sich einer instrumental wendigen Stimme). Beide Male würde nur das Wort fehlen, nicht aber der rhetorische Gehalt. Umgekehrt könnte man Bachs dreistimmige Es-Dur-Invention textieren und mit zwei hohen Stimmen über einem stützenden Generalbaß, also als Kammerduett, singen.

Singende Intrumentalmusik gibt es zahlreich. Schönste Beispiele finden sich in den langsamen Sätzen von Mozarts Klaviersonaten oder in den S. 107 angeführten Werken. Das Thema der cis-Moll-Fuge aus Bachs *Wohltemperiertem Klavier I* ist vokal gedacht, in der Tradition des früheren, aus der Motette herausgewachsenen Ricercars; es ist ein Soggetto:

Umgekehrt finden sich für die *Instrumentalisierung des Vokalen* im 20. Jahrhundert viele Belege: Der Stimme wird ein instrumental wirkender Gestus verliehen, im Dienste eines zum Äußersten gebrachten Ausdrucks. Das folgende Beispiel ist ziemlich willkürlich aus Bernd Alois Zimmermanns Oper *Die Soldaten* (Endfassung 1963/64) herausgegriffen (Klavierauszug S. 91): Die gezackte Melodieführung ist auf weite Strecken stiltypisch für diese Oper. Die ersten vier Töne zu e¹, fis¹, a¹, as¹ verändert: Das gelänge der sängerischen Intonation mühelos - aber der erregte, große Tonfall wäre fort:

Zwei Anregungen noch:

In der Vokalmusik sollte man »Syllabik« (pro Silbe eine Note) und »Melismatik« (pro Silbe mehrere Noten) nicht nur konstatieren, sondern wo möglich ihren jeweiligen *Sinn* benennen. Syllabik kann Ausdruck sein von ruhigem Erzählen oder von Nachdrücklichkeit, es kann aber auch, typisch in der Opera buffa, für ein leichtfüßig geschwätziges Parlando sorgen. Melismen können gleichermaßen emphatischen Jubel wie lyrische Innigkeit oder dramatische Erregung verkörpern. In Bachs *Johannes-Passion* singe (!) man in den - sonst konsequent syllabischen - Rezitativen 18 und 30 das hochchromatische »Weinen« des Petrus und die musikalisch brutale »Geißelung« Christi: mit melodischem Hinab (und hinauf im Dᵛ!), gemeißelter Rhythmik, schreckhaft abruptem Ende.

Und bemerkenswert noch eine, zunächst paradox scheinende, Möglichkeit: *Wortlosigkeit* in Vokalmusik. Die mehrstimmigen Partien der mittelalterlichen Organa werden, der *Musik* hingegeben, nur auf Vokalisen gesungen, die dem zugrundeliegenden Choralwort entstammen (S. 194). Das Nachspiel von Schumanns Lied *Am leuchtenden Sommermorgen* (Nr. 12 der *Dichterliebe*) ist kein »Nachspiel«, sondern eine dritte, aber wortlose *Strophe*: Wiedergabe des Sprechens der Natur, das als pure Musik ertönt (s. auch S. 100f.).

Formel und Individuum

Mit »Melodie« verbindet sich instinktiv die Vorstellung eines individuellen, »einmalig« erfundenen Gebildes. Formelhafte, anonyme Melodik scheint ein Widerspruch in sich, und gegenüber origineller, charakteristischer Melodik scheint sie abzufallen. Durch das dominante Repertoire klassisch-romantischer Musik ist solche Vorstellung fest verwurzelt.

Für frühere Musik aber muß man umdenken. Die ästhetische Forderung nach Originalität wurde erst in der Mitte des 18. Jahrhunderts gestellt; der literarische »Sturm und Drang« in den 1770er Jahren erhob, mit dem Vorbild Shakespeare, das »Originalgenie« zum Maßstab, das nicht Kunstgesetzen folgt, sondern sich schafft. Natürlich gibt es schon bei Bach charakteristisch geprägte Themen. Aber »Individualität« war kein ausschlaggebendes Kriterium.

Die Soggetti, die Orlando di Lasso (1532-1594) in seinen Messen verarbeitet, sind durchweg melodische *Typen*, keine *Personen*. ● Was ist typologisch an den Anfängen, dem intervallischen Rahmen, an melodischen Zügen und rhythmischen Mustern der folgenden Soggetti? (Bitte mehrfach *singen*, nicht stumm lesen; die anschließenden Kommentare erst hinterher durchgehen!)

Die Soggetti beginnen mit einem Quintsprung (vergleichsweise seltener Quartsprung) auf- oder abwärts (1, 5), mit Tonwiederholung (2, 6), einem sekundmäßig auf- oder abwärts durchschrittenen Skalenausschnitt (4, 8, 11)

oder mit einem Terzschritt (7, 9, 10). Allen Beispielen ist das Rahmenintervall der Quinte oder Quarte gemeinsam (in 1 zunächst als d-a, dann a-e¹): Rücksichtnahme auf die Quint-Quart-Struktur der Kirchentonarten (das Dorische d e f g a h c d ergänzt seine Quinte d-a durch die Quarte a-d). Ebenso stereotyp sind bestimmte melodische Züge. Der mäßigende Ausgleich der melodischen Richtungen war ehernes Gesetz; in 2 und 5 ist f der obere Begrenzungston; typisch - in 1, 3, 10 - die Drehbewegung nach unten mit einem Viertel. Formelhaft kehren rhythmische Muster wieder: ○· ♩(♩) in 4, 6, 8, 11; ○ ♩ ♩ in 2 und 5; oder ♩· ♩ ♩ ♩ ♪ in 1, 3, 7 und mit ♩ ♩ in 10. Charakteristisch der gefestigt stabile Beginn, der sich dann melismatisch verströmt und auflöst (1 zeigt das besonders eindrucksvoll, hinausgetragen gleich bis zum e¹); sofortige schwungvolle Bewegungen gibt es für ein Soggetto höchstens in der Mitte, nicht aber am Anfang eines Satzes.

Melodisch Typenhaftes schließt individuell beredte Gestaltung nicht aus; genauer: daran erst wird Eigenes sichtbar. Josquins *Ave Maria* (S. 23) belegt das ebenso wie Ockeghems *Agnus* mit seinem kalkuliert herausgestellten melodischen Spitzenton (s. S. 97); unbedingt singe man auch die S. 144 zitierte »Melodie« Josquins, gefangen in den Tönen d-e-f, bezwingend darum in dem öffnenden Oktavfall. Wenn es später (1650) in Heinrich Schütz' Geistlichem Konzert *Siehe, es erschien der Engel des Herrn* (SWV 403) heißt,

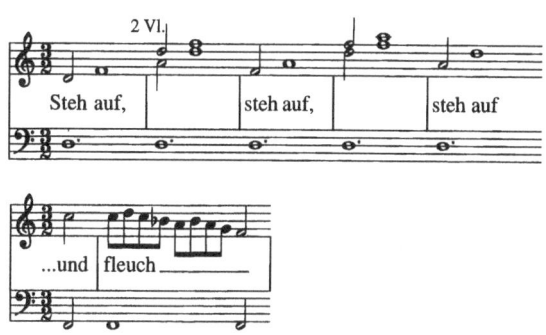

dann bildet die Melodik unmittelbar den Sinngehalt des Textes ab. Sie reagiert jeweils individuell auf Sprache. In der Summe aber ergeben sich melodische Topoi - ähnlich wie in den affektbetonten, tonmalerischen Wendungen (*Madrigalismen*) des Madrigals, von denen solche *bildhafte Melodik* herkommt: Wo Gesualdos Madrigale von Liebesfeuer, vom Flug des Windes, vom Leben, das die Geliebte schenkt, oder vom Singen aus Liebe reden, finden sich ebensolche lebhaften Figurationen wie bei Schütz' »fleuch«.

Generell also stand anderes im Vordergrund. Entscheidender als das »Soggetto« selbst oder bei Bach später das »Thema« war da, was sie kompositorisch hergaben: in der Ausarbeitung und kontrapunktischen Darstellung.

Die rhetorischen *Figuren* der Barockmusik - prominentestes Beispiel: der Lamentobaß (S. 47) - sind musikalische Formeln für bestimmte Affekte. Die

Rhetorik wurde in Lehrbüchern gelehrt. Man benutzte sie. Ein Lamentobaß ist musikalisches Allgemeingut; er ist nicht »originell«, wird jedoch »einmalig« durch seine Auskomposition und Umgebung: nicht *daß* er, sondern *wie* er benutzt wird, ist wichtig. Aber er ist, wie die anderen Figuren, eine *satztechnische Freiheit*: ausdrucksbedingte Lizenz vom Reglement eines »strengen« Satzes. Das sah die Generation um die Mitte des 18. Jahrhunderts nicht mehr, sondern nur noch das Typologische. Dagegen wandte sie sich: Seelische Gefühlsaussprache, das Neue, Originelle, Persönliche - nicht formelgebundene - wurden zum Ideal. Daß sich aber subjektive Gestaltung wiederum zu Formeln verfestigen kann, ist ein paradoxer Effekt. Wird alles auf bestimmte Weise individuell, schlägt es in das Gegenteil um: Die »Seufzer«, Vorhalte, Dreiklangsbrechungen und kurzatmigen Gesten wurden zu melodischen *Manieren* des Stilwandels.

Freiheit

● Der folgende Ausschnitt eines zweistimmigen *Agnus* entstammt einer *Missa sine nomine* Ockeghems (in Bd. 1, S. 29 der auf S. 64 in der »Aufgabe« genannten Ausgabe):

Eine der beiden Stimmen auswendig zu lernen (ausprobieren!), gelingt nur schwer. Das Ungreifbare dieser Musik, die sich dem Behalten entzieht, ist jedoch ihre tatsächliche ästhetische Auszeichnung. Das Ideal der Zeit war »Prosamelodik« (Heinrich Besseler)[14], die immer Neues bringen sollte. In 20

---

14 Grundlegend der Aufsatz von Heinrich Besseler: Singstil und Instrumentalstil in der europäischen Musik. In: Kongreßbericht [Gesellschaft für Musikforschung] Bamberg 1953, Kassel 1954, S. 223-240.

Mensuren verströmen sich hier Linien, die keine einzige Wiederholung bringen, weder in sich noch im kontrapunktischen Zueinander (s. auch S. 143). Wo gleiche Tonfolgen auftreten, ändern sich die rhythmische und klanglich-kontrapunktische Situation. Fünfmal (wo?) singt die Oberstimme b^1 a^1 (g^1), und jedes Mal ist sie anders (wie?) eingekleidet. Analoges gilt (wo?) für die Unterstimme.

Im ganzen *Agnus* kommt die Oberstimme, mit *einer* Ausnahme, nicht hinaus über ihr d^2. Zweimal (wo?) fällt sie von d^2 herab. Schon vor dem zitierten Ausschnitt war das dreimal geschehen,

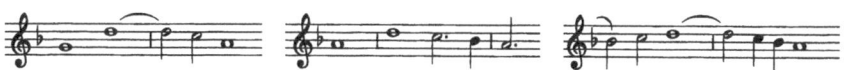

so daß der *einzige* Verstoß dagegen, ein unerwartetes Hinauf zum g^2 als nur *einmal* gesungenem Spitzenton,

die Mitte des *Agnus* zum melodischen Höhepunkt macht.

Am Ende (in 19) steht, als melodische Schlußwendung, die alte Unterterzklausel; die unter einem Schlußton (hier: g) liegende Terz (e) wird berührt. Schön die ausbalancierte Größenordnung. Denn außer der Schlußklausel gibt es vorher im *Agnus* noch drei andere Klauseln. Die erste wird vom Linienfluß überspielt. Die beiden anderen aber, zu I. und V. Stufe, gliedern den Satz so, daß seine drei Großabschnitte im Längenverhältnis 2:1:2 zueinander stehen.

Aber was heißt hier »am Ende«? Müßte man nicht treffender sagen: »Einen Schluß erzwingt Ockeghem mit ...«? Denn was spräche dagegen, daß die beiden Stimmen einfach unbegrenzt weiter sängen? Um das in voller Tiefe zu verstehen, halte man von Josquin (er ist von Ockeghem nur eine Generation getrennt!) das *Ave Maria* (S. 23) neben dieses *Agnus*. Bei Josquin statt freien Linienflusses ein strukturierter Satz, mit Durchimitation textgebundener Soggetti. Sind also in einer durchimitierten Motette alle Soggetti vorgetragen, schließt auch die Musik. Der Schluß bei Ockeghem wird *gesetzt*, aus Gründen der erwähnten Proportion und weil (liturgische) Musik halt irgendwann zum Ende kommen muß. Prinzipiell aber könnte der melodische Strom, der gekappt wird, unaufhörlich weiterziehen.

Wer aufgewachsen ist in der Tradition des 17. bis 19. Jahrhunderts, den wird die Musik Ockeghems zunächst vermutlich kalt lassen. Wer sich aber offen und im Ernst auf sie einläßt, kann vielleicht gerade an ihrer Fremdheit eine phantastische Erfahrung machen: Man kann hungrig werden nach ihrer klanglichen, metrischen, linearen Ungebundenheit. Nicht: Dominante-Tonika, 2+2 Takte, Vordersatz und Nachsatz, melodische Frage und Antwort, rhythmische Entsprechung - sondern: unvorhersehbare, fessellose, grenzenlos wirkende Musik.

Wer ein Abenteuer über die Zeiten hinweg erleben will, höre, singe, spiele Ockeghem und höre sich dann den Schlußsatz der II. Kantate op. 31 von - Anton Webern an. Oder - Gustav Mahler, beispielsweise den letzten Satz seiner 3. Symphonie, anfangs mit einem hymnischen Gesang, der nie, so wirkt es, enden möchte. Strömendes, sich verzweigendes und verschlingendes, sehnendes Linienspiel von unsäglicher Intensität und Süße; ein Taktezählen geht, der äußerlich regelmäßigen Gruppen zum Trotz, ins Leere. Und plötzlich begreift man mit dem Herzen statt nur mit dem Kopf, was historisch »frühe« und »späte« Musik so besonders macht: ihr nicht von einem 2+2 gebändigter weiter Zug. Sie spinnt sich oder entwickelt sich in immer andere Zustände hinein, statt wiederkehren zu lassen, was einmal gewesen war. Ungebundene Musik.

Harmonischer Hintergrund

● Monteverdis *Lamento d'Arianna* beginnt mit dem Ausruf »laßt mich sterben«. Singt man sich die Melodie vor (bitte *erst* singen - die Melodie nachvollziehen - dann weiterlesen),

mögen einem die betonte zweite Note auffallen, die intensivierende Wiederholung des Ausrufs, mit Spitzenton (d²) und Betonung jetzt des »mi«, die emphatische Pause, der tiefe Fall zum »morire«, die schließende Klausel. Eine in jedem Detail *sprechende* Melodie. Aber großes melodisches Ereignis? Zumindest will, versteht man den Anfang exemplarisch, die Berühmtheit von Monteverdis *Lamento* nicht einleuchten: Sein *Orfeo* enthält »kunstvollere« Melodien.

Das Rätsel löst sich nicht durch die Melodie allein. Bezwingend ausdrucksstark wird sie erst durch und mit dem Generalbaß. Er trägt sie und ergänzt sie harmonisch. Vielleicht ist es schon zeichenhaft zu verstehen, daß das *Lamento* auf der V. Stufe beginnt: Das »morire« auf der I. Stufe ist *Ziel*, nicht Ausgangspunkt. Und der Generalbaß ist kontrapunktischer Widerpart. Denn vor allem die freie Dissonanzbehandlung gibt den Tönen der Melodie unerhörte Spannung. Das betonte, lang gehaltene b' reibt sich schärfstens gegen das A des Basses - aufschreiender könnte das *Lamento* nicht ansetzen -, zweimal *springt* die Melodie in das dissonante f', und ihr cis² trifft zusammen mit dem F:

Ähnliches gilt, auf harmonischer Ebene, für den S. 48 zitierten Ausschnitt. *Ohne* den Bezug zum Generalbaß wäre die deklamierende Melodie »nur« ein - steigernd rhythmisiertes - chromatisches Tetrachord. *Mit* dem Generalbaß (bitte singen und spielen) ergeben sich, über dem Terzfall des Basses, die eindrücklichen Klangfolgen g-e (!) und C-A. Erst in der harmonisch-kontrapunktischen *Beziehung zwischen Ober- und Baßstimme* gewinnt die Melodik der Monodie ihren vollen musikalischen Sinn.

Das Phänomen zeigt sich vergleichbar in durmolltonaler Musik. Es gibt Melodien, die für sich allein leben können; ihre *implizite Harmonik* - die harmonische Bedeutung der einzelnen Töne - ist klar. Und es gibt Melodien, die einer Stütze bedürfen, um ihr harmonisch Gemeintes zu offenbaren. Zwischen den Extremen stehen Melodien, die harmonisch definiert sind, aber mehrere Deutungen zulassen; nur deswegen kann es beispielsweise verschiedene Fassungen desselben Chorals geben. Kaum jemandem wird es schwerfallen, ohne Kenntnis des Beethovenschen Satzes die Melodien S. 58 harmonisch zu deuten: Ihre unterschiedlichen T-D-Folgen liegen in der melodischen Führung beschlossen. Aber wie läßt sich der (S. 11 angesprochene) Hornruf aus Schuberts großer C-Dur-Symphonie harmonisch denken?

Reizvolle *Aufgabe*: Man erfinde dazu eine - harmonisch klärende - Baßstimme und vergleiche die persönliche Lesart mit Schuberts Harmonisierung (C-Dur-Symphonie, T. 9ff.). Es wird schwer fallen, die Lösung Schuberts zu treffen: Der Hornruf ist harmonisch undeutlich und offen.

Absurd die folgenden Melodien:

»Absurd« ist jedoch nicht die einzelne Melodie, sondern die Isolierung vom Satzverbund, der ihr *harmonischen Sinn* gibt. Den Leser bitte ich, sich alle Ausschnitte im konkreten Zusammenhang anzuschauen. Die Oberstimme des *Andante* (a) aus Beethovens Klaviersonate f-Moll op. 57 (»Appassionata«) ist Teil des choralartigen Satzes; er insgesamt, nicht seine »Melodie«, ist Gegenstand der nachfolgenden Variationen. (b), das *Allegretto* aus Beethovens 7. Symphonie, erhält Leben erst durch den harmonisch deutenden Baß (und eigenes Profil durch den Gegensatz zur zweiten Melodie, die ihr T. 27ff. überlagert wird). Prägnantester Rhythmus in (c), dem Trauermarsch aus Beethovens Klaviersonate As-Dur op. 26, aber isoliert von der akkordischen Einbettung sagt die Stimme nichts. Ähnlich (d), aus dem 2. Satz von Schuberts Streichquartett d-Moll (D 810, »Der Tod und das Mädchen«): Hier ist die unterschiedliche Beleuchtung der repetierten Töne das Wesentliche - g' als Terz von Es, Grundton von g, Septime von A, Quartvorhalt zu D -, so daß dem Hörer die *melodische* Kargheit gar nicht auffällt, weil sie sich *harmonischer* Vielfalt unterordnet.

Aufgabe
Schuberts Lied *Der Wegweiser* (Nr. 20 der *Winterreise*), Schlußteil (T. 55ff.), »einen Weiser seh' ich stehen«: Welche Bedeutung hat hier das *Aussetzen* von »Melodie«?

Eigenschaften

Die »3. Strophe« von Schumanns Lied *Am leuchtenden Sommermorgen* (vgl. S. 93) gewinnt ihre poetische Kraft aus einer unscheinbaren Änderung. Das ganze Lied hindurch war das Klavier, als *Begleitung*, auf sanfte Arpeggien *abwärts* beschränkt. Nun spielt das Klavier, *selbst Sänger*, eine Melodie *aufwärts*. Von ganz weit her wird sie eingeleitet (T. 20-22) - nur einmal, auch bei den »Blumen«, war das Register ebenso hoch (T. 9); 4 = 2x2 Takte nur dauert sie; und konsequent umgeht sie jeden metrischen Schwerpunkt, der ihr Direktheit und scharfen Umriß gegeben hätte. Die Melodie der Natur als flüchtige, ungreifbare, nur eben angedeutete Bewegung:

Die *Bewegungsrichtung*, hier das erstmalige Aufwärts des Klaviergesanges, zählt zu den bedeutsamen Eigenschaften einer Melodie. Ein Aufwärts kann auch Kraft bekunden, so am Beginn von Beethovens Klaviersonate f-Moll op. 2, 1,

aber ebenso ein Entschwinden: Ich bin unschlüssig, wie im 2. Satz von Mozarts Klavierkonzert A-Dur KV 488 der T. 10 zu interpretieren ist: Soll man die Dreiklangsbrechung (crescendierend) als aufblühenden Klang oder (diminuierend) als zartes Verdämmern spielen?

Ein Abwärts kann Energielosigkeit bekunden (so im Monteverdi-*Lamento*, S. 98, das bildhaft tiefe »morire« als Kontrast zum gesteigerten Hinauf des »lasciate mi«), aber auch graziöse, gelöste, galante Haltung (S. 59, Beispiel a).

»Auf« oder »ab« bedeutet Richtung: Bewegung *zu* etwas hin. Richtungslos wird eine Melodie, die sich in sich selbst herumdreht. Perotins *Sederunt principes* (S. 170f.) zieht daraus eine ähnlich magische Wirkung wie Debussys (S. 76 erwähnten) *Sirènes*,

melodisch in sich versunkene Musik, die mit der Preisgabe von Richtung zugleich das wache Bewußtsein vergehender Zeit auslöscht.

Dem fügt sich hier auch der schmale *Ambitus* (Umfang). Generell: Man beachte bei Melodien, welchen Tonraum sie beanspruchen. S. 58: Melodie (b) gewinnt, im Vergleich zu Melodie (c), ihren großen Ton auch aus dem größeren Ambitus. Ockeghems *Agnus* übersteigt nur *ein*mal das d^2 (S. 97). Oder erneut Schumanns Lied *Am leuchtenden Sommermorgen* (S. 93 und 100f.): Mich persönlich hat lange Zeit der gleichbleibend enge Ambitus der Singstimme irritiert. Nirgends sprengt sie den Rahmen $f^1 - d^2$. Zumindest bei den »flüsternden« und »sprechenden« Blumen wäre doch der Moment gewesen, daß der Sänger sich erheben sollte über alles Normale. Dort aber ist es die *Harmonik*, die in eine andere Welt leitet, fort nach Ces- (notiert H-)Dur in T. 9 gegenüber dem einfachen B-Dur des »ich«. Die harmonische Entrückung ist Ausdruck des Wunderbaren. Und an eben dieser Stelle (T. 9) überschreitet das *Klavier* die Singstimme, genau wie es dann im Schlußteil T. 20ff. weit über deren Ambitus hinausgreift. Der Stimme bleibt nur noch das bloße Erzählen. Im *wortlos Instrumentalen spiegelt sich das Außerordentliche*. Das Eigentliche geschieht im Klavierpart: Musik *allein* kann noch sagen, was Stimme und Wort zwar äußerlich berichten, inhaltlich-sinnhaft aber nicht mehr auszudrücken vermögen.

Diastematik (Tonhöhenverlauf): Melodien Schuberts, die am stärksten berühren, sind diastematisch am engsten; sie schlagen nur minimal aus, so im *Walzer* S. 21, im *Andantino* S. 82, oder im Thema S. 121. Große Emotion verlangt nicht zwangsläufig nach großer melodischer Geste. Im Gegenteil: Es gibt *Intensivierung durch Zurücknahme*. Wenn Orfeo vom Tod Euridices erfährt, läßt Monteverdi ihn nur »Weh mir« (»Ohimè«) singen:

Kein melodischer Ausbruch, sondern nur, *nach* und *vor* einer schreckhaften Pause, eine fallende kleine Sekunde, deren erster Ton zum Baß frei dissonant eintritt: äußerste Zurücknahme als Ausdruck äußerster Bestürzung.

Intervalle. Sekunde = »das« vokal tragende Intervall (aber motorische Sekundgänge können bei Bach - s. sein Menuett II S. 190 - völlig unvokal sein). Quarte = »der« typische Volksliedauftakt (aber Quarten-Melodik und -Akkordik im 20. Jahrhundert?). Quinte = stabilisierendes Intervall (aber wie wirkt sie - Harmonik beachten! - am Beginn von Brahms' Streichsextett op. 36?) ... Klassifizierungen *unabhängig* von einem konkreten Zusammenhang bleiben stets problematisch. *Ein* Intervall jedoch hat eine fixierbare Ausdrucksqualität: die große Sexte aufwärts. Sie ist das Intervall *größten Sentiments*. Wohl deswegen tritt sie in Musik vor der Klassik äußerst selten auf;

später gibt es sie noch in etlichen Volksliedern - *Es waren zwei Königskinder, In einem kühlen Grunde* -, und vor allem profitieren zahllose Schlagermelodien davon. Die *Introduzione* aus Beethoven *Waldstein*-Sonate op. 53 (S. 132, Beispiel b) beginnt damit ebenso wie sein Lied *Ich liebe dich.* »Mit innigster Empfindung« will Beethoven in seinem Streichquartett a-Moll op. 132 diese Melodie

gespielt wissen. Brahms eröffnet seine *Romanze* (Klavierstücke op. 118) »espressivo« mit der großen Sexte:

Die Eigenschaften einer Melodie gehorchen dem Zweck, den sie erfüllen, und dem Charakter, den sie verkörpern soll. Ein Rondo, das durch Charme für sich einnehmen möchte, verlangt nach geschlossenem melodischen Bau und liebenswertem Charakter (»artig« würde man im 18. Jahrhundert sagen), anders als eine Sonate, die auf Entwicklung und motivische Arbeit hin angelegt sein will. Analytisch aufschlußreich ist darum die Frage, wie weit Melodien den Ansprüchen einer Gattung gehorchen. Wo sie dagegen *verstoßen*, ist gerade diese Negation das Aufschlußreiche. Der Schlußsatz von Beethovens *Pathetique*-Sonate op. 13 hat nun gar nichts von rondohafter Gemütlichkeit; aber wäre nicht eine »typische«, liebenswürdige Rondo-Melodie - in *zyklischen* Dimensionen gedacht - unerträglich abgefallen gegenüber dem herrischen Ton des 1. Satzes?

Charakter und Wirkung einer Melodie hängen schließlich ab von der *syntaktischen* und *rhythmischen* Anlage: ob sie aus kleinen Gliedern gefügt ist oder in großem Bogen durchgeht, ob sie rhythmisch uniform oder belebt, energisch oder weich ist. Kleingliedrig beginnt der Satz aus Beethovens Klaviertrio S. 62; die 2(1+1)+2(1+1) Takte wirken verschlossen und lastend, weil sie, nahezu unbewegt, zweimal bei demselben bleiben.

Ein letzter, selten beachteter Gesichtspunkt. ● Was kennzeichnet die Melodie dieses a-Moll-Walzers Schuberts (Nr. 10, T. 1-8, der *Sechzehn Deutschen Tänze* op. 33, D 783)? Bitte spielen, Melodie mit*singen*, nicht nur lesen:

Ein Drittel aller Melodietöne, Vorschläge eingerechnet, gehört *einem* Ton: dem e^2. Blick auf den ganzen Walzer: In seinen 24 Takten singt er das e^2 zwanzigmal. Tonhäufigkeiten (und deren Gegenstück: das *Aussparen* von Tönen - wie bei Bartók das gemiedene fis, S. 91 - oder das *Aufheben* von Tönen - wie bei Ockeghem das nur einmal gebrachte g^2, S. 97) können Besonderes erlebbar machen: Der Zauber dieser Walzermelodie liegt (für mich) beschlossen in dem ebenso intensiven wie inständigen »immer wieder« dieses einen Tones, der zudem gerade *nicht* der sicher gefügte *Grund*ton ist. Vergleiche: das eindringliche c^2 in Josquins *Ave Maria* S. 23, das träumende d^2 in Schuberts Walzer S. 21, das verhangene a^1-gis^1 in Schuberts *Andantino* S. 82 ...

Aufgaben
Analyse der Melodie-Gestaltung in
1. Monteverdi: *L'Orfeo*, Bericht der Botin (Klavierauszug S. 59ff.).
2. Bach: Arioso *Betrachte meine Seel'*, Nr. 31 der *Johannes-Passion* (als Beispiel - vergleichbar dem Monteverdi-Stück - einer sprechenden, affektbetonten Melodie: beachte die Wendungen bei »betrachte«, »bitt'rer«, »Jesu Schmerzen«, »so ihn stechen«, »süße«, »auf ihn«).
3. Schubert: *Moment musical* As-Dur, op. 94 Nr. 2.
4. Schumann: *Ich hab' im Traum geweinet* (Nr. 13 des Liederzyklus *Dichterliebe* op. 48).

Reduktion

Wie läßt sich aus (a)  oder (b)

Musik gewinnen? »Melodien« sind dies nicht, allenfalls melodische Impulse, kleinste Bausteine, aus denen erst etwas gemacht werden müßte.
● Irrtum: (a) *ist* für sich schon alles:

Jeder Takt im *Trio* aus Beethovens Klaviersonate A-Dur op. 2, 2 beruht auf dieser kargen Anfangsidee. Das nackte Satzgerüst zeigt unmittelbar, daß außer ihr nichts geschieht:

Kein Hörer aber wird dagegen mit »melodisch dürftig« aufbegehren - da es ihm gar nicht auffallen wird. Denn anderes beansprucht dafür seine Aufmerksamkeit: das Spiel mit Original und Umkehrung, Parallel- und Gegenbewegung; das in 2+2 (= Wiederholung) + 4 Takten drängende Fortziehen, gestützt durch die offene V. - nicht I. - Stufe in T. 8; die metrische Irritation durch die Sforzati in den »falschen« Takten (man schaue sich auch die Reprise des *Trio* an, die das Verwirrspiel forciert); der motorische Achtelzug.
● Von (b) her gestaltet Brahms den melodischen Anfang seiner 4. Symphonie:

Fall und Anstieg wechseln konsequent, und die Intervalle vergrößern sich von der Terz über die kleine Sexte zur Oktave. Hinter dem melodischen Bogen ließe sich, was Arnold Schönberg entdeckte, eine (bis zum h) fallende und wieder (bis zum c) steigende *Terzenkette* sehen (h g e c a fis dis h | e g h d f a c): Die anfängliche Terz offenbar sich dann, im Hintergrund, als fortwirkendes Bauelement.

Instinktiv und insgeheim erwartet man von Musik »Melodie«. Die Erwartung ist einseitig. Denn sie kann reduziert sein zu einem - »melodisch« belanglosen - Partikel; oder sie kann aus einem solchen Partikel herauswachsen. Der Baustein ist schon die Sache selbst, oder er ist deren Ausgangspunkt[15]. Formelhaft gesagt, als möglicher Gesichtspunkt von Analyse: Struktur *statt* Melodie, Melodie *aus* Struktur.

Aufgaben
1. Beethoven: *Scherzo* der 2. Symphonie, T. 1-16. Lohnenswert ist es, auch weiter zu sehen: Was verbindet und was trennt den Mittelteil T. 16ff. vom Anfang? Worin und warum ist hier die Reprise T. 38ff. atypisch angelegt?
   Zum Anfang: Terzzug aufwärts in durchbrochener Arbeit: Was kommt rhythmisch vor? Wie sind die 16 Takte aufgebaut? Wie ist ihr harmonischer Rhythmus? Wie stehen Metrik (schwere-leichte Takte) und Dynamik (beachte: f, p, ff!) zueinander? Beachte das Verhältnis von Form, Instrumentation, Klangfarbe und Raumwirkung.
   Für Musiklehrer eine Anregung: Dieser Satz eignet sich vorzüglich, von Schülern eine *Hörpartitur* skizzieren zu lassen; oder einen Klavierauszug zu erarbeiten, dessen Absurdität das Besondere der Partitur schlagartig einsichtig macht.
2. Brahms: *Sextett* op. 18: Vom tiefem Expressivo und blühender Schönheit ist die anfängliche Melodie. Wie sehr »gearbeitet« sie ist - hin zu *vierzig* Takte langem Herrschen! -, sollte die Analyse nachvollziehen.
   Die Analyse fällt leichter, wenn man *nicht* in der Partitur liest, sondern sich die Melodie *herausschreibt*: Schon im Akt des Schreibens fallen Wiederholung, Entsprechung, Abspaltung, Fortführung auf.
3. Haydn: Symphonie G-Dur, Nr. 88, Finale: Aus ♪♪ |♪♪ ♪♪♪♪|♪♪ erwächst nicht nur eine unvergeßliche Rondo-Melodie, sondern - der ganze Satz ...

---

[15] Das klingt selbstverständlich, scheint mir aber nachdrücklich betonenswert: da sich im allgemeinen Verständnis »Melodie« gern an »Inspiration« heftet; die Vorstellung, daß Komponieren mit »Arbeit« zu tun haben könnte, schreckt ab, weil sie die Assoziation von »Konstruktion« statt »Eingebung« hervorruft. Die Gegenposition trifft eher die Wahrheit: daß alle bedeutende Musik, nicht nur die Melodie, »gearbeitet« ist, künstlerisch kalkuliert ausgeformt.

Melodien

Nicht *eine* Melodie zieht die ganze Aufmerksamkeit auf sich, sondern ein Satz teilt sich, in intensivstem Ausdruckswillen, in mehrere Melodien. Ich meine hier nicht einen stilistischen Spezialfall wie die impressionistische Klangwelt Debussys: Sie hebt tradierte Hierarchien (»Melodie« mit »Begleitung«) auf zugunsten eines Geflechts gleichrangiger Ereignisse. Gemeint sind hier »normale« Werke, die es einem schwer machen, eine »Haupt«-melodie festzulegen (generell neigt man zur obersten Stimme, aber damit geht man auch sonst oft fehl). Melodik, *vervielfacht*, belebt mehrere Stimmen.

Den Leser bitte ich, die folgenden Beispiele daraufhin zu singen: zu *singen* - nicht abstrakt »studieren«. Denn bemerkenswert, daß alle diese instrumentalen Werke vokal-kantablen Charakter haben. Singt man sich ihre Stimmen vor, erhält man die Antwort auf die hier gestellte Frage - oder hat zumindest das Problem erfahren.
- Beethoven: *Bagatelle* A-Dur (Nr. 4 der *Bagatellen* für Klavier op. 33), T. 1-16
- Beethoven: *Bagatelle* B-Dur (Nr. 11 der *Bagatellen* op. 119), T. 1-4 (sie sind hier auf S. 135 zitiert)
- Schubert: Klaviersonate B-Dur (D 960), 1. Satz, T. 49ff.
- Schubert: Streichquintett C-Dur op. 163 (D 956), 1. Satz, T. 60ff.: Ist die Frage überhaupt korrekt gestellt, welches der beiden Celli melodisch führt?
- Schubert: Ländler a-Moll (Nr. 3 der *Siebzehn Deutschen Tänze* D 366): Spielen Sie sich den Ländler mehrfach vor und singen Sie jedesmal eine *andere* Stimme mit, die *oberste* ausgenommen ...
- Brahms: *Romanze* (Nr. 5 aus den *Klavierstücken* op. 118; vgl. hier den Ausschnitt auf S. 103), erster Formteil. Ein Vergleich des Anfangs mit den T. 9ff. hilft sehen.
- Mahler: 9. Symphonie: 1. Satz beispielsweise T. 18ff. oder T. 47ff.; Finale beispielsweise T. 13ff. Oder: Finale der 3. Symphonie Mahlers (vgl. die Überlegungen S. 98 und S. 225f.)
- Schönberg: *Kammersymphonie* op. 9: Wieviele melodische Vorgänge laufen T. 39ff. gleichzeitig übereinander ab?

Rhythmik

Bedeutung

In Beethovens *Missa solemnis* wird das »et ascendit« durch eine aufwärts strebende Tonleiter versinnbildlicht - ein altes tonmalerisches Abbild der Auferstehung:

Notiert ist Alla breve, Grundschlag sind also die Halben. Aufregend zu sehen, daß die Stelle in den Skizzen Beethovens ursprünglich anders notiert war, im 4/4-Takt mit der Viertel als Grundschlag (♩ ♩ ♫ ♫). Die Änderung ist wesenhaft. Statt behender Leichtigkeit wie in der Skizze herrscht nun gewichtiger Nachdruck: Rhythmische Notation hat eine *suggestive Kraft*. Das Umgekehrte ausprobiert: Eine Umschrift des Finalthemas aus Beethovens 5. Symphonie von original *Allegro* ♩ ♩ |♩. ♩ in *Andante* ♩ ♩ ♩. ♪ wäre musikalisch entstellend. Undenkbar, das S. 92 zitierte Soggetto Bachs als ¢ ♩ ♩ ♩ |♩ zu schreiben; ihm wäre sein vokale Qualität geraubt.

Irgendwann lernt man einmal, daß die Eckteile einer »Französischen Ouvertüre« durch »punktierten Rhythmus« charakterisiert sind. Im Grunde ist das ein genauso leerer Satz wie ein gedankenlos dahergesagtes »langsam-schnell-langsam«. Entscheidend sind nicht Punktierung und Tempo an sich, sondern das, was sie verkörpern. Die Punktierung im langsamen Tempo sorgt für getragene, festliche Haltung; die Musik gewinnt Größe, Erhabenheit, Pracht. Allgemein gesagt: *Musikalischer Rhythmus prägt musikalischen Charakter*.

Es ist daher schwer, sich eine Tonfolge ohne Rhythmus zu merken. Es ist leicht, sich einen Rhythmus ohne Tonfolge zu merken; das beliebte musikalische Spiel, Volkslieder oder allbekannte Themen nur an ihrem Rhythmus zu erkennen, macht sich das zunutze. Denn am Rhythmus haftet Ausdruck. Unterschiedliche Rhythmen können aus einer gleichbleibenden Tonfolge die unterschiedlichsten Typen hervorzaubern; zur Illustration entwerfe ich ein simples Beispiel mit nur vier Tönen in unveränderter Oktavlage und Reihenfolge (f͡ a¹ b¹ c²):

Sonatine   Choral   Lyrisches Klavierstück

Tonfolgen können sich bis zu entlegenen Konstellationen ändern, wenn der Rhythmus gleich bleibt. In Arnold Schönbergs 15. Lied aus dem *Buch der hängenden Gärten* op. 15 kehrt die Oberstimme des Klaviervorspiels T. 1 in verschiedenen Melodiezügen wieder, mit veränderter Intervallstruktur und Bewegungsrichtung; und doch bezieht man sie aufeinander, weil die *rhythmische* Kraft so stark wirkt:

Am Schluß des Liedes ist das Verfahren umgekehrt. Der Rhythmus ändert sich, während die Tonfolge des Vorspiels gleich bleibt, bei abgewandelter Dynamik, Lage, Anschlagsart. Formstiftende Wiederkehr des Vorspiels im Nachspiel, nun aber in anderer Erscheinungsform:

Beispiele für derartige Abwandlung gibt es schon im 19. Jahrhundert. »Reprise« ist nicht mehr ungebrochener Neuansatz, sondern stellt sich - unter dem Eindruck der Geschehnisse, die ihr vorausgingen - anders dar. Im Kopfsatz seiner 4. Symphonie läßt Brahms die Tonfolge des ersten Themas (zitiert S. 105) in der Reprise unverändert; aber Instrumentation (anfangs nur Holzbläser) und vor allem die lang gezogenen Werte geben der Reprise ein unvergleichlich anderes Wesen - und verschleiern ihren Beginn:

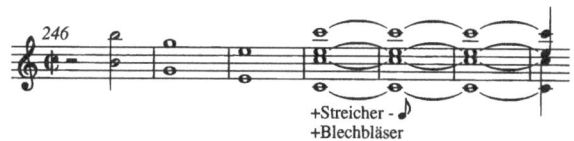

Zumal im 20. Jahrhundert gehört dies zu den elementaren Techniken: Tonfolgen (oder Intervallkonstellationen) belassen, ihren Rhythmus verändern. Rhythmen allerdings haben, wie gezeigt, radikalen Einfluß auf Charakter, Ausdruck, Formgebung. Leichter faßlich also - für den Hörer, nicht für den lesenden Analytiker - ist Übereinstimmung im *Rhythmischen*: T. 3 im Thema von Mozarts *Sonata facile* (S. 28) korrespondiert, obschon melodisch anders, *aufgrund* seines gleichen♩ ♩♩ mit T. 1.

> Aufgaben
> 1. Schubert: Streichquartett G-Dur op. 161 (D 887), 1. Satz: Vergleich der Anfänge von Exposition und Reprise (Wo beginnt sie? Beachte: das Tongeschlecht, die rhythmische Version und ihre Wirkung, die Fassung der T. 15ff. mit T. 292ff. - woher stammt die Stimme der 1. Violine?)
> 2. Man nähere sich auf diesem vielleicht ungewohnten Weg dem dritten der *Sechs kleinen Klavierstücke* op. 19 von Schönberg. Wo stiftet identischer Rhythmus Zusammenhalt (vgl. z.B. T. 2 mit T. 6), wo gibt es im Tonhöhenverlauf Verweise (vgl. z.B. den chromatischen Baßgang T. 3 mit den chromatisch gegenläufigen Unterstimmen T. 5/6)? Es ist lehrreich und eine Hilfe, das nur 9taktige Stück allein in seiner *rhythmischen* Gestalt aufzuzeichnen.

Noch eine zweite Überlegung, als Abgrenzung zu *harmonischen* Vorgängen. Harmonik besorgt, in ihren Wegen und Stationen, formalen Zusammenhang. Jede Analyse ist damit beschäftigt, ihren Verlauf und ihr Aussehen zu interpretieren. Beim *Hören* von Musik aber spielt sie (sofern sie nicht mit deutlichen Überraschungen aufwartet) eine hintergrundhafte Rolle. Harmonik verfolgt höchstens derjenige mit wachem Bewußtsein, der dafür besonders geschult oder begabt ist oder der sein Hören ausdrücklich darauf richtet. Ein Hörer, der von »Tonika« und »Dominante« nichts weiß, hört in allgemeinen Kategorien wie Tempo, Richtung, »Höhe« oder »Tiefe« harmonischer Ereignisse. Harmonik teilt sich ihm in ihren Konsequenzen mit: als Eindruck von klanglicher Stimmigkeit. Konkretes Beispiel: An den T. 60-66 von Mozarts D-Dur-Sonate (zitiert S. 56) wird ein unbefangener Hörer als erste Schicht das rhythmisch geprägte Motivische auffassen, als zweite eine insgesamt fallende Bewegung, und als dritte - sofern er gut zuhört - den chromatischen Zug d-a oder den diatonischen Baßgang; harmonische Bezüge *an sich* wird er kaum verifizieren.

Primär sind es rhythmische Vorgänge, die geradezu körperlich erlebt werden können (will man schon das Gesamt des »Hörens« auseinandertrennen, das ein komplexes Gemisch abgibt aus seelischen Wirkungen der Musik und Reflexionen über das Wahrgenommene). Am Anfang von Mozarts »Jupiter«-Symphonie C-Dur KV 551

hört man den Kontrast von Unisono-Klang, Tutti-Streicher, forte-piano, Impulsmelodische Geste. Daß der - formtragende - harmonische Gang von der Tonika zur Dominante T. 4 (und seine nachfolgende Umkehrung D -> T) identifiziert wird, bezweifle ich; mitteilen wird er sich, eher vage, als Fort- und Zurückbewegung. Das hier komponierte Gegeneinander von *Energie* und *Anmut* erlebt der Hörer primär rhythmisch: als Gegensatz der straffen, abgesetzten Triolen und der nachgiebigen, durchgehenden Linie.

Beide vorherigen Überlegungen - zu den Tonfolgen und zur Harmonik - laufen auf dasselbe hinaus: Gegenüber »Melodik« und »Harmonik« ist »Rhythmus« die elementarere, ohne Umwege eingehende und »verständliche« musikalische Dimension.

Bewegungsmuster

Abwegig wäre es, hinter jeder Achtel oder Viertel musikalischen Tiefsinn zu wittern. Ohne Zweifel aber wird gemeinhin der Rang *bewegungsmäßiger* Vorgänge unterschätzt; andersherum gesagt: Wo rhythmische Organisation als Ordnungsmittel erkennbar wird, muß sie gewürdigt werden.

● Skizzieren möchte ich unter solchem Blickwinkel den 1. Satz von Mozarts Klaviersonate D-Dur KV 284 (vgl. die einführende Bemerkung S. 53). Am Beginn: Der treibende Gang von den markanten Vierteln über ihre diminuierenden Achtel hin zu den auflösenden Sechzehnteln wirkt ebenso gezielt, wie der Verweis zwischen T. 7/8 und den zwei Schlußtakten des Durchführungsteils über den Satz hin Brücken schlägt:

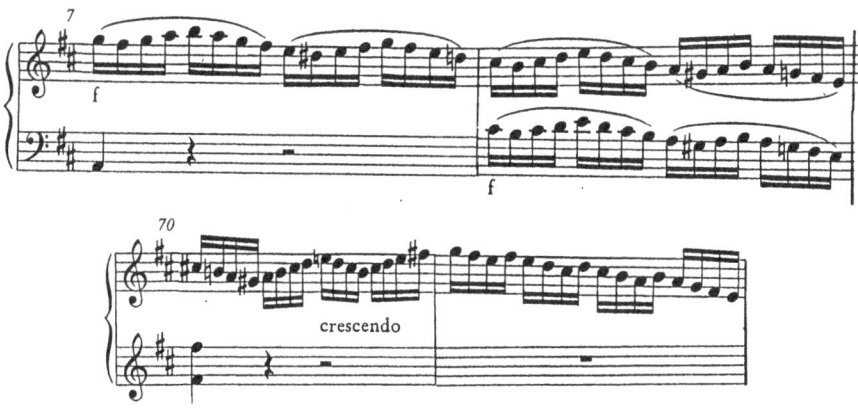

Den Gebrauch von Achteln und Sechzehnteln zu konstatieren, könnte in anderem Kontext albern sein. Hier aber scheint mir gerade darin der bewegungsmäßige Hintergrund zu liegen: Mozarts Satz insgesamt ist von *zwei Bewegungstypen* durchzogen, von Achtelpulsen und Sechzehntelfigurationen. Die Achtel erscheinen als Repetitionen

oder als - auffällige kleine - Phrasen:

Die Sechzehntel erscheinen als akkordische Umschreibung und Brechung (T. 7/8: Kerntöne g e cis a = A^7; T. 13ff.; T. 30ff. = ornamentierter Fauxbourdon d fis h / e g cis / fis a d ...) oder als linearer Zug (T. 17ff.: Dezimenparallelen zur Oberstimme; T. 25f. ...). Mit den Achteln korreliert daher auch eine lyrische, mit den Sechzehnteln eine treibende Haltung.

Ein Prinzip ist, daß diese Bewegungstypen einander ablösen; an nur wenigen Punkten treffen sie zusammen. Die folgende abstrakte Aufstellung sollte am Notentext (lesen, nachvollziehen, spielen) lebendig gemacht werden:

Im Durchführungsteil - er beginnt mit der Kombination von ♫♫ und ♫♫ - ist die Bewegung zu komplementären Sechzehnteln gesteigert. Die funkelnde Brillanz dieses Satzes dürfte entscheidend in seiner rhythmischen Konzeption gründen. Um nicht zu übertreiben: Bestimmte Ideen gehen in dieser Abfolge nicht auf, so die melodische Geste T. 9-12, die Baß-Viertel T. 13ff., die T. 44/45 und 50/51. Das kompositorische *Prinzip* jedoch bleibt davon unberührt: die Allgegenwart und der - hinreichend »planmäßig« erscheinende - Wechsel zweier Bewegungsmuster.

Aufgabe
In Bachs *Matthäus-Passion* studiere man das Accompagnato-Rezitativ *Am Abend, da es kühle war* (Nr. 74). Die drei Schichten des Satzes - Baß, Solo, Begleitstimmen - sind in ihren rhythmischen Bewegungsmustern differenziert: lang gezogene Baßtöne als Fundament, rezitativisch-solistische Stimme, begleitende Streicher (in sich - wie? - wiederum unterschieden). Entsprechend vollziehe man aus der *Matthäus-Passion* das Rezitativ Nr. 69 nach oder die Arie *Komm süßes Kreuz* (Nr. 66).
Lesenswert *nach* dem eigenen Studium: die Skizze von Christian Möllers: Noch einmal: Kontrapunkt bei Bach (in: Musica 4/1986, S. 313-315), die von solchen rhythmischen Bewegungsarten bei Bach handelt.

Verläufe

Was in Mozarts Satz ab T. 2 geschieht - der Zug von Vierteln über Achteln zu Sechzehnteln -, findet sich in zahlreichen anderen Werken als Idee: eine *rhythmische Beschleunigung*.
● Ein besonders schönes und tiefsinniges Beispiel gibt der Beginn von Schuberts Klaviersonate B-Dur (D 960). Dreimal setzt ihre Melodie an: in ruhig schreitender Bewegung (B-Dur); verwandelt nach Ges-Dur (T. 20) und über Achtel (T. 27) zu den Sechzehnteln des Untergrunds beschleunigt (T. 29); erneut in B-Dur (T. 36), labil aber als Quartsextakkord, fragmentarisch als Thema-*Nach*satz und aufgelöst durch den fehlenden Abschluß (vgl. S. 74). Das Verfahren (♩ ⟶ ♪ ⟶ ♪) entspricht dem anderer Werke, das Ungewöhnliche aber liegt hier in der gleichzeitigen *Auslöschung* des Satzes. Greifbar bleibt der Satz bis T. 27: in der melodischen Gestik, der rhythmischen Zeichnung, den (über Orgelpunkt Ges) harmonischen Regungen. Dann aber verliert sich die melodische Kontur, die Harmonik »steht«, die Rhythmik löst sich auf zu schwirrender Bewegung. Endpunkt ist die bloße - motivisch, harmonisch, rhythmisch ereignislose - Repetition T. 34[16]; ihre Triolen leben dann fort im dritten thematischen Ansatz, der um so großartiger wirkt, als er aus solchem Nichts wieder heraustritt.
Verlangsamung der rhythmischen Vorgänge führt umgekehrt zu einem *auskomponierten Ritardando*. Was sonst eine dominantische Fläche besorgt, schafft im 1. Satz von Beethovens Klaviersonate e-Moll op. 90 allein ein rhythmischer Prozeß (T. 132ff.): die Rückleitung zur Reprise. Kanon zwischen Ober- und Unterstimme, Abstand ein Viertel, so daß sich zunächst die Schwerpunkte verschieben; Augmentation der Sechzehntel zu Achteln, Vierteln, Halben,

---

[16] Wie solcher Prozeß unterschiedliche *Zeiterfahrungen* vermittelt - die »individuelle« Zeitstruktur des Themas gegen die reinen Zeitpulse der Triolenrepetition -, hat Siegfried Mauser dargestellt: Zeit- und Wahrnehmungsstrukturen in Schuberts letzten Klaviersonaten. Versuch einer rezeptionsästhetischen Analyse. In: Franz Schubert - der Fortschrittliche?, hrsg. von E.W. Partsch, Tutzing 1989, S. 189-200, hier: S. 195f.

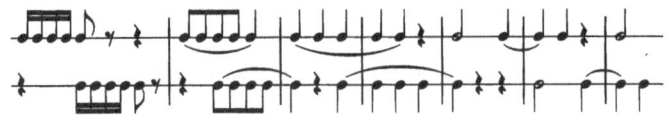

Beschleunigung wiederum zu Achteln, verkürzt auf g fis e: Die Anfangstöne des wiederkehrenden Hauptthemas werden eingekreist.

> Aufgabe
> Betrachtung des rhythmischen Verlaufs in den folgenden Klavierwerken Mozarts (um Mißverständnisse auszuschließen: »Verlauf«, eben am Beispiel »schneller«/»langsamer« festgemacht, meint das *Gesamt einer rhythmischen Ordnung*, schließt also auch *Kontrast* oder *Analogie* ein):
> - Sonate F-Dur KV 280, 1. Satz, T. 1-56 (beachte neben Entwicklungen und Korrespondenzen auch formstützende *rhythmische Felder*).
> - Fantasie c-Moll KV 475, T. 1-25.
> - Sonate B-Dur KV 570, 1. Satz, T. 1-40 im Vergleich zu T. 41-79.

Gleichförmigkeit

Ereignislosigkeit kann, auch im Rhythmischen, das eigentliche Ereignis sein. *Daß* in der *Courante* aus Bachs Cello-Solosuite C-Dur nur Achtel laufen, *ist* das, was die Rhythmik auszeichnet. Sie hat drängende Unaufhaltsamkeit. Zugleich lenkt sie den Hörer nicht ab von anderem.

● Was also geschieht vor einem derart motorischen Hintergrund?

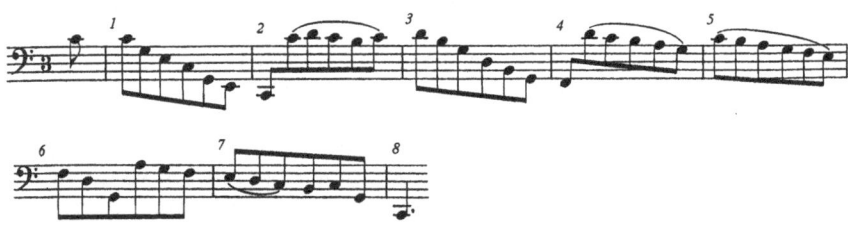

Zwei Gestalten, beide *ab*wärts ziehend: Dreiklangsbrechung, Linie. Etwas stimmt aber nicht in der motivischen Anordnung: Die Takte gruppieren sich als 2 plus ... ? Tip, um besser zu sehen: Man verdecke die T. 4ff. und überlege sich, welche Fortsetzung die ersten drei Takte erwarten lassen. (Denkbare Fortführung aufschreiben, erst danach hier weiterlesen!)

T. 3 korrespondiert mit T. 1. Also denke ich, zumal bei einem *Tanzsatz*, daß auch das Weitere auf Analogie hin angelegt sein wird. Wäre nicht eine

Version wie die folgende plausibler? (Daß sie keine unterschobene Konstruktion ist, zeigt die *Bourrée* I derselben Suite: Ihre ersten vier Takte leben motivisch und harmonisch: T-D | D-T von solch periodischem Hin und Zurück.)

Bei Bach dagegen bricht T. 4 motivisch aus; die in T. 1-3 plakativ anvisierte Ordnung wird nicht eingelöst. Die Linien verlängern sich (T. 4: d^1 - g, T. 5: c^1 - e, T. 6/7: a - H), die Dreiklangsbrechungen, in T. 6 mit drei Tönen wie erinnerungshaft eingeschoben, treten zurück. Die Verweigerung einer symmetrischen Anlage schafft auch im *Motivischen* den treibenden Zug des Rhythmischen.

Rhythmische Gleichförmigkeit kann auch andere Bedeutungen haben.
● Der Schlußsatz von Beethovens Klaviersonate d-Moll op. 31, 2 (»Sturm-Sonate«) ist beherrscht von Sechzehntelbewegung. Ihre *nervöse Rastlosigkeit* hat wenig zu tun mit der energischen Motorik Bachs. Worin besteht das thematisch Eigenwillige?

Die Pointe des Themas liegt in der metrischen Verzerrung (Unterstimme!) und im verqueren harmonischen Rhythmus: In harmonisch 3+4+1 läuft der im äußeren Umfang »normale« Achttakter ab. Gegenprobe zum besseren Verstehen: Man spiele d-Moll/A-Dur in gleichmäßigem 2+2 oder als 3+zumindest 3.

Oder: Schuberts Lied *Gretchen am Spinnrade*: das rhythmische Bewegungsmodell als doppeltes Abbild, von (gegenständlichem) Spinnrad und (seelischer) Unrast. Oder: Perotins Organum *Sederunt principes* (S. 170f.): Die Herrschaft weniger, stets dreizeitiger rhythmischer Muster stützt das magisch in sich Kreisende des Klangs. Oder: das rhythmisch Erhabene von Josquins *Sanctus* S. 68f. Oder: Schumanns Lied *Das ist ein Flöten und Geigen* (Nr. 9 der *Dichterliebe*): ein vorgeblich unbeschwertes, im Grunde aber quälendes Perpetuum mobile als Ausdruck von - (bitte das Lied anschauen).

> Aufgabe
> Man denke nach über Funktion, Wirkung, Sinngehalt der Rhythmik in folgenden Werken:
> 1. Bach: Praeludim c-Moll (WK I); beachte auch den Tempowechsel
> 2. Schumann: *Kleine Studie* (Nr. 14 aus dem *Album für die Jugend*); worin ist die *Studie* dem C-Dur-Präludium aus dem *Wohltemperierten Klavier* I Bachs vergleichbar?
> 3. Schumann: *Ich grolle nicht* (Nr. 7 der *Dichterliebe*)

Einheit und Vielfalt

Beethovens Satz aus op. 135 (S. 63) verbeißt sich in einer repetierten Formel. Der Schubert-Walzer S. 21 bezwingt durch das einmal Abweichende nach dem rhythmisch Immergleichen. Abwandlungen als Ornament nutzt Carl Philipp Emanuel Bach in seinen Klavierstücken »mit veränderten Reprisen« (»Reprise« bedeutet hier *direkte* Wiederholung eines Formabschnittes):

Einheitlich aus ♫♩ ♪ geht das berühmte Variationenthema von Mozarts Klaviersonate A-Dur KV 331 hervor. Gegensätzlich tritt in Haydns großer Es-Dur-Klaviersonate (Hob. XVI/49) neben die kraftvoll eröffnende Figur (stabile Tonika) eine weich fallende Bewegung (gleitender Fauxbourdon):

Zwei analytische Fragen scheinen mir demnach ertragreich zu sein:
1. Zu untersuchen ist die *Funktion* rhythmischer Differenzierung: wo sie zur Substanz der *Themenbildung* gehört - so im ergänzenden Kontrast der zitierten Haydn-Sonate; wo sie *figurativer Schmuck* ist - so eben bei Carl Philipp Emanuel Bach; wo sie Musik *in Gang* setzt - so am Anfang von

Brahms' 4. Symphonie, der von der Zelle ♩ |♩ über ♩ |♩ ♫♫ zu ♪|♩ führt und das Thema schließlich, mit Achtelketten in den Holzbläsern, zu ♫ |♫ auflöst (T. 19ff.); oder wo sie einen Gedanken in andere, zeitlich nicht umkehrbare Stufen *entwickelt*.

● Als Beispiel dafür studiere man den Kopfsatz von Beethovens Klaviersonate F-Dur op. 54. Zwei kontrastierende Gedanken (a) und (b) treten nacheinander auf. (Man könnte sie als Konzentrat eines Sonatensatzes begreifen: Nur noch sein thematischer Konflikt wird hier, nackt für sich, dargeboten.) Am Schluß des Satzes, in der Coda, vereinen sie sich:

Wie ist der Satz formal gebaut? a, b, a, b, a und a/b: Simpler geht ein formaler Ablauf kaum. Doch verschweigt die bloße Auflistung zwei zentrale Ereignisse. Um *sie* geht es. Erstens wird b verkürzt (das erste Mal umfaßt es 45 Takte - doppelt so viel wie a -, das zweite Mal nur 12 Takte - halb so viel wie a -, am Ende ordnet es sich, zu purem Rhythmus geschrumpft, a unter); a dagegen hat 24 + 24 + 24 plus fortziehend auflösende Takte und dominiert am Ende. Zweitens bleibt b undifferenziert robust - permanent triolisch, staccato, forte -, während a, bis hin zu Sechzehntel-Sextolen, immer fantastischer zu leben beginnt. Zitiert sei hier, was allein der Auftakt an Entwicklungen erfährt:

Das sind keine »Varianten« als aparte Verzierungen. Gegen den Starrsinn von b *entwickelt* sich a in immer üppigere Formen seiner selbst. Diese Zustände sind nicht umkehrbar, wie es bei zahllosen figurativen Variationen möglich ist: Ob man in Mozarts bekannten Variationen über (eingedeutscht) »Morgen kommt der Weihnachtsmann« die Sechzehntel-Variationen I mit II und VI mit VII tauscht, oder ob man die Triolen-Variationen III und IV umstellt oder vor I setzt, bliebe für den rhythmisch logischen oder musikalisch ideellen Ablauf belanglos.

> Aufgabe
> Beethoven: Klaviersonate D-Dur op. 28, Durchführung des 1. Satzes. In welchen Stufen verläuft die motivisch-rhythmische Verkürzung des Hauptthemas? Man schreibe, um den unerbittlichen Zerschlagungsprozeß völlig zu begreifen, die Rhythmen (untereinander) heraus; wie und bis zu welchem Endpunkt (auch harmonisch: in das entlegene Fis-Dur!) wird das Thema zertrümmert? Beachte, welche Folgen das hat: wie sich der Satz, in dreimaligem Ansatz, zögernd und wie suchend herantastet an die Reprise.

2. Zu untersuchen ist das *Ausmaß rhythmischer Fülle* in einem Werk: Beschränkt es sich auf wenige Muster oder bringt es immer neue Ideen?
● Mit den folgenden Rhythmen, abgezogen von der Oberstimme, beginnen vier Klavierstücke. Welcher Zeit oder welchem Komponisten sollte man sie zuschreiben? (Die Rhythmen nicht nur lesen, sondern mehrfach klopfen oder auf einer Silbe sprechen!) Mögliche Kriterien: Umfang und Gruppierung, rhythmische Figuren, Korrespondenzen, Wiederholung oder Wiederholungsscheu, klare oder verschleierte Schwerpunkte, markante Stellen, Charakter, potentielle Fortführung.
(1), (3) und (4) sind schnell, (2) ist mäßig schnell im Tempo zu denken:

(4) zu bestimmen, mag am leichtesten fallen: wegen der Gruppierung in 2+2 Takte mit lockeren Figuren. Man könnte sie, bestimmte Themenbildungen vor Auge, zu einem Achttakter fortspinnen, etwa so: die 2+2 Takte, dann ♪ |♪♫♩ ♩ ♪ ♫♫ |♪♫♩ ♩ ♪ ♫♫ |♫♫ ♫♫ ♫♫ ♫♫ |♩ Die Notation ♪♫♩ (♪ muß ein Vorhalt sein); das Abbremsen auf ♩ ♩ als neuer Idee (bei Bach beispielsweise würde die Bewegung *weiter*treiben); die 2+2-Wiederholung, deren Ergänzung durch 4 als 1+1+2 ebenso typisch wäre: Das zusammen ließe mich für Klassik (Mozart?) plädieren.

(3) hat drängend Energisches, bringt insistierend *ein* rhythmisches Motiv, ist unsymmetrisch *fünf*taktig: Wären dies nicht Indizien für jene Sprache in der Mitte des 18. Jahrhunderts, die - analog zur Literatur - global »Sturm und Drang« benannt wird? Carl Philipp Emanuel Bach?

(1) ist schwieriger. Ein Weiterführen des rhythmisch markanten Beginns, dabei weder Analogie noch merklicher Kontrast. 2 Takte, herausstechend der Akzent in T. 2, plus gelöstere Fortsetzung, die aber stockt - der Taktschwerpunkt wird überspielt - und hinüberhält in einen *fünften* Takt. Tänzerisch freier Gestus; klingt, kaum begonnen, aus, als müßte danach schon anderes kommen. Genaue Vorschriften zu Artikulation und Dynamik. Spricht das alles nicht für »später« als Klassik-Romantik?

(2), rhapsodisch im Charakter, verblüfft mich am meisten. Auswendig nachklopfen (ausprobieren!) bereitet Mühe - warum? Keine Korrespondenz wie in (4), kein motorisches Loslassen wie in (3), kein freies »weiter« wie in (1). Es beginnt wie 1 plus - nein: T. 2 verläuft anders als T. 1; ♫ in T. 3 entspricht T. 2, aber vorweg in T. 3 geht ♫ aus T. 1; in T. 4 steht die Triole ♫ wieder, wie in T. 3, aber ohne Vorschlag, auf der »eins«, nachdem sie zweimal Auftakt gewesen war. Äußerlich ein Viertakter, im inneren Ablauf völlig unvorhersehbar. Partikel (♫, ♫, ♫) kehren wieder, aber in anderen Zusammenhängen, kein Takt ist dem anderen gleich. Wäre da nicht der Doppelschlag ~ in T. 1 - müßte man nicht, ähnlich wie bei (1), an »später« denken?

Ich weiß nicht, zu welchen Schlüssen der Leser gekommen ist. Aber die Auflösung birgt vermutlich Überraschungen: (1) Schönberg: *Sechs kleine Klavierstücke* op. 19 (1911), 4. Stück; (2) Carl Philipp Emanuel Bach (!): Klaviersonate h-Moll (1779), die dritte der *Sechs Klaviersonaten für Kenner und Liebhaber*, erste Sammlung; (3) Mozart: Sonatensatz g-Moll KV Anh. 109 b Nr. 3 (1764); (4) Johann Christian Bach: Klaviersonate G-Dur op. 5, Nr. 3 (1765!).

Aufgaben
Wie reich oder begrenzt Rhythmus sich zeigt, bestimmt wesenhaft das einzelne Werk, seinen Charakter und Ausdruck. Drei Aufgaben sollen das erfahrbar machen:
1. Rhythmischer Vergleich zweier Klaviersonaten (jeweils 1. Satz) Mozarts: Exposition der C-Dur-Sonate KV 330 mit der Exposition der D-Dur-Sonate KV 576.
   Hilfestellung zum Vorgehen: Die Exposition von KV 576 umfaßt 58 Takte. Wie viele rhythmische Muster gibt es in ihnen? Ich zähle, daß allein 19 Takte beherrscht sind von *durch*laufenden Sechzehnteln. Wie verschwenderisch zeigt sich vergleichsweise KV 330? Beachte, wie hier gleichzeitig, durch Wiederkehr oder *Zweimal*sagen, verbindende Brücken geschlagen werden.
2. Vergleich von KV 576 (dem man die rhythmische Begrenzung - warum? - nicht anmerkt) mit Beethovens *Sturm*-Sonate op. 31, 2, Exposition des 1. Satzes (bei der das rhythmisch Insistierende - warum? - wahrnehmbar ist). Woher kommt dieser Unterschied zwischen spielerischer Gelöstheit, die den Mozart-Satz frei laufen läßt, und konzentriert Dramatischem, das den Beethoven-Satz so nachdrücklich macht? (Man beachte neben Anzahl, Dauer, Anordnung der rhythmischen Muster auch die unterschiedlichen Satzarten der beiden Expositionen.)
3. Ein Thema, das motivisch streng und beziehungsreich entfaltet wird: Brahms: Streichquartett a-Moll op. 51, Nr. 2, 2. Satz, T. 1-8. Zur Übung: Man schreibe zunächst nur den *Rhythmus* heraus, in einem zweiten Schritt beziehe man den *melodischen* Verlauf ein, in einem dritten die *Baß*führung (vergleiche z.B. - in Entsprechung zum Melodischen - T. 1 und 2). Unbedingt halte man diese 8 Takte neben die T. 18ff., die unaufhaltsam - wie ist das ab T. 22 »gemacht«? - bis T. 30 weiterziehen.

Thematischer Rhythmus

In Beethovens op. 54 (siehe S. 117) wird Idee b am Schluß zu bloßem Rhythmus reduziert. Die harmlos klingende Aussage setzt etwas eminent Wichtiges voraus. Der Baß in Beethovens Coda ist ja nur *aufgrund* der Achteltriolen als »b« identifizierbar. Der Rhythmus *vertritt* also das Thema, das melodisch - lediglich ein Ton wird repetiert - gar nicht mehr existiert. So wie Rhythmus Themen *schafft* (S. 108), so kann er umgekehrt Themen *repräsentieren*: Die Triolen »sind« bei Beethoven die Idee b.

In kleinerer Einheit gedacht, kann also eine rhythmische Zelle *selbst* motivischen Rang haben. Auffällig, wie viele Themen gerade bei Schubert festhalten an einem *rhythmischen Motiv*. Das Seitenthema aus dem 1. Satz der Klaviersonate a-Moll op. posth. 143 (D 784) verfängt sich, auch noch über Orgelpunkt, in das rhythmisch Immergleiche. Zauberischer Effekt: Sehr schnell verschwimmt das Bewußtsein, welcher Takt der »erste« und welcher der »zweite« ist - geht es ♩ ♩ |♩♩♩♩ oder ♩♩♩♩ |♩ ♩ ?

Natürlich gibt es auch - beispielsweise - bei Brahms rhythmische Motive (S. 105: das ♩|♩ im Thema seiner 4. Symphonie). Der Unterschied zu Schubert aber ist fundamental. Bei Brahms haben sie Konsequenzen, indem sie etwas in Bewegung setzen, durch melodische Weitung, dann (S. 117) rhythmische Auflösung. Bei Schubert sind sie die Sache selbst. Das rhythmische Motiv trägt die Musik, oder: Die Musik verspinnt sich in ein rhythmisches Motiv. Es wirkt sich nicht aus. Es bedeutet für sich schon alles, ohne durch Folgerungen seine Bedeutung erst zu belegen oder zu steigern. Selbstvergessenes hat Schuberts Musik so oft: weil sie nicht loslassen mag von etwas Gleichem, das sie immer ein wenig anders anschaut. Brahms stellt auf und zeigt in zielgerichtetem Prozeß, was in dem Aufgestellten an Möglichkeiten steckt. Schubert stellt auf und zeigt in Zeit vergessendem Anschauen, wie schön das Aufgestellte ist.

Aufgaben
1. Schubert: Klaviersonate A-Dur op. posth. 120 (D 664), 2. Satz: Man lese, höre, spiele diesen Satz einmal *ausschließlich* und ganz *bewußt* unter dem Aspekt seines ♩ ♫♫♩ .
2. Wie viele Takte in Schuberts *Impromptu* As-Dur op. 142, Nr. 2 sind beherrscht von ♩♩ , welche Rolle spielt ♫♫ im *Moment musical* As-Dur op. 94, Nr. 2?
3. Bruckner: 9. Symphonie d-Moll, 1. Satz. Betrachtung der Exposition unter dem Gesichtspunkt »Rhythmus als Thema«: Wodurch ist die Rhythmik des Seitenthemas (wo beginnt es?) und des Themas T. 167ff. charakterisiert? Was geschieht T. 191ff. (auch die Instrumentation beachten)?

> Lesenswert der Aufsatz von Reinhard Kopiez: Die Durchführungstechnik bei Franz Schubert. Die C-Dur-Sinfonie (D 944) im Vergleich mit nicht-sinfonischen Werken. In: Musica 3 (1987), S. 227-230. Kopiez weist nach, daß die Durchführung nicht auf motivisch-thematischer Arbeit beruht, sondern auf *Addition* der - *rhythmisch* definierten - Themen, die im dichtesten Moment des Durchführungsteils nur noch in ihrer rhythmischen Struktur erscheinen.

Takt und Metrum

Rhythmus in durmolltonaler Musik ist eingebunden in den Takt und grundiert vom Metrum. Der Takt ist sein Bezugssystem, das Metrum ist im Hintergrund sein Puls. Ist das Zusammenwirken von Rhythmus, Takt, Metrum der Normalfall, so wird gerade ihr Gegeneinander oder ihre Negation zum Besonderen: wo Rhythmus gegen den Takt opponiert; wo das Metrum aussetzt; wo sich das Metrum unausgesprochen ändert.

● Die beiden folgenden Melodien eröffnen das *Trio* Es-Dur für Violine, Horn und Klavier (»Horntrio«) op. 40 von Brahms und die Klavier-*Ballade* F-Dur op. 38 von Chopin. Wo sollte man bei Brahms (2/4) und bei Chopin (6/8) die Taktstriche setzen, ist das Trio auftaktig oder volltaktig, und wo eigentlich *beginnt* in der Ballade die Melodie?

Vermutlich wird jemand, der die Stücke nicht gesehen hat, das *Trio* volltaktig notieren, auch um die Vorhaltswirkung des jeweils ersten Achtels durch den Taktschwerpunkt zu unterstreichen. Die Ballade wird er mit einem Achtel-Auftakt anfangen lassen, so daß der Spitzenton f^2 die ihm gebührende »eins« erhält.

Die tatsächliche Notation verwirrt. Bei Brahms ist sie widersprüchlich: *auf*taktig für die Melodie, doch die Klavierakkorde stehen jeweils unter den Achteln, suggerieren also *Voll*taktigkeit. Wo sich aber zwei Prinzipe widersprechen, heben sie sich gegenseitig auf: Die metrische Situation *ist* unentschieden. (Die Harmonik bestärkt das Unklare: Das *Trio* beginnt, tonal offen, mit dem Dominantseptakkord und seinen Umkehrungen.) Chopin setzt den ersten Taktstrich an niemals erwarteter Stelle, nach dem dritten c^2, und erst auf dem achten c^2 wird der Satz akkordisch - dezenter Hinweis auf eine Takt»eins«. Aber f^2, gezielter Widerspruch zwischen melodischer und metrischer Bedeutung, verschiebt sich auf die »drei«. Die Ballade und ihre

Melodie beginnen »irgendwo«, da metrisch schwerelos, harmonisch undefiniert, melodisch als unendlicher Auftakt, rhythmisch gleichbleibend.

Sowohl bei Brahms wie bei Chopin ist die Rhythmik von auffallender Simplizität. Indem sie ein rhythmisches Element unablässig wiederholt, fügt sie sich den träumenden Anfängen. Deren Ungreifbarkeit beruht auf dem Ineinander von rhythmischer Einfachheit und metrischem Raffinement. Der Konflikt zwischen Rhythmus und Takt wird zu musikalischem Ausdruck.

Aufgaben
1. Zwei Fugenanfänge (Cis und E) aus Bachs *Wohltemperiertem Klavier* I: In welchem Takt stehen sie, wo sind die Taktstriche, was sagt die Notation Bachs? (Ähnlich prüfe man, aus dem II. Band, die Fugen in fis und A.)

> 2. Beethoven: Klaviersonate g-Moll op. 49, 1, Thema des letzten Satzes: Wie stehen rhythmisches Muster und Takt zueinander, was soll das Sforzato im dritten Takt?

● Welche Qualität hat ein Rhythmus, wenn ihm das Metrum entzogen wird? Der Beginn von Schuberts Streichquartett G-dur op. 161 (D 887) wirkt vom 20. Jahrhundert aus gesehen wie vorweggenommene Zukunft: Komponieren *mit* und *im* Klang:

Ein heller Akkord wird gesetzt und gehalten. Er ist leicht, da ohne in der Tiefe absichernden Baß. Er strebt zu nichts hin, blüht nur selbst auf. Er hat (»Allegro«!) überhaupt kein Tempo, da »Takt« nicht erlebbar wird. Nichts geschieht außer einem Crescendo. An dessen Ende schlägt der Klang in sein Gegenteil, nach *Moll*, um. Ausgerechnet mit diesem Umsturz gerät die Musik in Bewegung. Anfangs gab es kein Metrum. An einem Metrum, dessen Puls Zeit gliedert, wird das Vergehen von Zeit fühlbar; wo der Puls fehlt, setzt Zeit aus. »Zeit« ist hier an nichts festzumachen, aber der Akkord kommt raumhaft näher: Bei musikalischer Zeitlosigkeit drängt sich musikalisch Räumliches hervor (zu einem vergleichbaren Phänomen im Harmonischen s. S. 170).

Aufgaben
1. Schuberts Lied *Meeres Stille* (D 216) macht solche dimensionale Verschiebung zum Spiegel der Goetheschen Lyrik. Was sind darin die zentralen Vokabeln, an welcher Stelle wird das Naturbild zur bedrohlichen Metapher? Worin reagiert die Vertonung auf das Gedicht; welche rhythmischen Muster gibt es in der Singstimme, wie oft tritt jedes auf; welches Zeitgefühl bewirkt die langsame, im ersten Takt metrumlose, Bewegung der Begleitung?
2. Für Pianisten: Vergleich des Anfangs von Beethovens 4. Klavierkonzert (G-Dur) mit jenem von Schuberts Klaviersonate G-Dur op. 78 (D 894); was ist ähnlich, was (im Fortgang) anders?

Ein Metrum besorgt Einheitlichkeit innerhalb eines Stückes, indem es dessen verschiedene Ereignisse an *einen* Puls bindet. Ein Metrum kann also auch Gegensätze schaffen oder bestärken, indem es sich *ändert*. Das geschieht in zahlreichen Werken, ohne daß es an der Notation direkt ablesbar wäre (es dennoch zu ergründen, ist für den *interpretierenden* Musiker natürlich ein zentrales Gebot). »Allegro ma non troppo« und ₵ schreibt Schubert im Kopfsatz seiner großen C-Dur-Symphonie. ₵ gilt. Der innere metrische Puls jedoch wechselt, unausgesprochen, von Vierteln über Halbe zu Ganzen. Die drei Themen des Satzes erhalten auch dadurch ihren spezifischen Ton, der sich vielleicht als »energisch«, »tänzerisch«, »erhaben« fassen ließe. Müßte man die Themen, um ihren Unterschied *sichtbar* zu machen, nicht eigentlich so notieren?

Aufgabe
Pianisten, Streicher und Orchestermusiker müßte es reizen, in den ersten Sätzen der folgenden Werke das metrische Verhältnis zwischen verschiedenen Taktgruppen zu prüfen:
- Beethoven: Klaviersonate C-Dur op. 53, vgl. T. 1ff. mit T. 35ff.
- Mozart: Streichquartett C-Dur KV 465, vgl. T. 23ff. mit T. 72ff.
- Beethoven: 2. Symphonie D-Dur, vgl. T. 34ff mit T. 73ff.

Farbe

● Die folgenden Takte entstammen Werken Ligetis: (a) *Lontano* (1967) für großes Orchester, T. 106f., Kontrabässe; (b) *Ramifications* (1968/69) für Streichorchester, T. 19, zweite Streichergrupe; (c) *Melodien* (1971) für Orchester, T. 16f., die vier melodietragenden Instrumente. Man untersuche *genau* die rhythmische Gestaltung der drei Ausschnitte. Was haben sie gemeinsam, was unterscheidet sie?

(c)

In (a) setzen die sechs Bässe nacheinander ein, mit derselben Tonfolge (b¹, as¹, ges¹, fes¹), spielen sie aber unterschiedlich schnell, so daß niemals ein Tonwechsel mit einem anderen zusammentrifft, und daß ab Erreichen des »fes« immer alle vier Töne präsent sind. Bis auf Kontrabaß 1 und 4 (im 2. Takt) fällt kein Ton *auf* eine Zählzeit.

In (b) gibt es statt dessen eine *gemeinsame* rhythmische Einheit (acht Zweiunddreißigstel), in der sich eine Tonfolge bewegt. Aber die Bewegungen laufen gegeneinander: Diastematisch gehören 1 und, ab Zählzeit »zwei«, 4 (h¹, ais¹, e¹), 2 und 3 zusammen (e¹, ais¹, h¹); rhythmisch gehören 1 und 2, 3 und 4 zusammen.

In (c) gibt es keine verbindliche Reihenfolge, sondern einen Vorrat von vier Tönen (angeordnet: es², f², ges²/fis², a²). Die Instrumentation schafft einen glitzrigen Klang (Piccoloflöte, Xylophon, Celesta, Solovioline eine Oktave höher). Jeder Spieler behält sein rhythmisches Teilungsprinzip bei, so daß pro Viertel stets alle Teilungen (4, 5, 6, 7 Sechzehntel) übereinanderstehen[17].

(a), (b), (c) haben prinzipiell Kompositionstechnik und Wirkung dieser Technik gemeinsam; nur inhaltlich ergeben sich Unterschiede. Die *technische Idee*: Jede Stimme ist *diastematisch* an bestimmte Töne gebunden (die Abfolge ist verbindlich oder variabel). Und jede Stimme ist *rhythmisch* für sich auskomponiert (unterschieden ist die Art der rhythmischen Ordnung).

---

17 Bei vielen Werken zumal der 1960er und 1970er Jahre lohnt die Prüfung, ob bestimmte *mathematische Ordnungen* vorliegen, etwa für Einsatzfolgen, Anzahl von Tönen, Zeitstrecken, Taktarten, rhythmische Prinzipien. Ein simples Beispiel: Der 4. Satz von Wolfgang Fortners *Imagini* für großes Orchester und eine Sopranstimme (1971) regelt die Abfolge der Takte als 4/4, 3/4, 4/4, 2/4, 4/4, 1/4. (In solchen Ordnungen wirken Vorstellungen der *seriellen Musik* aus den 1950er Jahren nach, die *alle* Eigenschaften von Tönen oder Tongruppen nach Reihenprinzipien ordnete.)

Die *musikalische Wirkung*: Die vielfach geschichtete Tonfolge wird als einzelne Linie nicht mehr hörbar, sondern summiert sich zum *Klang* (modifiziert werden kann die Spannung des Klanges: (a) ist, allerdings in ungewöhnlicher instrumentaler Farbe, ganztönig weich, (b) ist vergleichsweise scharf, (c) mit dem verwischten F^7 schillert tonal). Und in vielfach geschichtetem Rhythmus wird der einzelne Rhythmus nicht mehr hörbar, sondern summiert sich zu verschwimmender *Farbe* (unterschieden ist die Anzahl der Schichten und damit die Satzdichte).

»Struktur« und »Farbe« stehen in einem bemerkenswerten Wechselverhältnis. Wo Struktur sich *auflöst* (in den Nachbarkünsten denke man an impressionistische Malerei oder an Lautgedichte Ernst Jandls), tritt die farbliche Komponente hervor; entfällt bei einem D^7 der strukturell zwingende Gang zu einer Tonika (vgl. S. 76), wird er pure Farbe. Merkwürdigerweise stellt sich derselbe Effekt ein, wenn Struktur *übersteigert* wird. Ihre Radikalisierung schlägt bei Ligeti um in ein *klangfarblich* wirkendes Gesamt. Der diastematische Kanon in (a) oder die multiplizierten Melodiezüge in (c): Kontrapunktisches Denken, polyphone Selbständigkeit, rhythmische Vielfalt - tradierte Verfahren also - sind ins Extrem getrieben, um aus ihnen *neue* musikalische Qualitäten zu gewinnen.

Aufgaben
1. Aus Ligetis Orchesterwerk *Lontano* untersuche man noch, um einen größeren Komplex herauszugreifen, die T. 68ff. Ich empfehle, sich zunächst auf die Streicher zu beschränken: Wieviele rhythmische Schichten gibt es, wie ist die Einsatzfolge, welche Register werden genutzt?
2. Ligeti: *Zehn Stücke für Bläserquintett* (1968), Nr. 8, T. 1-16: Wie beginnt der Satz rhythmisch (vgl. T. 2, 3, 6, 7)? Was ändert sich in T. 4/5, was geschieht ab T. 9, worin kontrastiert der (rhythmische) Verlauf ab T. 16?
3. John Cage bewunderte an Charles Ives (1874-1954), daß in dessen Musik so viele verschiedene Dinge zu gleicher Zeit passieren. Eine »Aufgabe«, die besonders Komponisten anregen mag: Die Entfesselungen in Ives' *Robert Browning Overture* (1912!) - sie lassen in hartem Schnitt verhaltene Abschnitte aus sich heraus (vgl. den phantastischen Moment T. 140ff.) - beruhen wesentlich auf Schichtungen: daß vieles zur gleichen Zeit geschieht. Wieviel *Verschiedenes* liegt übereinander, beispielsweise in T. 55ff.?
4. Witold Lutoslawski: *Venezianische Spiele* (1961) für Orchester, 4. Satz: Eine von den Notenwerten her simple, im Ergebnis überaus raffinierte Lösung: »Takt« 6ff., welche Werte nur finden sich in den Stimmen (ab »Takt« 34 dazu noch ein anderer), und wie sind diese Werte zueinander gestellt? Wie wirkt das klangliche Resultat?

Anfang und Schluß

Wie ein heikles Gespräch beginnt, kann über sein Gelingen oder Scheitern entscheiden. Die ersten Sätze eines Artikels entscheiden oft darüber, ob ein Leser dran bleibt - also überhaupt weiter liest. Begnadete Redner können es sich leisten zu extemporieren; für andere sind gerade Anfangen und Schließen die rhetorischen Stolpersteine. In der Mitte kann, ohne größeren Schaden anzurichten, etwas daneben gehen (das gilt auch bei Aufführungen); stimmen aber Beginn, der den Tonfall festlegt und Erwartungen weckt, und Schluß nicht, der Erinnerungen beschwört, ist das Ganze gefährdet.

Anfang und Schluß in der Musik sind ebensolche Brennpunkte. Solange es sprachliche Standards gibt - eine durchimitierte Motette beginnt mit einem Soggetto, und ist der Text zu Ende, ist auch die Motette zu Ende -, stellen sich prinzipiell keine Probleme. Wo aber Sprache sich immer stärker individualisiert, wo musikalische Vorgänge immerzu gleich hohen Rang haben statt nach Wichtigkeit abgestuft zu sein, und wo tonale Darstellungsmittel ausgesetzt werden, sind vor allem *zwingende Schlußbildungen* schwierig. Ihre Art kann Entscheidendes aussagen. Ein Beispiel. In den 1960er Jahren verfestigten sich leise Ränder als Typus: Anfang als Werden (von nach und nach entfaltetem Tonraum und Instrumentarium), Mitte als Höhepunkt, Schluß als Vergehen - als Abbau des Satzes und dynamisches Ausblenden. Manfred Trojahns einsätzige 1. Symphonie (1973/74) dagegen hat im vorletzten Takt ein Crescendo noch vom fünffachen forte aus, mit einem riesenhaften Cluster über das Orchester hin, der im Schlußtakt, nach grellem Impuls der Hörner, mit fffz abreißt. Trojahns auftrumpfender Schluß ist *Opposition*. Ein neuer Ausdruckswille zeichnet sich darin ab - an die Stelle crescendierenden Aufbaus trat in den 1970er Jahren bevorzugt der direkte, auch extreme Kontrast -, fort von der Scheu und dem Mißtrauen gegen große Schlußgesten.

Als Schlußsignale oft eingesetzt werden *Wiederholung* (da sie sich, ohne wieder anderes zu bringen, in einer Sache verfängt), *Liegeklang* oder einzelner *Ton* (da sie Musik einfach ruhig ausklingen lassen) und *Akzente* (da sie einen entschiedenen Punkt setzen). Einige Beispiele aus der ersten Hälfte des 20. Jahrhundert: *Voiles* (1910) aus Band I der *Préludes* von Claude Debussy schreibt am Schluß viermal die Terz c^1-e^1 fest und überlagert ihr dreimal dasselbe ganztönige Glissando:

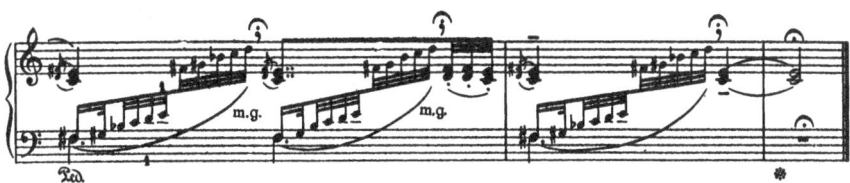

Das zweite seiner *Vier Stücke für Klarinette und Klavier* op. 5 (1913) beschließt Alban Berg, über dem Ton b, mit jener großen Terz d-fis, die das Stück am Anfang grundiert hatte: in sich sanft bewegter, liegender Klang (a). Arnold Schönberg beschließt das zweite seiner *Fünf Klavierstücke* op. 23 (1920-1923) mit zarter Zweistimmigkeit, die im Kontra-Cis ausklingt (b):

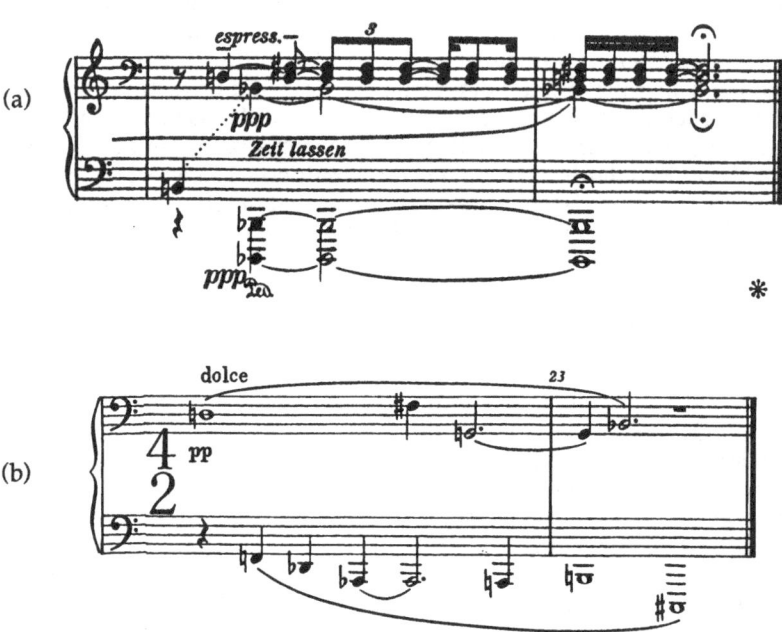

Der letzte Takt der zweiten *Bagatelle* für Streichquartett op. 9 (1913) von Anton Webern legt zwei großen Septimen als schroffen Akzent über den crescendierenden Ton der ersten Geige:

> Aufgaben
> 1. Schönberg: *Sechs kleine Klavierstücke* op. 19 (1911); Prokofiew: *Visions fugitives* op. 22 (1915-1917) für Klavier. Untersuchung und Vergleich der einzelnen Schlußbildungen. Aufschlußreich ist es, die Schlüsse auch in ihrem Verhältnis zu den jeweiligen Anfängen zu betrachten. Mehr als ein spannendes Spiel: Man halte bei allen Stücken Schönbergs und Prokofiews die letzten Takte zu, überlege sich einen *eigenen* Schluß und schaue sich dann die tatsächlichen Schlüsse an.
> 2. Ergänzend zur Aufgabe 4, S. 128: Lutoslawski: *Venezianische Spiele* (1961) für Orchester: Wie sind die Schlüsse der vier Sätze gestaltet?

Wie fängt Musik an? 5. Symphonie Beethovens: Ohne Umschweife wird energisch ein 4töniges Motiv *gesetzt*. 9. Symphonie Beethovens: Über tonal offenem Tremolo *entsteht* erst ein Thema, das sich sammelt aus Fragmenten seiner selbst. Zwei konträre Möglichkeiten des Anfanges: *unmittelbare Präsenz* oder *allmähliches Hinfinden*, *direktes* oder *tastendes* Beginnen.

Vergleichbar der »Neunten« Beethovens breiten auch Bruckners 3. und 9. Symphonie einen tremolierenden Teppich aus und lassen Thematisches erst werden, statt es fertig zu setzen. Erinnert sei auch an Chopins Ballade (S. 123), deren »wirklicher« Anfang in der Schwebe bleibt, oder an den unerhörten Beginn von Schuberts G-Dur-Quartett (S. 124), das aus bloßem Klang erwächst. Bei Carl Philipp Emanuel Bach gibt es viele Sätze, die motivisch direkt, harmonisch aber unentschieden beginnen, indem sie der Tonika ausweichen oder ihren Eintritt verzögern:

»Tastende« Anfänge ließen sich an diesen Beispielen dreifach unterscheiden: nach ihrer *Ausdehnung* (momenthaft bei Chopin, zeitdehnend bei Beethoven);

nach ihrer *kompositorischen Idee* (prozeßhaftes thematisches Werden bei Beethoven und Bruckner, Verwischen eines präzisen Beginnens bei Chopin, Urhaftes, noch gestaltlos, bei Schubert, ästhetische Überraschung bei Carl Philipp Emanuel Bach); nach ihrem *Ausdruck* (galant bei Bach, träumerisch vage bei Chopin, »misterioso« - so seine Anweisung - bei Bruckner). Man studiere auch noch einmal S. 59 die Themen a (*dominantischer* Beginn, wie S. 123 im Brahms-Beispiel) und b (*tonaler unklarer* Beginn).

● Die folgenden drei Anfänge untersuche man auf ihr je Eigenes; erst danach bitte meine anschließenden Stichworte lesen: (a) Schumann: *Die Lotosblume*, Nr. 7 des Liederkreises *Myrthen* op. 25 (vgl. auch den Ausschnitt S. 84); (b) Beethoven: Klaviersonate C-Dur op. 53 (»Waldstein-Sonate«), langsamer Satz (*Introduzione*); (c) Schumann: *Am leuchtenden Sommermorgen*, Nr. 12 der *Dichterliebe* op. 48, einleitende Takte des Klaviers.

(a) *Labil.* Im ersten Takt steht ein Quartsextakkord. Er ist die labilste Akkordform, weil man vorab nicht weiß, ob er tonikal (hier: F-Dur mit Quinte c^1 in der Unterstimme) oder dominantisch (hier: C-Dur mit Quartsextvorhalt f^1-a^1) gemeint ist. Unter den Takt nachträglich, »T_5« zu notieren, wäre also akademisch richtig, musikalisch jedoch verengend, weil es das (im Text begründete) Zögerliche und Offene beseitigt. Für mich wäre ein »?« am treffendsten - der Akkord könnte ja auch in ganz *andere* Richtung als F oder C weitergeführt werden.

(b) *Scheinbar gesichert.* Klangwarm tiefes, terzbetontes F-Dur als Tonika, mit expressivem Sextsprung. Nein: F-Dur wird Zwischendominante - nein: Es folgt E-Dur. Daß »F^7« gar nicht F^7 ist, weiß der Interpret - er liest den Ton *dis* -, nicht aber der Hörer - er hört *es*. (Der Akkord ist Dominante zu E-Dur. Theoretische Herleitung: h dis fis a –> dis fis a –> Umkehrung fis a dis –> Tiefalteration von fis: *f* a dis = übermäßiger Sextakkord.) Also ist das F-Dur am Anfang auch und schon Subdominante zu E-Dur (verstanden als Gegenklang - F-Dur - der Mollsubdominante - a-Moll -, oder »neapolitanisch« als tiefalterierte II. Stufe von E-Dur). Die *Introduzione* in F beginnt, alles andere als gefestigt und spannungslos, mit einer Kadenz nach E. (Ein genauer Nachvollzug der ebenso ungewöhnlichen Fortführung T. 3ff. ist lohnend!)

(c) *Anfang als Fortsetzung.* Kadenz nach B-Dur (T. 3), nach Doppeldominante (DD, T. 1) und Dominante (T. 2) als kadenzierendem Quartsextakkord. Die DD in T. 1 ist verminderter Septakkord (<c> e g b des = notiert cis, da in T. 2 zum d geführt) mit tiefalterierter Quinte (*ges* statt g) im Baß. Der »eigentliche« Beginn ist verschwiegen. Am Anfang steht eine Schlußwendung. Es ist, als ob sie sich einblende in ein imaginäre Musik, die *vor* dem Lied liegt, und sie nur kadenzierend zu Ende bringe ...

Die Norm bis und im Barock ist der ungefährdete Anfang, mag er auch unterschiedlich »fertig« wirken. Noch in der Klassik ist die - aber nicht mehr unangefochtene - Regel der gefestigte Beginn: Von unmittelbarer, stabiler Präsenz sind sämtliche Klaviersonaten Mozarts, sein Streichquartett C-Dur KV 465 (»Dissonanzenquartett«) aber ... Die Vorliebe der Romantik gehört dem offenen Beginn; in Schumanns *Kinderszenen* sehe man die *Terzlage* der Stücke 1 und 2 und die *dominantischen* Anfänge von 4, 5, 13. Analoges gilt für die Schlüsse. Sie wirken oft so, als wolle das Stück eigentlich noch weiter klingen. Für die *Kinderszenen* studiere man Nr. 1 (!), 4 (beachte die »Fortführung« in 5!), 12 (!) und 13. Die Verfeinerung und zugleich damit Auflösung der kompositorischen Mittel (farb- statt spannungsbetonter Harmonik, Verschleierung von »Takt« ...); die Neigung zum lyrisch Verweilenden statt dramatisch Gerichteten (vgl. S. 121 die pointierte Entgegensetzung von Brahms und Schubert); die Dominanz des »Poetischen« (als tragender Idee des Lyrischen Klavierstücks); der Hang zur Entgrenzung, zum Wunderbaren und zum Naturhaften, zum (wie in der Literatur) Fragmentarischen als angemessener künstlerischer Ausdrucksform: Von all dem reden in der Romantik auch Anfang und Schluß. Sie werden zu Symbolen ästhetischer Anschauung.

> Aufgaben
> Aus der unendlichen Fülle möglicher Beispiele seien einige herausgegriffen. Jedes Mal lautet die Frage, *wie* (kompositionstechnisch) und *warum* (Funktion, Wirkung) ihre Anfänge sich auf ein »Eigentliches« erst zubewegen:
> 1. In welcher Tonart beginnt Haydns Streichquartett h-Moll op. 33, Nr. 1?
> 2. Beethoven: Streichquartett C-Dur op. 59, 3 (beachte auch das »zweite« Anfangen mit Eintritt des *Allegro* und das definitive, über fünf Takte befestigte C-Dur ab T. 43).
> 3. Schuberts Lied *Daß sie hier gewesen* (beachte den Umschlag in Diatonik T. 13-17 - was besagt er, auch für das ganze Lied?)
> 4. Beethoven: Introduktion zur 4. Symphonie (um ihr Besonderes zu ermessen, halte man den Beginn der 3. - die gebieterisch zur Aufmerksamkeit ruft - und 8. Symphonie - die direkt packend ihr Thema setzt - daneben).
> 5. Ein außerordentlicher Anfang: Mahler: T. 1-62 seiner 1. Symphonie. *Oft* hören, *genau* - auch die Instrumentation! - lesen. Was besagen die metaphorischen (»Naturlaut«) und technischen (»weite Entfernung«) Anweisungen Mahlers?

Satzart

Homophonie war in der Vokalpolyphonie der Renaissance rhetorisch begründete Ausnahme (S. 68). Nach dem Stilumbruch um 1600, mit dem Zurückdrängen der Polyphonie zugunsten klanglich konzipierter Sätze, wird Homophonie zu einem selbstverständlichen satztechnischen Mittel: Die Motetten von Heinrich Schütz in der *Geistlichen Chormusik* (1648) leben von der Entgegensetzung imitierend-polyphoner und deklamierend-homophoner Partien. (Daneben gibt es Zwischenformen, die man - je nach Anteilen - als *linear bewegte Homophonie* oder *klanglich gebundene Polyphonie* kennzeichnen könnte; man studiere den Anfang von *Verleih uns Frieden gnädiglich* sowie die Textstelle »die an ihn glauben« aus *Also hat Gott die Welt geliebt*.)

Das eben Skizzierte ist das generelle sprachliche Muster dieser Motetten. Konsequenz für die Analyse: Sie muß sehen und deuten, *wo* (nicht: *daß*) homophone und polyphone Strecken vorliegen. Der Schlüssel zum Verständnis liegt bei Schütz stets im Text.

> Aufgabe
> Aus Schütz' *Geistlicher Chormusik*: *Die mit Tränen säen*
> Hilfestellung für den Anfang der Motette: Die Kontrastierung von Chromatik (»Tränen«) und Diatonik (»Freude«) ist gekoppelt an die

> Kontrastierung von imitatorischem und akkordischem Satz. Zugleich wechselt die gerade Mensur (¢) zum beschwingten Dreier (*Tripla*), und »Moll« (Dorisch) hellt sich auf nach Dur. Der Textgehalt findet in der Musik sein greifbares Abbild.

Es ist ganz erstaunlich zu sehen, wie sich Homophonie im 19. Jahrhundert mit bestimmten Charakteren verbindet. Man denke an die klangmächtigen oder andächtigen Bläserpartien in der Symphonik Bruckners. Oder an die Klaviersonaten Beethovens: *Adagio cantabile* überschrieben ist der getragene Anfang der Fis-Dur-Sonate op. 78, *molto cantabile, molto espressivo* der homophone Viertakter am Beginn von op. 110, *mit innigster Empfindung* das Variationenthema aus op. 109, *semplice e cantabile* die *Arietta* aus op. 111. Und *innocentemente* (unschuldig) *e cantabile* schreibt Beethoven der letzten Klavier-*Bagatelle* aus den Bagatellen op. 119 vor; äußerlich schlichteste Satzart wird zum Inbegriff lyrischer Erfülltheit und Innigkeit:

> Aufgabe
> Haydn: Streichquartett G-Dur op. 76, Nr. 1, langsamer Satz. Wie stehen die beiden kontrastierenden Ideen des Satzes zueinander? Dreimal kehrt der Anfangsgesang wieder - in welcher Gestalt?

»Polyphoner« Satz, »homophoner« Satz, »Melodie und Begleitung« zu konstatieren, sagt über die Sache selbst wenig aus. Bei der Analyse kommt es offenbar auf drei Aspekte an: 1. Funktion und Bedeutung der Satzarten zu verstehen (statt lediglich das satztechnische Phänomen zu benennen), 2. Zwischen-Situationen genau zu fassen (statt sich simplifizierend auf eine Seite zu schlagen) und 3. solcher Musik gerecht zu werden, die sich tradierten Begriffen entzieht.
1. Die drei musikalischen Personen, die in Mozarts Klaviersonate F-Dur KV 332 nacheinander auftreten, sind satztechnisch differenziert: Melodie mit Begleitfigur, Imitation zwischen Sopran und Baß, simple Parallelität der Stimmen.

Ist es nicht wirklich, als ob drei »Personen« auf einer imaginären Opernbühne »auftreten«? Im Satztypus liegt auch ihr musikalischer Charakter: lyrisches Singen, »gelehrte« Entgegnung, ein hereinplatzender Buffo-Charakter als Scherzando-Typus (s. auch die Anmerkung auf S. 158).

2. Viele Werke Ligetis sind »polyphoner« als alles, was es vorher gab - aber wahrzunehmen ist nicht mehr die Polyphonie, sondern stehend fluktuierender Klang (S. 128). Johann Sebastian Bachs Choräle sind polyphon-kontrapunktische und homophon-harmonische Kunst. Was aber begründet jeweils was (vgl. auch S. 67f.)? Sind sie homophon - in ihrem Klanggerüst -, polyphon - in den Stimmbeziehungen und den harmoniefremden Tönen -, oder beides untrennbar zugleich, oder hier mehr das eine, dort mehr das andere? Die klassische Sonate ist nicht einfach homophones Gegenbild der polyphonen barocken Fuge, sondern hat an beidem Teil, je nach formaler Situation (»polyphone« Durchführungstechnik) und Stellung (»homophone« langsame Sätze).

3. Die Begriffe »Melodie« (übergeordnet) und »Begleitung« (dienend) enthalten eine hierarchische Abstufung. Was fängt man noch an mit solchen Kategorien bei einer Musik, die nichts mehr mit ihr zu schaffen hat? Das wiederkehrende G-Dur-Moll in Manfred Trojahns Klavier-*Berceuse* (1980) fungiert als mittlere Schicht zwischen tiefen Baßschritten und hohem Melodieansatz. Es ist nicht untergeordnete Begleitformel, sondern eigenständiges, gleichrangiges motivisches Signal: *ein Klang als Motiv.*

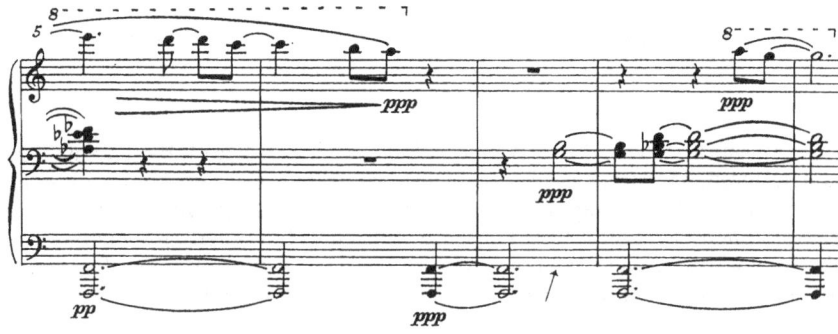

Wolfgang Rihm, *Nachtordnung* (1976): Das zweite dieser *Sieben Bruchstücke für fünfzehn Streicher* ist beherrscht von vielfarbigem Spiel mit der kleinen Terz ges-es. Sie erscheint als Unisono in unterschiedlichsten Rhythmen und

Betonungen, wird verwackelt durch überlagerte Rhythmen, wandert im Tremolo durch die Stimmen, crescendiert heftig als simultanes Intervall, ist gehalten in lang gezogenen Tönen ... In keinem der herkömmlichen Begriffe geht der Satztypus auf. *Klangspiel mit 2 Tönen*.

> Aufgaben
> 1. Schumann: *Erinnerung* (Nr. 28 aus dem *Album für die Jugend*). Beachtenswert die polyphonen Einschläge T. 8 (was passiert dort harmonisch, und was besagt das für die Syntax?) und vor allem T. 11f. Welche Bedeutung haben der Umschlag ins Choralartige (T. 15, 19), das Innehalten (T. 20), das Zerbröckeln des Satzes (T. 14 und 20/21), der merkwürdige Schlußtakt (Floskel im Alt!)? Wie oft erklingt der Melodiezug des Anfangs im Verlauf des Stückes, und was widerfährt ihm satztechnisch und harmonisch; welchen Sinn haben die unterschiedlichen Satzarten, bedenkt man die Widmung des Stückes?
> 2. Chopin: *Nocturne* g-Moll op. 37, 1 für Klavier, Mittelteil. Schon die Notation (wie ein Generalbaßsatz) fällt heraus. Wie sind Charakter und Klanglichkeit zu beschreiben in ihrem Verhältnis zu den umrahmenden Teilen?
> 3. Nicht nur der Satz*typus*, sondern auch die Satz*dichte* prägt Musik: ihre Form, ihren Ausdruck, ihr Maß an Spannung und Gelöstheit. Webern: *Fünf Stücke für Orchester* op. 10 (1913). Unter dem Aspekt der *Satzdichte* (Zahl, Art, Instrumentation = Farbe, Charakter und Ort der Ereignisse) ein vielfach hörender, dann auch lesender Vergleich des dritten und vierten Stückes.

Reichtum

Josquins *Sanctus* (S. 68f.) entsteht, »motivisch« gelesen, aus nur zwei Tongruppen. Beethovens *Trio* aus op. 2, 2 (S. 105) ist aus einem unscheinbaren Terzzug gewonnen. Wolfgang Rihms zweites »Bruchstück« (1976) für Streicher fixiert sich auf eine kleine Terz (S. 136f.). Arvo Pärts Klavierstück *für alina* (1990): 15 Takte »h-Moll« über durchklingendem Orgelpunkt H; in diesen Hallraum hinein eine unendlich ruhige zweistimmige Melodie, schreitend (notiert mit •) und immer sofort ruhend (○); pro Takt erweitert sich das Schreiten, von einem bis zu sieben • (dem zugleich höchsten melodischen Punkt genau in der Mitte des Stückes), und baut sich ebenso gleichmäßig wieder ab. Rigoroseste Einfachheit und Sparsamkeit des Satzes mit einem nie zuvor gehörten Tonfall.

● Dagegen der 1. Satz von Mozarts Klaviersonate D-Dur KV 284 (vgl. die einführende Bemerkung S. 53): Wie viele Ideen breitet die Exposition aus? Zähle ich angemessen, sind es zwölf. Was aber heißt dann noch »erstes«

und »zweites« Thema - hier Idee 7 (!) -, wenn beide innerhalb eines bunten Reigens auftreten, das »zweite« eben noch merkbar an der vorangestellten Pause und der Dominante, und wo überhaupt ist das »erste«? Die verlegene Vokabel »Themengruppe« macht das Problem nur sichtbar, statt es zu lösen. »Sonatensatz« heißt keineswegs überall »Hierarchie« zwischen »Wichtigem« und »Unwichtigem«.

Am Beginn, eine stilistische Eigenheit Mozarts, der ergänzende Kontrast von Linie (Idee 1) und Klang (2). Unisono erneut in den abwärts stürzenden Sechzehnteln T. 7/8 (3). Idee 4: über dem Orgelpunkt (T. 9) wieder zwei singende Oberstimmen. Energischer Tonfall (5) in den modulierenden T. 13-17. Melodie und Begleitstimme in Dezimen (6) für den harmonisch bestätigenden Abschluß. Idee 7 nach der Pause T. 21: Fauxbourdonsatz aus vorhaltsreicher Oberstimme und Terzenbegleitung. 8: die zu T. 13ff. analogen T. 30-34. Idee 9: Stimmengeflecht über Orgelpunkt. 10: bekräftigende Kadenz ab T. 38, in Satzart und Tonfall den T. 13ff. und 30ff. vergleichbar. Und gesondert zu benennen wären noch die Kadenzwendungen ab T. 44 und in den beiden Schlußtakten der Exposition.

Das eigentliche Wunder scheint mir zu sein, daß die Exposition an dieser musikalischen Fülle nicht auseinander bricht[18]. Was hält die vielen kleinen Satzglieder von innen her zusammen? Ich sehe zunächst fünf Momente:

1. Die Hälfte von dem, was hier gesagt wird, wird, wörtlich oder abgewandelt, *zweimal gesagt*. Das schlägt Brücken zwischen den Ideen 4 (T. 9), 6 (T. 17), 7 (T. 22), 9 (T. 34) und 10 (T. 38).

2. Außergewöhnlich häufig sind, mit den Tönen a, d und e, *Orgelpunkte* bzw. *Liegetöne*. Wo überall treten sie auf?

3. Wie die Ideen 5 (T. 13), 8 (T. 30) und 10 (T. 38) aufeinander verweisen, so auch, mit anderem *Ausdrucksbereich*, die Ideen 2 (T. 5), 7 (T. 22) und 9 (T. 34). Gemeinsam sind ihnen lyrische Grundhaltung, Kleingliedrigkeit, Vorhaltsbildungen, liebenswürdige Verbeugung.

---

18 Die Urteile sind hier allerdings durchaus gespalten. Für Glenn Gould (der Mozart-Sonaten nicht mochte und dennoch - oder eben wegen solchen Widerstands - die provokanteste und aufregendste Schallplatteneinspielung vorlegte) war KV 284 die »Lieblingssonate«. Andere Musiker empfinden gerade deren 1. Satz in seinem heterogenen Reichtum, der sich *nicht* zur Einheit zusammenfüge, als problematisch. »Analyse« soll sich dann - und grundsätzlich - nicht zur »Ehrenrettung« zwingen, sondern Probleme beim Namen nennen - *auch* (!) wenn der Komponist Mozart ist und nicht irgendwer.
    Eine schöne Überlegung brachte mein Münchner Kollege Rudi Spring ins Spiel. Er versteht den Satz primär aus dem *Zyklus* heraus und hört ihn als »Ouvertüre«. Anders gesagt: Was im Kopfsatz nur verheißen wird, findet in den Variationen-Charakteren des Finales erst seine Erfüllung: Vom gewichtigen Schlußsatz her erklären sich, nachträglich, die heitere Leichtigkeit und musikalische Charakterfülle des Beginns.
    Der Gedanke läßt sich durch Analogien konkretisieren. Man scheue nicht die Mühe, einige - unterschiedlich »beweiskräftige« - Beispiele nebeneinander zu halten: vgl. (1. Satz) den Trommelbaß T. 4-6 oder den Liegeton d^3 T. 13-16 mit dem repetierten a in Variation X; den harmonischen Gang von T. 14-17 mit jenem in Variation VII, T. 3; den Klaviersatz T. 61ff. mit jenem in Variation VI; oder den Melodiezug T. 97/98 mit dem Auftakt und T. 13 (!) von Variation III.

4. Der *großharmonische Weg* bindet die Gestaltenfülle in drei harmonischen Feldern zusammen (vgl. S. 54f.).
5. Die Exposition ist geprägt durch die Abfolge zweier *rhythmischer Bewegungstypen* (vgl. S. 111f.).

Es gibt Musik - das zeigen die eingangs genannten Beispiele - der Konzentration und Zurücknahme. Sie reduziert ihre Mittel auf das Äußerste; an solcher Selbstbeschränkung, einem *fruchtbaren Widerstand*, findet und entfaltet sie ihre Phantasie. Und es gibt Musik - das zeigt das Beispiel Mozarts - der verschwenderischen Fülle. Sie schenkt immer Neues; auf solchen Reichtum richtet sie ihre Erfindungskraft.

> Aufgabe
> Zwei Werke, die quer stehen zu dem, was man »eigentlich« von den beiden Komponisten erwartet: Man untersuche auf Reichtum oder Beschränkung der Ideen 1. Haydn: Klaviersonate c-Moll Hob. XVI/20, Exposition des 1. Satzes; 2. Mozart: Streichquartett A-Dur, KV 464, Menuett.

Struktur

Der Begriff »Struktur« schließt - außer einem bestimmten satztechnischen Ordnungsgefüge - zwei spezielle Erscheinungen ein: etwas musikalisch Tragendes, dessen Rang sichtbar wird an den Konsequenzen innerhalb eines Werkes, und ein mehr oder minder dichtes Geflecht von Verweisen und Beziehungen. Dem nachzuspüren, ist verlockend: Es gehört zu den instinktiven, aber nicht unproblematischen, analytischen Neigungen, zwischen allem, was musikalisch geschieht, Beziehungen sehen oder herstellen zu wollen. Im Falle von Mozarts D-Dur-Sonatensatz glaube ich jedoch, daß es wirklich einen strukturellen Baustein als Bindeglied gibt (er wäre - nach den oben genannten - ein *sechstes* Moment, das Zusammenhang stiftet): jenen *Quartzug* nämlich, den der erste Takt herausstellt. Er kehrt mehrfach wieder, in unterschiedlichem Kontext, aber doch als »dieselbe« Gestalt identifizierbar:

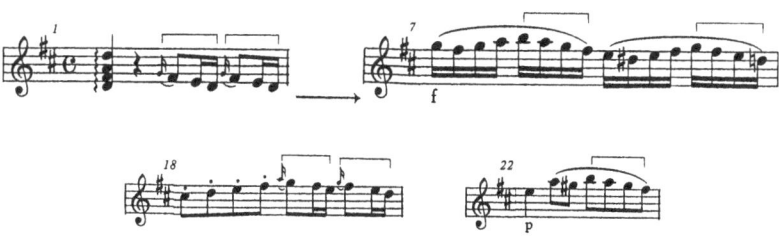

Gleichwohl bleiben eine Einschränkung und ein kaum lösbares Problem:
Die Einschränkung: Ich traue mir keine definitive Antwort zu auf die Frage, ob dieses Detail eine handgreifliche »Konsequenz« des Anfangs ist (der sich damit »auswirken« würde statt für sich selbst zu stehen) und als Strukturmoment wahrnehmbar; oder ob es - gleichsam unterirdisch, nur im Hintergrund - für Einheit sorgt.

Das Problem: Wie weit darf Analyse gehen? Lassen sich die Quartsprünge T. 2/3 darauf beziehen; ist der Quartzug d^1-g^1 im Sopran T. 9/10 (und dann im Alt T. 11/12) eine Umkehrung und Augmentation; lassen sich ebenfalls die Melodieachtel T. 17 (g^2-d^2) und 18 (cis^2-fis^2) darauf zurückführen oder gar der Quartsprung e^2/a^2 in T. 22?

Meine persönliche Skepsis gegen eine analytische Sucht, die alles aufeinander beziehen will, habe ich schon S. 27 formuliert. Das eben angesprochene Problem gilt für jede Musik, die man strukturell untersucht - verstanden als Analyse, die konstruktive Verknüpfungen - innerhalb eines Satzes oder zwischen Sätzen - aufspüren möchte: Wie allumfassend darf das analytische Netz sein, und was sind dafür die musikalisch ausschlaggebenden Momente (vgl. dazu auch S. 216ff.)?

Was der Komponist selbst gedacht haben mag, gibt keine erlösende Antwort. Angenommen, Mozart hätte den Quartzug *bewußt* über den Satz verteilt: Wäre dann der analytische Nachweis wahrer, als wenn Mozart es *unbewußt* getan hätte? Und angenommen, der Quartzug sei von Mozart überhaupt nicht als Strukturmoment gemeint: Wäre dann der analytische Nachweis falsch?

Offenkundig gibt es keine allgemein gültige Richtschnur für die Reichweite struktureller Analysen. In Einzelfall können vielleicht zwei Überlegungen ein wenig helfen:

1. Eine strukturelle Analyse in dem beschriebenen Sinne scheint mancher Musik sozusagen von vornherein *angemessen*, anderer eher fern zu sein. Um es plakativ zu verdeutlichen: Die Musik Anton Weberns gehört zu der ersten, die Musik von Johann Christian Bach zu der zweiten Kategorie. Werke Beethovens sind über »Struktur« zu erreichen, Musik Mozarts, voran die Klavierwerke, im Zweifel weniger; beispielsweise erscheint es mir gewaltsam, in der Klaviersonate G-Dur KV 283, 1. Satz, die *neue* Melodie des Durchführungsteils als Motivverwandlung[19] des Anfangs zu deuten, nur um strukturelle Bezüge zu retten:

---

19 Richard Rosenberg: Die Klaviersonaten Mozarts, Hofheim 1972, S. 46. Seine Analysen (mit der erklärten Absicht, »Bezüge einzufangen, die alles mit allem verbinden«) sind für mich im Ansatz schief, da sie jede Mozart-Sonate betrachten, als habe Beethoven sie geschrieben. Natürlich gibt es auch bei Mozart äußerst beziehungsreiche Werke - es mag genügen, an seine »Haydn-Quartette« zu erinnern -, aber entwickelnde Logik ist nicht vorrangiges Merkmal seines Komponierens.

Vergleichbares gilt für Zeiträume: Für das 20. Jahrhundert, in dem Begriff und Idee von »Struktur« seit den 1950er Jahren dominant wurden, hat solche Analyse ihren Platz, für das 17. Jahrhundert im Zweifel weniger.

2. Greifbarkeit und Evidenz von »Struktur« sind zwar nicht unbedingt entscheidend: Mozarts Quartzug kann ja, wie angedeutet, auch im Verborgenen wirken. Aber ein analytisches Kriterium wäre vermutlich, wie *plausibel* bestimmte Nachweise erscheinen.

Man sollte versuchen, zwischen spezifischen, zwingenden Mitteln und unspezifischen, zufälligen Sachverhalten zu unterschieden. In zahlreichen Werken der Klassik ließen sich melodische Terzzüge aufdecken. Doch was besagt solch ein Fund, wenn er ein Detail der allgemeinen Musiksprache, nicht aber das individuell Prägende des einzelnen Werkes erfaßt? Beethovens Klaviersonate Es-Dur op. 81a (»Les adieux«) dagegen beginnt mit einem Terzzug, dem »Lebewohl«-Motiv:

Dieser Terzzug durchdringt nicht nur die langsame Einleitung, sondern den ganzen ersten Satz (bitte anschauen!). Er *ist* ein Stück musikalische Struktur: individuell-spezifisch eingesetzt.

Wiederholung

Wiederholung in Musik hat drei Aspekte: *formale, inhaltliche, sinnhafte*. Formbildung leistet sie immer; aber die Analyse achtet auf jeweils anderes:

1. Wo Wiederholung *formal wirkt*:
– im Thema. Die Klassik kennt zwei grundsätzliche Möglichkeiten, ein achttaktiges Thema zu formen.

Möglichkeit 1 (der *Satz*): In 2+2 Takten wird - wörtlich, sequenzierend, variiert - zweimal dasselbe gesagt. Die *unmittelbare Wiederholung* begründet, daß der nachfolgende Viertakter weiterführenden, öffnenden Charakter hat: Das bereits *zwei*mal Vorgestellte verlangt nun nach Folgerungen. S. 58: Thema a und b beginnen mit solchem 2+2, Thema c zeigt das Prinzip in kleinerem Maßstab (1+1 plus 2 weiterführende Takte).

Möglichkeit 2 (die *Periode*): In 2+2 Takten wird Unterschiedliches gesagt, und danach kehrt der erste Zweitakter wieder. Die *Wiederkehr* begründet, daß der nachfolgende Viertakter rekapitulierenden, schließenden Charakter hat: Das erneut Vorgestellte balanciert die Taktgruppen aus. S. 110: Das (halb zitierte) Thema der »Jupiter«-Symphonie ist in dieser Weise geformt.
– als (gänzliche oder partielle) *Themenwiederholung*. Beethovens Klaviersonate f-Moll op. 2, 1 beginnt mit einem achttaktigen, dominantisch offenen Thema, Mozarts Klaviersonate B-Dur KV 333 mit einem zehntaktigen, tonikal geschlossenen Thema. Beide setzen fort mit dem Wiederaufgriff des Themas - aber was, wie und wieweit wird wiederholt, und was geschieht damit? (Zur Mozart-Sonate vgl. - *nach* der eigenen Analyse - S. 179).
– als formstützende *Wiederkehr*, wie in Schumanns *Schnitterliedchen* (S. 15).

2. Wie Wiederholung *quantitativ* ausfällt:

Ist ein Stück inhaltlich reich oder arm an Wiederholungen? Beispiel: Im ersten Satz von Mozarts Klaviersonate KV 284 werden fünf Ideen sofort wiederholt (S. 138). In der Fülle seiner Ideen aber ist der Satz ausgesprochen wiederholungsarm; er breitet immer Neues aus.

3. Welche *sinnhafte* Bedeutung der Wiederholung zukommt:

Ist sie »normales« Gestaltungsmittel oder das ausdrücklich Komponierte? Unter diesem Blickwinkel betrachte man noch einmal, von der repetierten Figur her, Beethovens brutales op. 135 (S. 63) und - unvergleichlich anders - Josquins hymnisches *Sanctus* (S. 68f.), den zeitlos großen Klangraum Perotins (S. 170f.), das steigernd sequenzierte »steh auf« bei Heinrich Schütz (S. 95), das um so eindringlicher wirkt, als die Harmonik stehen bleibt.

Für Analyse möchte ich besonders auf diesen letzten Aspekt aufmerksam machen. Wiederholung als *für sich musiktragender* Vorgang ist von außerordentlicher, je nach Sprache und Kontext unterschiedlichster Wirkung: zeitvergessen oft in Schuberts Musik (S. 121), sinnlich betörend bei Debussy (S. 101) ...

Wiederholung als Ereignis gibt es quer durch die Kompositionsgeschichte. Man höre sich den 3. Satz von Igor Strawinskys *Psalmensymphonie* (1930) an, vor allem das beschwörende letzte »Laudate« mit dem über 42 Takte hin tönenden Ostinato von Pauke, Harfe, zwei Klavieren; da der Ostinato es b f b heißt, aber im Dreiertakt notiert ist, verschieben die Töne ihre Taktposition, jeder abstufenden Gewichtung enthoben:

+8va bassa

Das 20. Jahrhundert generell ist bis in die 1970er Jahre hinein wiederholungs*scheu*. Wörtliche Wiederholung, als bloße Verdoppelung von bereits Gesagtem, wurde gemieden zugunsten von Variantenbildung, die - als anderer Zustand - weiterführt: Musik sollte sich entwickeln statt dasselbe zu sagen (exemplarisch sehe man das Beispiel Schönbergs S. 78). Gerade deswegen war die Begegnung mit Minimal music (S. 189) so erregend und geradezu ein Schock, weil sie all das wieder unbekümmert in seine Rechte einsetzte, was einer Neuen Musik nicht mehr möglich schien, oder was sie sich selbst verboten hatte: Einfachheit, metrischen Grund, rhythmische Klarheit, melodisch *klein*schrittige Linien, tonale Bildungen, den schönen Klang, und vor allem: unaufhörliche Repetition. Vermutlich hat Minimal music erst so richtig Auge und Ohr geöffnet für *Wiederholung als das Eigentliche*, und für dadurch *verändertes Zeiterleben*: Wo musikalischer Fortgang ausgesetzt ist zugunsten des Immergleichen, gibt es keinen gerichteten Prozeß, schwindet das Gefühl für die Zeitstufen »vorhin«, »jetzt«, »dann«. Zeit setzt aus. Musik kreist.

In der Vokalpolyphonie des 15. und 16. Jahrhunderts herrscht ein dem 20. Jahrhundert durchaus vergleichbares Ideal (s. S. 96): die *varietas* als Forderung nach immer Neuem. Bis ins kleinste Detail wirkt das hinein. Man singe (nicht nur lesen!) aus Ockeghems *Agnus* (S. 96/97) jene fünf Stellen, wo die Oberstimme zum d^2 geht und zum a^1 hinabsteigt. Die Wiederkehr dieses melodischen Musters schafft ein verknüpfendes Moment innerhalb des Satzes. Doch es bleibt latent. Denn jedesmal wird das d^2 melodisch-rhythmisch anders erreicht (gesprungen oder schrittweise, nach einer ♩, ○ oder ♩ ♪) und verlassen (wie?); variabel sind Gesamtdauer (dreimal ○, zweimal ○·) und Position des d^2; und jedesmal ändert sich überdies durch die zweite Stimme die linear-intervallische Situation.

Weil aber »Wiederholung« verpönt war, konnte sie Besonderes werden: Als absichtsvoller Verstoß gegen die Regel »varietas« wird sie expressiv eindringlich. In Meßkompositionen findet sie sich vorzugsweise bei jenen Textstellen, die selbst schon ausdruckserfüllt sind: bei der Bitte um Erbarmen, beim Lobpreis.

● Im *Sanctus* von Josquins *Missa 'Pange lingua'* schaue man sich das Duo *Pleni sunt coeli* an. Man sollte es möglichst zu zweit *singen*: Erst der leibhaftige Nachvollzug läßt wirklich verstehen, was hier musikalisch vor sich geht. Der Text ist kurz (»pleni sunt coeli et terra gloria tua«), die Musik ist lang (69 Takte!), weil sie, in unermüdlicher Bestätigung, nicht abläßt vom Textgehalt. Allein »terra«, tonlich eng verschlungen vorgetragen, umfaßt 12, »gloria tua«, in steigerndem Nacheinander, dann gemeinsam gesungen, 17 Takte. Am Anfang - hier ein kleiner Ausschnitt -

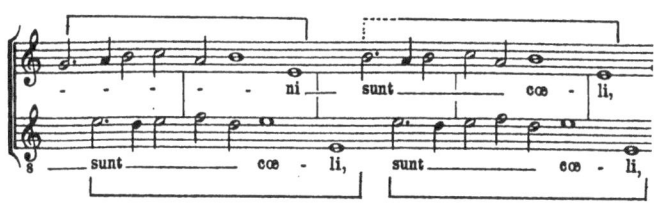

mehrfach »sunt coeli«. Die untere Stimme markiert ihre Oktave, verschmilzt jeweils mit dem e der Oberstimme; und sechsmal fängt sich die Unterstimme in der Tongruppe f d e. Die Reduktion der Linie auf diese drei Töne und ihre melodische Enge gibt erst den fallenden Oktaven ihre großartige Weite. *Rhetorische Intensivierung* leisten Wiederholungen auch bei Orlando di Lasso oder bei Johann Sebastian Bach. Aber besitzen sie dabei auch solch *unverhüllt erregte Hingabe* wie hier?

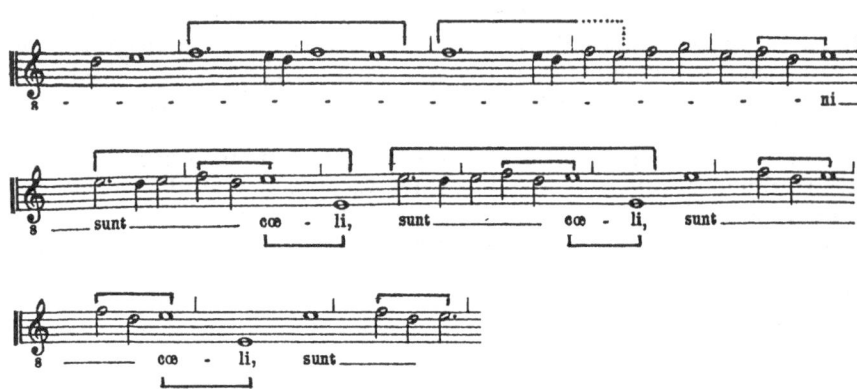

Wer *erleben* möchte, wie unglaublich das Immergleiche sein kann, spiele - nein: nicht Minimal music. Sondern: William Byrd (1543-1623), *The Bells*[20]. Man nehme sich Zeit, spiele das ganze Stück, ohne Pause, mit allen Wiederholungen. Das Werk ist ein magischer Sog. Es zieht Hörer und Spieler immer nachhaltiger in sich hinein; am Ende hat man das Gefühl, selbst in C-Dur mitzuklingen. Der Ausgangspunkt könnte nicht unscheinbarer sein: im Baß die ostinate große Sekunde c-d. Sie erklingt, lang-kurz, 97mal, rhythmisch-melodische Varianten und vorgeschriebene Wiederholungen gar nicht gerechnet. *Was* darüber melodisch geschieht und *wie* es kanonisch oder imitatorisch abläuft, läßt sich nicht in Kürze beschreiben: Das sollte jeder selbst genau nachvollziehen. All das ist um so phantastischer, als durch den Baß c-d die Harmonik als c e g | d f a (Variante : d f h) festgebohrt ist. Man verfolge beispielsweise am Anfang, wie die Musik aus der Tiefe heraus in Bewegung gerät, von Ein- zur Vierstimmigkeit aufblüht, sich melodisch nach und nach Höhe erobert. Der Sopran, der zunächst dem Tenor kanonisch folgt, erweitert sein Tetrachord d^1-g^1 zur Quinte, belebt sie mit Vierteln, erreicht - das erste Achtel tritt ein - c^2, schließlich und endlich g^2; und jede Linie mündet in der C-Terz, die am Ende lange Zeit leuchtend als e^2 herausgestellt ist. Bitte *spielen* oder *singen* - nicht stumm lesen:

---

20 *The Bells* ist enthalten im berühmten *Fitzwilliam Virginal Book*. Dessen Nachdruck (2 Bände, Dover Publications New York) macht die Noten leicht zugänglich (Bd. 1, S. 274).

Man studiere Verweise - mitunter nur minimal abgewandelt - zwischen den Formteilen: Wiederholung der Wiederholung des in sich schon Wiederholten. Abschnitt 7 (acht Takte) wiederholt, variiert, erweitert 4 (sechs Takte), 5 greift, um ein Viertel verschoben, die Achtel von 2 auf, 3 in Umkehrung die Viertel von 1 ... Abschnitt 8 ist, mit Sechzehntelläufen, virtuoser Höhepunkt. Dann, wieder ruhiger, 9; wenigstens dieser Schlußteil sei hier zitiert, mit der Bitte um genaue Bestandsaufnahme:

Harmonisch (mit Wiederholung des Teils: 30 und 28mal!) nur C- und G-Dur; ab Ende von T. 4 die schlußkräftige Baßformel c - g. Jede Melodie im Sopran beginnt mit dem Ton c, T. 6/7 Sopran ausgenommen, der an den Alt T. 2 erinnert. Fließende Übergänge von einer Melodie zur anderen: T. 6: Sopran setzt ein, während die Achtel ihr c^1 finden; das c^1 ist zugleich Anfang der Gegenstimme, die schon in T. 1/2 vorgebildet ist und wiederum vorher schon, in Teil 5 und am Ende von 8, da war. Die Melodien tauschen sich

aus: Dasselbe ertönt von immer woanders her - so T. 6ff.: zweimal Sopran, dann Alt, dann Tenor; gleichzeitig geht die Tenorlinie T. 6 in den Alt T. 7, Sopran - mit Variante - T. 8, Alt T. 9 ...
Man sollte *The Bells* für Ensemble einrichten oder farbiger: vokal-instrumental gemischt, Ausführende getrennt postiert, damit das melodische Wandern *raumhaft* erlebbar wird. Stehend kreiselnde, narkotisierende Musik.

Taktgruppen

● Was soll der vorgeschriebene Leertakt am Schluß des *Scherzo* aus Beethovens Klaviersonate D-Dur op. 28?

Formal äußerlich könnte man sagen, der Leertakt sei geradtaktige Konvention, um nicht mit einem *Dreizehn*takter zu schließen. Oder auch: Man zählt vom Leertakt aus rückwärts, erhält in T. 7 einen ersten Takt: T. 7/8, durch ♫ ♩ in T. 8 überspieltes Ende eines Achttakters, wirken durch die folgende (T. 9/10) Abspaltung zugleich wie der Anfang eines Achttakters. Ich glaube jedoch, daß der Sinn hier nicht in einer geradtaktigen Syntax liegt. Unbeirrt immer wieder nämlich wurde in diesem *Scherzo* vom Anfang her »dasselbe« gesagt. Der Schluß bricht aus. Er löst auf, was insistierend daher gekommen war: durch Reduktion der Kadenz (T. 5-8) auf Dominante-Tonika (T. 9/10, 11/12) und nur Tonika (T. 13), rhythmisch durch *zwei* Viertel (T. 12), *ein* Viertel (T. 13) und - *Null* Viertel (T. 14). Die Musik verschwindet, als *letztmögliche Stufe von Reduktion*, buchstäblich im Nichts.
Ob an Takte gebunden oder nicht: In jeder Musik haben *Größenordnungen* elementaren, Form und Ausdruck mitbestimmenden Rang:
In *nicht taktgebundener* Musik sind *Längenverhältnisse* bedeutsam, als architektonische Proportion oder weil sie für ein wechselndes Maß an flächiger Ruhe oder fortziehender Bewegung sorgen. In Josquins *Ave Maria* S. 23 beobachte man das würdevolle Gleichmaß der Soggetti-Folge: Jedes wird in gleichem

Abstand imitiert (lediglich das dritte »Virgo« setzt einen Takt »zu früh« ein); 10+10+10+9 Takte beanspruchen, je bis zu ihrem Ende, die vier Soggetti; nach 7, 8 und wieder 7 Takten setzt ein neues Soggetto ein ...

In *nicht mehr taktgebundener* Musik können Proportionen in ähnlicher Weise den formalen Bau prägen. Exemplarisch greife ich den ersten Satz von Ligetis Cellokonzert (1966) heraus; seine Taktnotation meint nicht »Takt«, sondern ist bloße Lesehilfe. Zweimal entfaltet sich von *einem* Ton aus chromatisch der Tonraum: zu Beginn vom e, in der Mitte vom b aus (T. 36). Unüberhörbar ist dadurch der Satz in zwei Teile gegliedert. Der erste umfaßt 35 Takte, der zweite - 35 Takte (ihm folgen noch, stummer Nachklang des Gehörten, 7 Pausentakte); und wie am Anfang das gehaltene e 17 Takte hindurch erklang, erklingen am Schluß die sich ausblendenden Haltetöne erneut 17 Takte. (Um jedem Mißverständnis vorzubeugen: Es geht analytisch *nicht* darum, nach *Regel*maß à la Josquin oder Ligeti zu »suchen«. *Daß* das *Ave Maria* und das Cellokonzert so angelegt sind, gehört zum Individuellen dieser beiden Werke. Längen, Größen, Proportionen können sich auch gänzlich anders - auch völlig »un-ordentlich« - darstellen.)

In *taktgebundener* Musik wirkt sich die Ordnung von Taktgruppen - als Träger *musikalischer Sinneinheiten* - auf vier Ebenen aus: 1. *in* einem musikalischen Gedanken, 2. bei der *Aufeinanderfolge* von Gedanken, 3. für die *Gesamtordnung* eines Satzes, 4. als *Relation von Sätzen* innerhalb eines Zyklus.

● 1. Was ist, in der Ordnung ihrer Taktgruppen, besonders an den folgenden Themen? (Alle Themen bitte *selbst* analysieren, und erst danach meine stichwortartigen Kommentare lesen.) Die Themen (a)-(d) sind von Haydn: Menuett der G-Dur-Symphonie Nr. 92, T. 1-12 sowie T. 39-46; Beginn der Klaviersonaten C-Dur Hob. XVI/7 und As-Dur Hob. XVI/43. Thema (e): Schumann: *Fünf Stücke im Volkston* für Violoncello und Klavier op. 102, Anfang des 2. Stückes (Cellostimme). Thema (f): Mozart: Beginn der Symphonie A-Dur KV 201. Thema (g): Schubert: Beginn der »Unvollendeten«.

(c)

(d)

(e)

(f)

(g)

(a) 6+6 Takte; das »forte« dient metrischer Verwirrung. Die Halbsätze beginnen identisch (T. 1/2 = T. 7/8), sind aber konträr gebaut: T. 3/4 sind *innere*, der Nachsatz zeigt *äußere* Erweiterung. »Reguläre« 8 = 4+4 Takte nämlich ergäben sich durch die Beschränkung auf die Takte 1 2 5 (mit Auftakt) 6 ⏐ 7 8 9 10. (Hübsch, daß die Takte 3/4 im Mittelteil des Menuetts thematisch wichtig werden: im Nachhinein also leugnen, daß sie zu Beginn nur ein »Zusatz« waren.)

(b) Äußerlich 8 Takte, aber asymmetrisch als 3+5 angelegt. Der Dreitakter entsteht durch Motiv*verkürzung* (♫ ♩ ♩ → ♫ ♩), so daß sich eine treibende Hemiole ergibt: Die zwei 3/4-Takte T. 2/3 (als 2 x 3 Viertel) schlagen um in einen großen 3/2-Takt (als 3 x 2 Viertel). Der Fünftakter (*spielen!*) wirkt zu lang und hat dadurch einen enormen Zug.

(c) 2+3 Takte. Hier aber, im Unterschied zu (b), entsteht der Dreitakter durch *Dehnung*: Schriebe man T. 4/5 als ♫ ♩ statt ♩ ♩ |♩ , hätte alles seine quadratische Ordnung - und der Reiz der Takte wäre dahin.

(d) Ein *Sechstakter* wie T. 1-6 von Thema (a). Mechanisch ließe sich auch hier T. 5/6 an T. 1/2 flicken. Aber die Abspaltung des Motivs ♫ |♩ ♪ und seine Wiederholung machen das Besondere aus.

(e) Ein Thema als dreiteilige Liedform, drängend aber mit dreimal *sieben* Takten. (Man spiele oder singe eine »regulär« *acht*taktige Fassung, um den charakterlichen Unterschied zu spüren.) Der zweite Siebentakter (T. 8-14) entsteht durch rhythmische Diminution; »eigentlich« müßte der Schluß ♩ ♪ ♩ statt (T. 14) ♫ ♩ heißen. Die umrahmenden Siebentakter entstehen durch *Phrasenverschränkung*: Ihr jeweiliger T. 4 (= T. 1) ist *Schluß*takt, in Terzlage offen, und gleichzeitig *Anfangs*takt eines Viertakters:

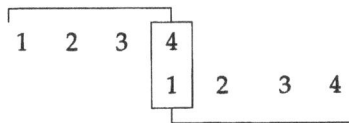

(f) Eine simple Antwort verbietet dieses Thema. Ist es ein Neuntakter aus 7 (Sequenz) + 2 (Kadenz) Takten? Die Notation beim Wort genommen, ist die fallende Oktave T. 1 motivischer *Anfang*: Die Takte gliedern sich dann in 2+2+2+ (gedehnt:) 3 Takte. Bildet aber die Oktave den motivischen *Schluß*, liegt der »eigentliche« Beginn *vor* der Symphonie: Die erste Oktave ist der »zweite« Takt eines unhörbaren Anfangs, und die Takte gliedern sich dann ganz regulär in 2+2+2+2 ...

(g) Äußerlich 8 Takte, als 2+2+1+3 angelegt. Hieße es ab T. 5 ♩ |♩ |♩ |♩ , wäre die Syntax handgreiflich, und dieser Anfang hätte sein Persönlichstes eingebüßt. Denn dadurch, *daß* T. 5, in rhythmischem Rückgriff auf T. 2, »zu schnell« ist, wird das fis wie in Zeitlosigkeit hinein gedehnt. Die Melodie erhält plötzlich perspektivische Tiefe: In dem überlang klingenden Ton scheint sie sich wie ins unendlich Offene zu weiten.

*Gerad*taktigkeit ist das Normale klassisch-romantischer Musik, in sich vergrößernden Wellen als 2+2, 4+4, 8+8. Analytische Aufmerksamkeit verlangen also eben jene Fälle, die davon abweichen: durch *Erweiterung, Verkürzung, Dehnung, Wiederholung, Verschränkung* von Takten oder Motiven, oder indem sie das Gehäuse der Geradtaktigkeit bewahren, sich aber durch irregulären inneren Aufbau davon absetzen.

● 2. Man vergleiche die beiden folgenden Werkausschnitte, den Beginn von Haydns Klaviersonate D-Dur Hob. XVI/51 (zitiert ist hier die Oberstimme) mit den Takten 38-55 aus dem Kopfsatz von Schuberts großer C-Dur-Symphonie: Wie ist die *Größenordnung der aufeinander folgenden* Gedanken und Taktgruppen?

Haydn: Ein ganz erstaunlicher Sonatensatz, der Melodie um Melodie aneinanderreiht, eigentlich: der nicht abläßt von *einer* melodischen Idee und sie immer anders leben läßt: Der bloße Terzzug des Beginns, d^1 e^1 fis^1, wird in T. 11-13 und 15-17 zur auskomponierten Melodie; die Schlußformeln bleiben dieselben (T. 10 = Variante T. 19 /T. 14 = T. 25 = Halbschlüsse, durch Triolen überspielt); eine Variante von T. 14/25 (♩♪♪♪♪♪) trägt noch T. 21 und T. 23 den melodischen Bogen. Alles ist dem melodischen Blühen untergeordnet: Bis auf drei Zwischendominanten (T. 17 nach G, T. 23 nach h, T. 25 nach A als Wechsel der harmonischen Ebene) ist die Harmonik völlig unscheinbar, auf die Hauptfunktionen beschränkt; die Rhythmik bleibt undifferenziert gleichförmig - ab T. 11 laufen (bis T. 44!) in Oberstimme oder Begleitung Triolen durch; alle Phrasen beginnen mit einer Halben und mit dem Ton d (T. 1, 5, 11, 15, 20; 22 erneut, aber innerhalb einer zusammengehörigen Phrase).

Nur gelassen hinströmende Kantabilität also? Nein, *ein* Kunstgriff gibt dem Singen treibende Spannung: Die Taktgruppen der Phrasen werden länger und greifen ineinander (T. 9 = motivische Abspaltung von T. 8, der dadurch zum ersten Takt des Folgenden wird; T. 11 und analog T. 20 sind tonikaler Schluß- und gleichzeitig Anfangstakt). Phrasen*vergrößerung* und Phrasen*verschränkung* bewirken ein »Mehr« und »Weiter«. Abstrakte Zahlen vermitteln nichts von all dem; man muß das gedanklich nachvollziehen, sinnlich aufnehmen, spielend umsetzen:

Takt

1 2 3 4 5 6 7 8 9 10 11 12 13 14 15 16 17 18 19 20 21 22 23 24 25 26

Gruppen

1 2 3 4 | 1 2 3 4

=

          1 2 3 4

=

                  1 2 3 4 | 1 2 3 4 5 6

=

                                    1 2 3 4 5 6 | 1

Schubert: Zweimal *drei* Takte, deren 2+1 (= motivisch abgespalten), dynamisch (ff) und instrumentatorisch (Streicher + Posaunen) verdeutlicht ist. Danach, durch Wegfall des ersten Taktes, zweimal *zwei* Takte (T. 44/45, 46/47). Dann, betont durch das Hochrutschen zum as nach zehntaktiger Dominantfläche: imitatorische Überblendung von ♩ ♪♩ mit *eintaktigem* harmonischen Rhythmus; und schließlich (T. 54/55): Reduktion auf ♩ ♪, melodielos als rhythmischer Impuls, der den *halben* Takt markiert.

Schuberts konsequente *Verkürzung*stechnik - das Gegenteil von Haydns Vergrößerungen - entspricht der formalen Situation. Die zitierten Takte stehen in der Mitte der dreiteiligen Einleitung (T. 1-28, 29-60, 61-77). Am Anfang die solistische Hornmelodie sowie ihre Einbettung in einen akkordischen Satz; am Ende wieder die Melodie, mit neuer Triolenbegleitung der Streicher; und hier in der Mitte wird die Melodie, quasi verarbeitend, in Partikel zerlegt. Ihre *unversehrte Wiederkehr* ist dann melodisch um so eindrücklicher.

Aufgabe
Schubert: 5. Symphonie B-Dur, Mittelteil des Menuetts. Man beachte die motivische Montage von ♩ ♩ |♩ ♫ aus dem *Vorder*satz mit ♩ ♫ |♩. ♫ aus dem *Nach*satz des Menuett-Themas. Was geschieht damit - fast als befände man sich im Durchführungsteil eines Sonatensatzes - bis zur Reprise T. 57?

---

3. *Gesamtordnung* eines Satzes: ● Nachvollzogen sei hier das Rondo-Finale aus Haydns Klaviersonate D-Dur Hob. XVI/37, das mit Köstlichkeiten aufwartet. Dreimal der Refrain, zwei Couplets, und jeder Abschnitt dreiteilig angelegt - Reihung und Formanlage sind mühelos überschaubar. Gerade dies aber macht die musikalischen Pointen auf *anderen* Ebenen um so deutlicher.
Der Ablauf des Satzes:
- Refrain: 8+4+8 Takte.
- Couplet 1, drastischer Kontrast: zum Refrain durch Umschlag nach Moll, in sich durch Wechsel des Satztypus mit f- und p-Gegensatz. Gleich lang wie der Refrain, aber abweichend gruppiert: 8 (sämtlich Zweitakter) plus 6 (nun als 2+4) plus 6 Takte. Der Clou ist die verkürzte (6 statt 8) und abgewandelte Reprise. Sie setzt imitatorisch an,

wiederholt, fern im höchsten Register, das Sechzehntelmotiv - und verstummt,

um mit unschuldiger V-I-Wendung zu schließen.
- Refrain: unveränderte Wiederkehr.
- Couplet 2: 8 plus - nein, eben *nicht* so, wie ein Hörer es nach der Vorgabe von Couplet 1 erwarten mag. Die Überraschung liegt paradoxerweise im absoluten Regelmaß: 8+4+8.
- Refrain: unverän ... Nein. Couplet 2 steht in G-Dur. Der Refrain (D-Dur) läßt auf sich warten. Eingeschoben sind (nur Spieler und Leser wissen die Länge) 13 rückleitende Takte, als 2+2+? Takte. Der vergnüglichste Moment dieses Finale: Die Rückleitung fängt sich in einem repetierten a^1 - dem späteren Auftakt des Refrains -, und kein Hörer kann wissen, wie viele Male das a^1 wiederholt werden wird:

- Nun der Refrain? Ja - aber was für eine triumphale Wiederkehr! Die Wiederholungen sind verbindlich ausgeschrieben: 8 (unverändert) + 8 (nun mit lebhaftem Sechzehntel-Baß), 4 + 8 (mit abgeändertem Sechzehntel-Baß), 4 + 8 wiederholt, und noch zwei angehängte Akkordschläge, die unmißverständlich bekräftigen: Jetzt ist Schluß.

> Aufgabe
> Haydn: Klaviersonate G-Dur Hob. XVI/39, erster Satz: Wie sind die Takte 1-16 gebaut (aufpassen, was am Ende passiert), und wie ist das Gruppierungssystem des ganzen Satzes, wo und mit welcher Wirkung wird es durchbrochen, wie hieße an diesen Stellen eine »reguläre« Fassung?

● 4. Das fünftaktige Thema c auf S. 148 eröffnet Haydns Klaviersonate C-Dur Hob. XVI/7. Wie verhalten sich ihre *Sätze* zueinander? Ich wähle bewußt diese kurze Sonate, denn ein kleines Werk, das man mit einem Blick zusammenschauen kann, macht die grundsätzliche Idee am leichtesten anschaulich: Daß auch ein *Zyklus* durch die Ordnung seiner Sätze charakterisiert ist.
Satzfolge: Allegro moderato - Menuett, Trio - Allegro. Ins Auge sticht das Menuett: zweimal 8 (4+4), motivisch gänzlich analog gebaute Takte. Das Trio, in c-Moll, wirkt musikalisch profilierter; seine Gruppierung in 8+4+8 Takte folgt aber einem überaus häufigen Modell. Üblich bei Haydn sind, gerade im Menuett, unterschiedlichste Störungen des Gleichgewichts. Hier dagegen herrscht ungetrübtes Regelmaß. Das ist, zyklisch gesehen, offenbar Absicht: Die Mitte der Sonate *balanciert die syntaktische Unruhe der Ecksätze aus.*

Raffiniert der Grundriß des ersten Satzes, der seine Proportionen vergrößert: Dem ersten *Fünf*takter (vgl. S. 148 unter c) korrespondiert ein zweiter, der Mittelteil umfaßt *sechs* Takte, und die Reprise

wird mit Phrasenverschränkung zum *Sieben*takter. Das Finale spielt mit Erwartungen. 6 (3+3) zu Beginn,

dann *nicht* erneut 6, sondern 7 als 3 + 4, und der letzte Takt ist zugleich ein erster:

Nach dem Doppelstrich unerwartet (da motivisch analog) eine neue Variante: ein Sechstakter, aber aus 3+4 phrasenverschränkten Takten ...

> Aufgabe
> Vorausgewiesen sei auf Bachs Menuett II S. 190 aus der Cello-Solosuite d-Moll. Es gewinnt seine erregte Motorik durch die *Zerstörung* vorherigen Regelmaßes: Die wechselseitige Bedingtheit von Menuett I und II zeigt schlagend, wie sehr Taktordnungen *zwischen Sätzen* Sinn stiften können.
> Man untersuche zumindest noch die vorangegangene *Sarabande* und halte sie, in zyklischer Perspektive, vergleichend neben das Menuett I; die folgenden Stichworte bitte erst *nach* der eigenen Analyse lesen.

Der gliedernde, aber damit auch beharrende Drei-Achtel-Auftakt nach punktierter Viertel verliert sich im Laufe des Satzes: Nach T. 2, 4, 6, 8 setzt er in T. 10 aus und erscheint nur noch einmal in T. 16. Dadurch gewinnt die Sarabande, die man mechanisch in stete Viertakter teilen *könnte*, ihren treibenden Zug: 8 (2+2) + 4 (2+2) + nun *abweichend* 4 als weiterziehendes 1+1+2 | | 4 in *einem* Bogen + 8 (T. 18 = Sequenz von T. 17; Trugschluß T. 21; T. 21-24 = steigernde Variante von T. 9-12) + 4 (wieder 1+1+2, aber erneut gesteigert: Sechzehntelzug T. 24; chromatischer Baß f-g-gis-a T. 25-27; ♫♫ statt ♫♩; weit ausgreifende, große Schlußgeste). Und nun, nach derart angespanntem Satz, das ungefährdete, absolute Gleichmaß von Menuett I ...

Register

Mozart, 1. Satz der Klaviersonate D-Dur KV 284 (vgl. die einführende Bemerkung S. 53): Fünf zusätzliche Takte sind in die Reprise eingefügt. Vier Takte (118-121) geben den Kadenzen des Epilogs eine weitere hinzu; sie dient der Schlußsteigerung, da ihr Beginn in zwei Takten (118/119) zusammendrängt, was dann noch einmal in vier Takten (122-125) ausgebreitet ist. Und ein zusätzlicher Takt macht, in zauberhafter Dehnung, den ehemaligen Viertakter (T. 22-25) zum Fünftakter (T. 93-97); dieser eine dehnende Takt hat vor allem den Sinn, wieder das *höhere Register* zu erobern:

Musik generell erhält Gliederung, Charakter und bildhafte Farbe durch die Wahl der *Klangräume*: ihre *Identität*, ihre *Kontrastierung*, ihren *Ausgleich*, oder durch *Übergänge* von einem zum anderen Register. (Zumal für *Klangfarbenkompositionen* der 1960er Jahre, die getragen werden von Veränderungen instrumentaler Farben und dem farblichen Wandel von Klängen, sind Einsatz und Anordnung der Register ein zentrales Mittel.) Verschiedene Momente greifen beim Register ineinander: architektonische, charakterliche, metaphorische. Um deutlicher zu sehen, seien diese Momente hier getrennt akzentuiert:

Architektonisch bedeutsam sind in der Vokalpolyphonie der Renaissance der Ort, die Entgegensetzung, das Durchwandern oder die Koppelung der stimmlichen Register. Wie daraus Form und Klang hervorgehen, studiere man noch einmal am Beispiel Josquins S. 70.

Dreimal melodisch gleich, aber im Ausdruck verändert, setzt Schubert das Seitenthema im 1. Satz seiner Klaviersonate A-Dur D 959: zunächst in unauffälliger Mitte (a), im Nachsatz mit darüber gelegter Oktave (b) und schließlich, ausblendend, (c) eine Oktave tiefer; dieselbe Melodie erhält, farbverändert, drei verschiedene *Charaktere*:

Das Sterben aus sich verzehrender Liebe gehört zum Repertoire des Madrigals, dichterisch wie - vorzugsweise im tieferen Register - musikalisch. Typisch dieser Schluß eines Madrigals von Cipriano de Rore (1516-1565); bemerkenswert auch die offene *Quint-* (statt Oktav-)Lage des letzten Akkordes und die ausnotierte Generalpause, für die musikalische Rhetorik ein Abbild des Todes:

Auf anderer Sinnhöhe bewahrt sich dies: im *Credo* von Meßkompositionen, beim »passus et sepultus est« und »judicare vivos et mortuos«. Im ersten Fall kontrastieren gern Begräbnis (dunkle Tiefe) mit der darauf folgenden Auferstehung (hinauf in die Höhe, so im Beethoven-Beispiel S. 107); im zweiten Fall kontrastieren, mit umgekehrter Registerfolge, die Lebenden und die Toten: Der Klangraum hat *metaphorische* Bedeutung. Charakteristisch die Stelle aus Bruckners e-Moll-Messe: im Umschwung vom hohen zum tiefen Register, im Gegeneinander von ff und p, und wiederum in der abbildhaften Pause des Chorparts:

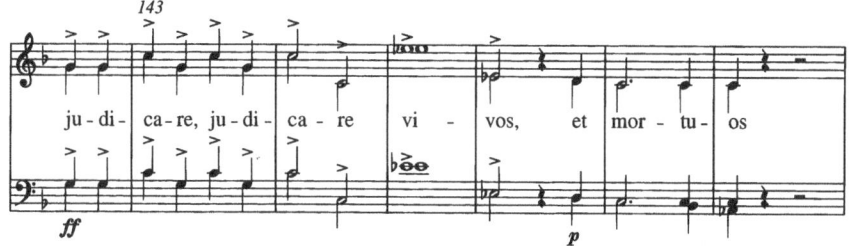

> **Aufgabe**
> Unter dem Aspekt des Registers durchdenke man die Beispiele Beethovens (Aufgabe 3, S. 63 und Beispiel a, S. 117) und Schumanns (S. 84 die Lage des »Mondes«, S. 100 das ferne hohe Register in *Am leuchtenden Sommermorgen*), sowie Schumanns »übergroßes Weh« S. 199: Auch die *Entfernung* musikalischer Ebenen (Melodie-Begleitstimmen; zwei Stimmen zueinander ...) kann etwas aussagen.

Besetzung

»Besetzung« schließt zunächst zwei zusammengehörige Momente ein: *Instrumentation* und die *Semantik* von Instrumentation. Warum eröffnet Schubert seine große C-Dur-Symphonie ausgerechnet mit einem *Horn*solo, wie ist Samiel in Webers *Freischütz* klanglich charakterisiert?

Instrumentation begründet, wechselseitig aufeinander bezogen, *Form* und *Farbe*. Drei Beispiele. In Vivaldis d-Moll Konzert op. 3, 11 (S. 61) markiert der Einsatz von Solo-Cello mit Continuo den Beginn der sequenzierenden Fortspinnung. Das formale Ende des Vordersatzes - dessen Kanon ja prinzipiell immer weiter laufen könnte - ist überdeutlich hörbar gemacht durch den Wechsel von Instrumentalfarbe und Register.

Im Kopfsatz von Schuberts »Unvollendeter« ist das 1. Thema den Holzbläsern, das 2. Thema - Farb- *und* Registerwechsel - den Streichern, Celli und dann Violinen, zugedacht.

Mit einer achttaktigen Periode beginnt Haydns Symphonie G-Dur (»mit dem Paukenschlag«) Nr. 94: viertaktiger Vordersatz mit Halbschluß, viertaktiger Nachsatz mit Ganzschluß. Das 2+2 beider Halbsätze ist durch Farbwechsel nachgezeichnet, durch jeweilige Ergänzung von getragenem Bläser- und gelöstem Streichersatz:

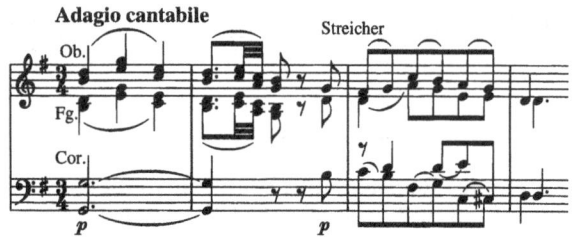

Die Bedeutung von Instrumentation für Formbildung (im Detail wie im Gesamt), für Koloristik und - vor allem auch in der Oper - Atmosphäre, Zeichen- und Bildhaftigkeit liegt auf der Hand. Weniger offensichtlich ist ein anderer Gesichtspunkt: die *imaginäre Besetzung* von Klaviermusik - wo diese nicht »Klavier« meint, sondern mit ihren instrumentalen Mitteln anderes darstellt. Die erste Frage lautet: Wie würde ich diese oder jene Passage besetzen, vokal (Einzelstimmen, Chorsatz, ...) oder instrumental (Streicher, Bläser, Quartett, ...)? Die Antwort ist analytisch aufschlußreich, weil sie *musikalische Charaktere* zu verstehen hilft.

> Aufgabe
> Man überlege sich Lösungen für einige Werke, die schon angesprochen wurden und solche »Besetzungen« nahezulegen scheinen: Mozarts »Siciliano« (S. 10), die Sätze Glanerts (S. 80) und Trojahns (S. 136), die Beethoven-Bagatellen F-Dur (S. 81) und B-Dur (S. 135), oder Schuberts unterschiedlich gesetztes Seitenthema (S. 156).

Die zweite Frage lautet: Was verkörpert ein Klavierstück; steht es für Oper, Kammermusik, Orchester? Zumal Mozarts Klaviermusik läßt sich besser von solchen Vorstellungen her fassen. Oft ist sie *szenisch gedacht*: theatralische Aktionen auf dem Klavier - in der F-Dur-Sonate S. 135f. treten unterschiedliche Bühnenfiguren auf. Kammermusikalisch gedacht, wie ein Klaviertrio[21], scheint die F-Dur-Sonate KV 533: Die Violine beginnt solistisch, das Klavier tritt T. 4 begleitend hinzu, das Cello übernimmt T. 9 das Thema:

---

21 Die schöne Deutung entnehme ich dem musikalisch-gedanklich tiefschürfenden Buch von Jürgen Uhde/Renate Wieland: Denken und Spielen. Studien zu einer Theorie der musikalischen Darstellung, Kassel usw. 1988, S. 384f. Auch Uhde/Wieland verweisen auf das Opernnahe von Mozarts Musik (S. 386ff.) und geben ebenfalls als Beispiel die F-Dur-Sonate KV 322; deren T. 22ff. und 57ff. sehen sie als orchestrale Partien, T. 41ff. (Seitenthema) als Gesangsperson, und T. 71ff. schließlich als Ensemble.

Orchestral gedacht sehe ich persönlich den 1. Satz der Klaviersonate D-Dur KV 284 (vgl. die einführende Bemerkung S. 53). Von allen Klaviersonaten Mozarts scheint mir dieser Satz am wenigsten pianistisch erfunden. Das Oktavpendel T. 4ff. ist ebenso untypisch wie der Trommelbaß T. 9ff., vormals Ausdruck eines überflüssig gewordenen Generalbasses und noch in zahlreichen Symphonien zu Hause. Das Unisono T. 7/8 ist kaum ein originärer Klavierlauf; Mozart nutzt es ähnlich auch in der *Figaro*-Ouvertüre (T. 4f.), noch dazu mit identischem Abschluß der pochenden Baß-Achtel.

Als Klaviersatz merkwürdig sind die schwirrenden Sechzehntel der T. 13ff. und, unangenehm zu greifen, der T. 30ff.; ähnliches gilt für die Terzfolgen der Takte 40 und 43. Die Vierstimmigkeit der T. 34ff. ist für den Spieler nicht gerade bequem. Eine Passage spricht ausdrücklich von *Klavier*musik: die abschließende konzertante Trillerkadenz T. 46ff., typischer Bestandteil einer »Grande Sonate«. Der nachfolgende Takt aber hebt das schon wieder auf; derselbe Gang findet sich beispielsweise in der Finalcoda (T. 170ff.) von Mozarts A-Dur-Symphonie KV 201:

Der Satz ist, so meine These, ein *Particell*. Man meint die Instrumente klingen zu hören: Diese Musik drängt geradezu nach symphonischer Darstellung. Die ungewöhnlich penibel vermerkte Dynamik verweist auf instrumentale Gruppen oder das Tutti und Tutti-Akzente; die vielen durchklingenden Töne - vgl. S. 138 unter 2. - meinen die Pedalwirkung von Blech und Holz; pianistisch Befremdliches wird verständlich als verkappte Orchestermusik.

> Aufgabe
> Wie könnte eine orchestrale Fassung aussehen? Eine denkbare Version habe ich, zum Vergleich, für die ersten 14 Takte erstellt (s. S. 162-163).

Pausen

Augenblicke, in denen Musik aussetzt, sind oft ebenso bedeutsam wie das Erklingende selbst. Anzahl und Stellenwert von Pausen können extrem unterschiedlich sein. In der kargen, angespannten Musik Anton Weberns sind sie den Klangereignissen ebenbürtig. In der durchimitierten Vokalpolyphonie der Renaissance waren Pausen verpönt: Zäsuren zu überspielen, um den Gesang in stetem Fließen zu halten, war kompositorisches Gebot; daß Josquins *Ave Maria* (S. 68) eine Generalpause setzt, ist eben deswegen - als gezielter Verstoß gegen eine anders lautende Regel - von großer Wirkung.

Pausen haben verschiedenste Funktion und Aussage; sie gliedern, irritieren, setzen in der Stille fort, sind witzig, lassen Musik schreckhaft verstummen ... Einige Beispiele möchte ich kommentieren. Die vorangestellten Stichworte meinen nicht eine umstandslos nutzbare Rubrizierung; sie wollen die inhaltliche Vielfalt aufzeigen und für andere Fälle eine jeweils individuelle Analyse anregen.

Rhetorisches Symbol

In Bachs *Johannes-Passion* symbolisieren Pausen, in Gesang und Continuo, den Tod:

Stille als Analogon zum Sterben: Solche bildhafte Gleichung reicht bis in das 16. Jahrhundert zurück, wie das Madrigal de Rores S. 156 zeigt.

Musikalische Reduktion

Der Leertakt in Beethovens Scherzo S. 146 steht für das Nichts: unerbittlich letzte Konsequenz eines Verkürzungsprozesses.

Verschwiegene Musik

● Haydn, Menuett der Symphonie D-Dur Nr. 104: Mit dem 7. Takt des Themas spielt die Reprise. Zweimal diese - überraschend - abgespaltene Figur, erneuter Auftakt, und - Generalpause. Die Stelle ist gleichermaßen komisch (durch den plötzlichen Abgrund, der den Auftakt isoliert und ins Leere plumpsen läßt) wie tiefgründig (verschwiegene Musik: Die zweitaktige Pause füllt sich stumm mit Triller, Auflösung und Auftakt); und sie fährt erneut unerwartet fort, weil der anschließende Triller *zwei* Takte dauert:

Syntaktische Ergänzung

Der zweite Satz von Beethovens Klaviersonate E-Dur op. 14, 1 endet, nach zwei gleichlautenden Viertaktern, mit diesen Takten:

Sie enthalten die nach e-Moll zurückführende Kadenz, in 4 (2+2) plus 3 - nein: plus 4 Takten: Der leere Schlußtakt liefert den noch »fehlenden« vierten Takt.

Dehnung

● 4+4+4+4 läge nahe für das Variationen-Thema Mozarts im Finale seiner Klaviersonate D-Dur KV 284. Eine Irritation jedoch ist eingebaut: Die dritte Gruppe wird zum *Fünf*takter, indem ihr 4. Takt nicht ♩ ♪, sondern ♩ ♪ heißt - und die Reprise durch die Pause hinausschiebt:

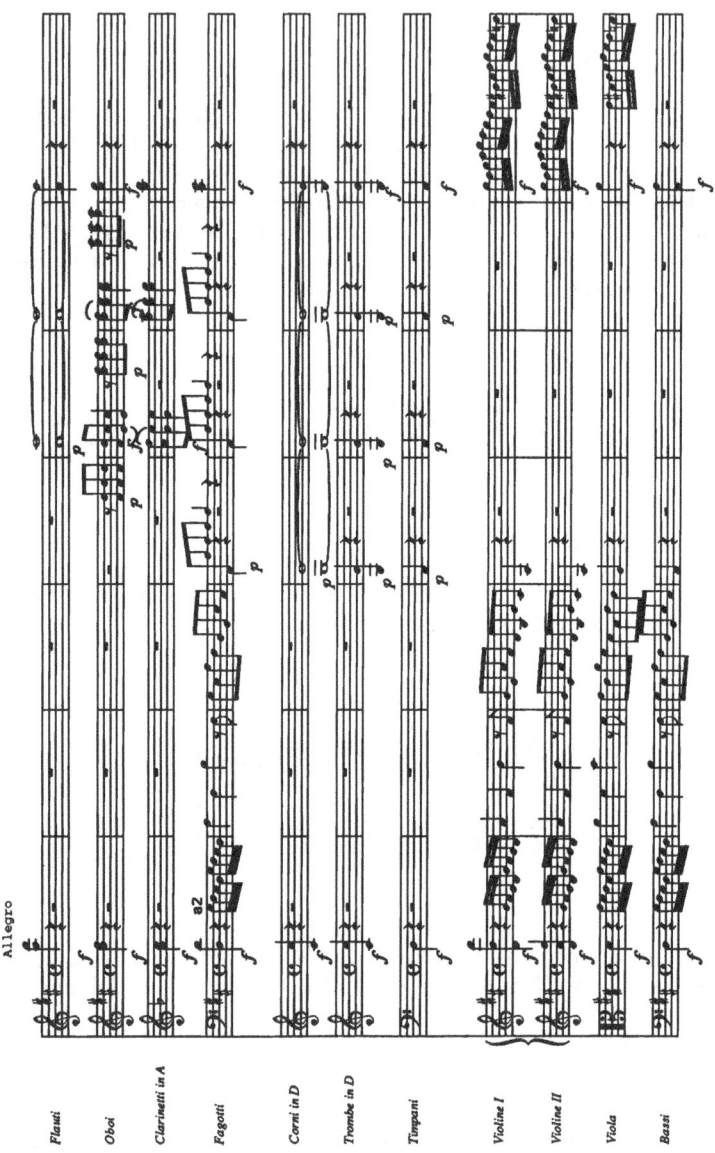

Den nachfolgenden Variationen gibt das überraschende Loch Gelegenheit zu köstlichen Füllungen.

Formales Signal

In der Exposition von Mozarts Klaviersonate D-Dur KV 284, 1. Satz, steht nur eine Generalpause (S. 56). Es gehört zu den Eigenheiten Mozarts, zumal in gedankenreichen Sätzen die Pause als formales Signal zu nutzen, regelmäßig vor dem Seitenthema. Nicht selten bleibt solche Pause für den Hörer die einzige Möglichkeit, den Einsatz eines »zweiten« Themas auszumachen - wenn denn, wie S. 137f. überlegt, diese Begriffe überhaupt noch Sinn machen.

Spannung

● Haydn, Kopfsatz des Streichquartetts G-Dur op. 33, 5: Die Durchführung endet mit einer Partie, in der gespannte Erwartung mit vierfacher Überraschung einhergeht. Pausen als Spannungsmoment:

Überraschung 1: Der Abschluß der ersten Phrase ist - eine Pause. 2: Der Dominantseptakkord in T. 173 bleibt unaufgelöst; er verwandelt sich drei Takte später. 3: Dann (T. 180/181) - der wiederum erwartete Auftakt bleibt fort - zwei volle Pausentakte und plötzlich *voll*taktiger Einsatz. 4: Das Ende der Quintschrittsequenz verklammert Durchführung und Reprise (Harmoniefolge ab T. 176: E - a | D - G, G-Dur aber erst in T. 183); der Reprisenbeginn in T. 182 gehört harmonisch (D-Dur) noch zur Durchführung.

Verwandlung

Schubert, alles andere als ein Komponist der Idylle, ist wohl derjenige, bei dem jähes Verstummen am tiefsinnigsten und auch bestürzendsten wird.

● Man horche hinein in den unglaublichen Schluß des Adagios (As-Dur) seiner Klaviersonate c-Moll (D 958):

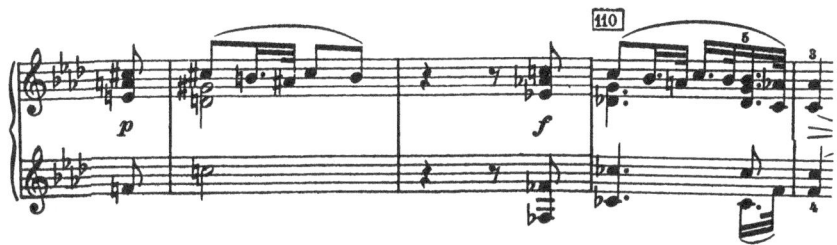

Die erste Geste (vereinfacht notiert als A- statt, unendlich weit fort, Heses-Dur) bleibt Fragment. Atem-anhaltende Pause. Dasselbe plötzlich in As-Dur und zu Ende geführt: *In* der Pause vollzieht sich, unhörbar, eine Wandlung. Theoretisch ließe sich der Vorgang halbwegs rekonstruieren (vgl. die Überlegung S. 88ff.), liest man die Töne des E^7 (e gis h d) enharmonisch als fes as ces d: Das wäre die Doppeldominante von As-Dur, als verminderter Septakkord [b] d f as ces, mit tiefalterierter Quinte (fes statt f) im Baß. Aber solche Rekonstruktion trifft nichts von dem tief Bewegenden und Unfaßbaren der harmonischen Verwandlung.

Anders im *Andante* der großen C-Dur-Symphonie: jene fürchterliche Pause T. 250, in der sich die klangliche Katastrophe entlädt. (Bitte den Satz anhören, erst hinterher - vielleicht - nachlesen.) Die Musik *bricht ab*. Wenn sie dann, zögernd, wieder zu singen anhebt, ist sie eine andere als vorher: Das scheinbar ungefährdet Beschauliche erwies sich als brüchig, man mag ihm nicht mehr rückhaltlos glauben. (Zum Vergleich ziehe man auch das G-Dur-Quartett heran, das S. 88f. unter Aufgabe 1 skizziert ist.)

> Aufgabe
> Welche Bedeutung haben die Pausen in Schuberts Klaviersonate c-Moll D 958, Menuett; Klaviersonate A-Dur D 959, Schlußtakte des ersten Satzes und - vor allem - des Finale (T. 332, 336, 341, 343, 348!); Klaviersonate a-Moll D 537, Finale (T. 163, 172, 181, 184, 193!)?

Klang und Stille

● Man studiere das 7. Stück aus den *Zehn Stücken für Bläserquintett* (1968) von Ligeti. Frappierendes Partiturbild:

Bis einschließlich T. 23 bleibt der chromatische Cluster (g^1 gis^1 a^1 ais^1 h^1) immer er selbst; nur tauschen die Instrumente, wie in T. 5 auf »zwei«, untereinander die Töne aus. T. 30 wechselt zu anderen fünf Tönen (d es e f fis), und mit den Tönen c und cis, die das chromatische Total ergänzen, beginnt der Epilog T. 38; seine lineare Versponnenheit ist äußerster Gegenpol der vorangegangenen Attacken.

Sind in diesem Stück Ligetis die Aktionen oder die Pausen das Primäre? Kurze, schroffste Akzente, die in Generalpausen nachklingen. Ebenso zutreffend läßt sich sagen: Stille, die von heftigen Schlägen durchbrochen wird. Klang und Stille sind gleichen Ranges.

Sprachweisen

● Wodurch ist die Sprache charakterisiert, die Robert Schumann im Vorspiel zu *Die Löwenbraut* (op. 31, Nr. 1) spricht? Dieses Vorspiel verklammert die Ballade formal: Unverändert kehrt es als T. 8-10 wieder sowie als Zwischen- und Nachspiel.

Alles erzählt von längst vergangener Zeit: der »alte« 4/2-Takt mit seinen getragenen Notenwerten; das tiefe Baßregister; nicht-funktionale harmonische Schritte (dem D⁷ in T. 1 folgt c-Moll; tonal verunklarend in T. 2 a¹ gegen as¹); der unperiodische Bau; der feierlich-akkordische Satz, der in Wirklichkeit durchimitiert ist, bis zur Umkehrung von ♩ ♫ im Baß T. 3. Sprachlich Altes beschwört Vergangenheit und Ferne, als musikalische Einstimmung in Ton und Welt der folgenden Ballade.

Inhaltlich verschieden, im Grundsätzlichen aber vergleichbar ist dies anderen Werken, die eine frühere Sprache einsetzen: Haydns Finale S. 45 kontrastiert seine Abschnitte auch durch den Wechsel der Redeweise. Beethoven (S. 83) kleidet das Geheimnis der Menschwerdung in archaisierende Sprache. Seinen »Dankgesang« (S. 91) komponiert er in »der lydischen Tonart«, die der griechischen Ethoslehre als weich und klagend galt. In die Mitte seiner *Berceuse* (S. 136) läßt Manfred Trojahn ein tonales Fragment ein; (die leisen a-Moll-Schläge wirken auf mich wie ein erinnerungshaftes Zitat aus Variation 13 von Beethovens »Diabelli«-Variationen op. 120):

Zum besseren Verständnis: Ab der Zeit um 1600 gibt es das Nebeneinander einer »alten« und »neuen« Sprache; Monteverdi unterschied sie als *prima* und *seconda pratica*, als erste und zweite Kompositionsart. Auch um 1430 bildete sich, mit Beginn der Renaissance, eine »neue« Musik aus. Damals jedoch galt die vorausgegangene Musik ausdrücklich als abgetan und überwunden. Jetzt um 1600 setzt sich zwar ein modernes, klangbetontes Komponieren ab von einem überkommenen, polyphonen - aber läßt es neben sich weiterleben oder greift absichtsvoll darauf zurück, wie Heinrich Schütz in seiner *Geistlichen Chormusik* von 1648 (man lese Schütz' Vorwort, in dem er den alten »Stylo ohne den Bassum Continuum« als die »harte Nuß« eines »guten Contrapuncts« wertet). Die stilistische Spaltung des 17. Jahrhunderts ist der historische Ausgangspunkt für allen späteren Kontrast von »alt« und »neu«.

Wichtig also kann die analytische Frage nach der *sprachlich-stilistischen Orientierung* eines Werkes sein; *worin* (historisch-stilistischer Bezugspunkt), *wo* (Kontext, formale Position), *wie* (Satztechnik) und *warum* (Sinngehalt, Wirkung) es von der Sprache seiner Zeit abweicht.

● Man spiele und analysiere daraufhin den 2. Satz aus Mozarts Violinsonate e-Moll KV 304. Am Anfang das Klavier allein, mit einer 16taktigen Periode, deren Vordersatz zitiert sei:

Auch in der Mitte, dem - in *Dur* abgesetzten - »Trio«, beginnt das Klavier. Wo liegen die *sprachlichen Unterschiede*?

Formbildend für den Satz ist eine barocke Haltung gegen eine klassisch-romantische gestellt: *sprechende* gegen *singende* Musik. Der fallende Tetrachord T. 1-4, später (T. 25ff.) zum Lamentobaß chromatisiert, ist altes Erbe: ein typischer Baßgang des Barock. Die Melodik wirkt arios. Die Harmonik nutzt Fauxbourdon-Technik (vgl. auch S. 46) mit charakteristischen Vorhalten - der alten Syncopatio (S. 65) - vom zweiten zum dritten sowie im sechsten und siebten Takt; zum Vergleich halte man auch die T. 1-4 aus Johann Sebastian Bachs *Menuett I* (S. 190) neben Mozarts Anfangstakte.

Im Mittelteil, fast Schubert-nah, eine andere Welt: lyrisch, liedhaft, flächig. Von großer Intensität der Sprung zum cis^2 in T. 4 - statt (ausprobieren!) melodischer Analogie zu T. 2. Funktional eindeutige Harmonik. Was sonst in *derselben* Sprache geschieht: der *ergänzende Kontrast* von *Charakteren*, leistet hier der Wechsel der Sprechweise: Der Mittelteil wirkt so warm, gelöst, poetisch, weil er sich absetzen kann von der Strenge der Rahmenteile.

> Aufgaben
> Hören und lesen Sie:
> 1. Pergolesi: *Stabat mater*, das zweiteilige Duett »Quis est homo« (Nr. 5).
> 2. Brahms: Sextett-B-Dur, op. 18: Welche Satztypen und Sprachebenen nutzt der 2. Satz?

3. Welche Sprachen spricht Brahms in seinen *Deutschen Volksliedern* für gemischten Chor? Vgl. beispielsweise mit Nummer 8, dem berühmten *In stiller Nacht*, die Nummern 6 (*Ach lieber Herre Jesu Christ*), 7 (*Sankt Raphael*) und 14 (*Der englische Jäger*).

Zeit

Kinder leben, ohne strukturierte Zeitabläufe, im Jetzt. Vergangenheit und Zukunft gibt es für sie nicht. Will man ihnen »Zukunft« verdeutlichen, muß man jenes Ereignis heranziehen, das erfahrbar das ständige »Jetzt« unterbricht: noch dreimal schlafen, dann ... Deswegen wohl lieben Kinder Wiederholungen. Sie haben eine für Erwachsene unfaßbare Lust, dasselbe Spiel zigmal unverändert hintereinander zu spielen, dieselbe Geschichte zigmal unverändert hintereinander zu hören. Und alles ist ihnen heiliger Ernst. Sie erleben mit einer Hingabe, Intensität und Unverstelltheit, von der man lernen kann.

Robert Schumanns *Kinderszenen*: Was eigentlich ist das »Wichtige« an der *Wichtigen Begebenheit*, und könnte *Kind im Einschlummern* nicht auch anders heißen? Gibt es eine hellsichtigere und bewegendere kompositorische Umsetzung als in Schumanns *Die Löwenbraut*[22] für »die Tage Kindheit«? 34 (!) Takte unverändertes rhythmisches Muster (♩ ♩ ♩. ♪|♩ , zusätzlich einige Takte mit Vierteltriolen), zunächst fünf Akkorde, der fünfte zugleich wieder als der erste, selbstvergessen repetiert, gleich darauf in *D-Dur*, dann ... (bitte unbedingt die komplette Partie einsehen, singen, spielen, lesen, erfahren - einige Takte nur geben keinen richtigen Eindruck):

---

[22] Aufmerksam auf diese - schon S. 166 herangezogene - Ballade (op. 31, Nr. 1) macht auch Diether de la Motte in seinem Aufsatz »Die Aufhebung von Zeit in Schuberts endlosen Liedern«. Der Aufsatz steht auf S. 201-211 in dem S. 113, Anm. 16 erwähnten Sammelband.

Eine Quintschrittsequenz höre ich als Fall oder Anstieg von X zu Y, eine Modulation als Hin zu einer neuen Tonart, an einem Expositionsverlauf die Bewegung von einer anfänglichen Tonika zu einer anderen tonale Ebene. Die Harmonik durmolltonaler Musik legt Entfernungen zurück, gradlinig oder kurvenreich, hastig oder in Ruhe. Die *Weg*strecke bedeutet auch durchmessene *Zeit*strecke: In den harmonischen Wegen wird Zeit erlebbar. Musik, die noch nicht oder nicht mehr tonal gebunden ist, oder die tonale Bezüge lockert, oder die harmonisch auf der Stelle tritt, hebt harmonisch gerichtete Zeit auf. Daraus aber resultiert (wie in dem Ausschnitt aus Schumanns Ballade) die Tendenz zu einer *in sich kreisenden* oder *reihenden* Harmonik, und hervor tritt das vertikal *Raumhafte*, anstelle des horizontal Zeitlichen, von Musik (als jener imaginäre Raum, in dem Musik vom Hörer geortet und erlebt wird, im Unterschied - aber zu Teilen in Beziehung - zum tatsächlichen Raum, in dem das Hören stattfindet)[23].

In den mittelalterlichen Organa kontrastieren Abschnitte, die sich, über unendlich scheinendem Orgelpunkt, versunken in oder um denselben Klang drehen, mit anderen, in denen, mit rhythmisch bewegter Unterstimme, Klang auf Klang folgt. Der folgende Ausschnitt aus Perotins vierstimmigem Organum *Sederunt principes* zeigt den ersten Fall. Er dreht sich, über hingezogenem Orgelpunkt, im d-Klang. Die drei Oberstimmen singen immer dieselben melodischen Teilstücke, tauschen sie aber untereinander aus. Man analysiere genau (mit Klammern, Zahlen, Buchstaben markieren) die Kombinationen: immer dasselbe immer anders übereinander. Der Stimmtausch ist *kein* zeitlich gerichteter Vorgang, sondern nur ein *Ortswechsel* im *d-Raum*. Stehender, in sich bewegter Klang. Er strebt nicht auf ein Ziel hin. Wie zeitenthoben ewig wirkt diese in sich kreisende Musik; sie ist von magischer Ausstrahlung[24].

---

23 Anregungen zu diesem Gedankengang verdanke ich zwei lesenswerten Aufsätzen von Helga de la Motte-Haber, die sich mit »Zeit« und »Raum« in Musik beschäftigen: Historische Wandlungen musikalischer Zeitvorstellungen. In: Neue Musik - Quo vadis?, Mainz 1988, S. 53-66; Raum-Zeit als ästhetische Idee der Musik der achtziger Jahre. In: Die Musik der achtziger Jahre. Veröffentlichungen des Instituts für Neue Musik und Musikerziehung Darmstadt, Bd. 31, Mainz 1990, S. 78-87.
24 Zu diesem Organum s. auch S. 194. Lesenswert, zu dem anderen vierstimmigen Organum Perotins, der Aufsatz von Andreas Haug: Musik in der gotischen Kathedrale. Ein Kommentar zu Perotins »Viderunt Omnes«. In: Musik und Bildung 9/10 (1990), S. 504-512.

(Se-) (-derunt)

Eine anders ansetzende Gedankenkette führt zu demselben Resultat. Wiederholung heißt: Es kommt nicht Neues. Dies wiederum heißt: Verzicht auf Folgerungen. Indem Musik, die dasselbe sagt, keine Konsequenzen zieht, hat sie kein Ziel: weil das, was sie sagt, sich schon selbst genügt. Musik, die kein Ziel hat, durchläuft keinen Prozeß oder erzählt keine Geschichte. Wo es beides nicht gibt, erlebe ich keine Richtung: Die Musik klingt zwar weiter, aber steht im Grunde still. Richtungslose Musik zeugt von einem bestimmten *Umgehen mit Zeit* und verändert die *Erfahrung von Zeit*. Perotins Organa beispielsweise haben kein Ziel; sie scheinen das zu besingen, was ihre überwältigende Wirkung ausmacht: Ewigkeit.

Schon öfter wurde hier die abstrakte Gedankenkette an Beispielen lebendig. Josquins *Sanctus* (S. 68f.), erhaben stehende Musik, kreist klanglichmotivisch in sich selbst. Debussys *Sirènes* (S. 101f.) haben melodisch und harmonisch keine Richtung. Minimal music (S. 142f.) lebt wesentlich vom Schwinden eines Zeitgefühls. Schuberts Musik verweilt gern (die Themen S. 76 und 121 lassen nicht los von ihrem rhythmischen Motiv), löst sich auf zu bloßen Zeitpulsen (S. 113) hebt umgekehrt Zeitbewußtsein auf durch Verzicht auf ein Metrum (S. 124).

Ist Schuberts Komponieren nicht weithin ein *Gegenentwurf* zu jenem gerichtet Prozeßhaften, das Beethovens Werke kennzeichnet? Fast hätte ich geschrieben »auszeichnet«. Aber dies latent Wertende könnte sich ungewollt wieder gegen Schubert richten: In seinen Liedern als Genie gefeiert, in seinen Instrumentalwerken ganz spät und zögerlich anerkannt, weil stets gemessen an den (unvergleichlich anderen) Konzeptionen Beethovens. Liegt nicht die tiefste Differenz in den *konträren Zeitstrukturen* beider Komponisten, wobei Schuberts zeitlose Klangmusik so lange im Hintertreffen blieb, wie Beethovens konzentrierte, zwingende, konsequent auf ein logisches Ende zusteuernden Werke als verbindlich und hochrangiger verstanden wurden?

Aufgaben
1. Ergänzend zu der Aufgabe S. 85: Schubert, *Die Stadt*: Wo (formal), wodurch (kompositionstechnisch) und wie (Wirkung) sind in diesem Lied unterschiedliche Zeitebenen und -erfahrungen komponiert?
2. Schubert: Klaviersonate D-Dur op. 53 (D 850), 2. Satz: Was geschieht in den T. 51-84, und wie wirkt sich dies aus auf das Erleben von »Zeit«? Man schaue sich unbedingt auch, im *Scherzo* dieser Sonate, das *Trio* an (spielen, nicht nur lesen!)
3. Schubert: Klaviersonate A-Dur D 959, Durchführungsteil des 1. Satzes. Ein unscheinbares Motiv, eine kleine Auszierung (T. 121) im Seitenthema, wird zur tragenden Idee. »Durchgeführt« ist nichts. Umkreist wird immer dasselbe. Von C-Dur geht es, über nie gestörtem Achtelgrund, nach H-Dur, von H-Dur nach C-Dur *zurück* (!), dann ...

Norm und Verstoß

Das Rondo-Finale aus Mozarts Klaviersonate KV 309 beginnt mit charmantem Refrain; typisch - wie im Thema a auf S. 59 - das graziöse Hinabfallen seiner Melodie. Wie ist dieser Refrain gebaut? (Hilfestellung: Die syntaktischen Muster »Satz« und »Periode« habe ich S. 141f. skizziert.)

16taktige, in sich ruhende Periode. 8 Takte (T. 1-8) Vordersatz mit Halbschluß T. 8, ergänzend 8 Takte (T. 9-16) Nachsatz mit Ganzschluß T. 16. Bis auf die Ornamente T. 10 und 12 und bis auf die - zwangsläufig abgewandelten - T. 15/16 sind die Halbsätze völlig gleich angelegt. Sie gliedern sich in 2+2 (= sequenzierende Wiederholung)+ 4 (= 1+1+2) Takte, sind also in sich als weiterziehender *Satz* gestaltet.

Mozarts Refrain ist demnach eine Periode mit satzartigen Halbsätzen. Leider falsch: Ich habe das Thema nicht korrekt zitiert. Meine Schummelei aber macht sein syntaktisch *Besonderes* verständlich. Im Original nämlich ist der Nachsatz *nicht* »völlig gleich angelegt«. Er umfaßt *elf* statt nur acht Takte. Unerwartet weicht er in T. 13 aus (Melodie identisch, Harmonik verändert - bis hierhin war alles strikt diatonisch!) und wiederholt, phrasenverschränkend (T. 16) = Schluß- *und* Anfangstakt) und melodisch ausgreifend *noch einmal* seine geänderte Version. Hier der tatsächliche Nachsatz (T. 9ff.):

Hört man meine geglättete Fassung und anschließend das Original, muß man einfach lächeln bei Mozarts Version: Ihre geistreichen Umwege werden erst kenntlich an der harmlosen Normalität.

Mozarts Fortführung setzt beim Hörer, um überhaupt als Besonderes wirken zu *können*, die Kenntnis syntaktischer *Norm* voraus. Regeln und Normen bedeuten also nicht, daß ein Kunstwerk sich an ihnen zu messen hätte. Wenn sich der gelehrte Theoretiker Artusi im Jahre 1600 über Regelverstöße in Monteverdis Madrigalen entsetzt, erhebt er das überkommene kontrapunktische System zur verbindlichen Richtschnur. Gerade umgekehrt jedoch werden am Tradierten nur jene kompositorischen Lizenzen bei Monteverdi merkbar, die das Neue seines Komponierens ausmachen: Musik im Dienste der Ausdeutung eines Textes und seiner Affekte (s. die Beispiele S. 98, 102 und 196).

Darin also liegt der Wert einer Norm: Die *sinnerfüllte Abweichung* von ihr schafft spezifische Ausdruckswerte (wie bei Monteverdis »regelwidrigem«

Kontrapunkt), wird zum reizvollen Spiel auch mit Hör-Erwartungen (wie in Mozarts Refrain), erlaubt individuelle Erfindung (Beethoven *beginnt* seine 1. Symphonie mit einem Dominantseptakkord).

Verstöße gegen Regeln, die sich herausgebildet haben, finden sich auf allen musikalischen Ebenen. Der folgende Überblick mag die Orientierung erleichtern; wo möglich, wird auf bereits angesprochene Werke verwiesen.

Form

Sind Folge, Charakter und formaler Bau der Sätze »normal«? Beethovens Klaviersonaten: As-Dur op. 26 verblüfft durch die Satzfolge (nachschauen!); As-Dur op. 110 setzt - entgegen dem, was »Sonate« erwarten läßt - kantabel statt zupackend an; F-Dur op. 10, 2 verwirrt im Kopfsatz formal durch die Scheinreprise (S. 59).

Anfang und Schluß

Wenn stabiles Beginnen und Enden die Regel ist, werden andere Lösungen (S. 131ff.) zu etwas Besonderem: Beethovens oben erwähnter D^7, ausgerechnet in seiner *Ersten* Symphonie, stellt sich provokant-trotzig gegen Normen.

Syntax

Geradtaktigkeit als metrisches Gleichgewicht ist in und seit der Klassik die Regel. Der Hörer erwartet sie deshalb. Störungen der erwarteten Ordnung können verwirren, erschrecken, überraschen, ausdrucksvoll oder witzig sein. Man studiere noch einmal die verschiedenen Beispiele S. 147f.

Auf Überraschungen muß man in Menuetten von Haydn gefaßt sein (s. das Beispiel S. 161). Ihre Norm ist, daß sie - früher oder später - unnormal verlaufen. Sie jonglieren mit den Erwartungen und Erinnerungen des Hörers. Häufiger Typus (Symphonie B-Dur Nr. 102): Ein Menuett setzt syntaktisch regulär an - wiegt den Hörer für kurze Zeit in Sicherheit -, erlebt Einbrüche, und am Ende erst demonstriert die Reprise, wie es am Anfang *hätte* sein können. Zweiter Typus (Symphonie G-Dur Nr. 100): Bleibt der ganze Anfang in ungestörter Ordnung, ist Mißtrauen angebracht: Man kann sicher sein, daß im weiteren Verlauf etwas passieren wird ...

Metrum

Als Teilmoment der Syntax: Seine Normalität heißt »Eindeutigkeit«. Wo es in Konflikt gerät mit »Takt« und »Rhythmus«, können sich poetische Verwischungen einstellen: siehe die Werke von Brahms und Chopin S. 122f., und im *Schnitterliedchen* Schumanns das Spiel mit der metrischen Position der Tonika (S. 15). Und Beachtung verdienen Fälle, bei denen das metrische Gefüge und die Harmonik *nicht* übereinstimmen, wie im Beethoven-Beispiel S. 115.

Harmonik

a) Musik *vor der Durmolltonalität* kennt keine verbindlichen harmonischen Wege: auf einen F-Dur-Klang können quintverwandte (b, C/c), terzverwandte (d, a), sekundbenachbarte (E/e, G/g) Dur- und Mollklänge folgen. Die Frage nach der Norm verschiebt sich damit. Vier Aspekte sind es wohl, die sich analytisch beachten lassen:
— Wenn *Diatonik* die Norm ist (S. 51), fällt ein Satz wie der Psalm 84 von Schütz auf mit seinen vorwärts ziehenden, farbintensiven (C-E, D-Fis) Klangfolgen.

Eine diatonisch »normale« Version ergibt sich, wenn man die Vorzeichen - gis und das erste ais - streicht: Die klangliche Chromatik also erwächst aus der Linie.
— Wenn *Varietas* für Vokalpolyphonie die Norm sind (S. 143), erhalten Wiederholungen intensiven Ausdruck: als Verstoß gegen eine Regel, die musikalische Abwechslung fordert.
— Wenn es die Norm ist, daß *Klauseln* nicht notwendig sind, aber - eingesetzt - gern *verschiedene* Stufen berühren (S. 70), fällt ein Satz wie Josquins *Ave Maria* als Besonderes auf: Er bringt zahlreiche Klauseln, und sie zielen immer wieder auf C (s. S. 24).
— Wenn *polyphoner* Fluß die Norm ist, fallen homophon kontrastierende Partien als Besonderes auf (S. 68).

b) Für *nicht mehr tonale* Musik siehe die Überlegungen S. 77ff.

c) *Durmolltonale* Musik kennt verbindliche harmonische Wege als Normalität des Sprechens, wie: Auflösungszwang (Dominantseptakkord); Progressionen (auf die Dominante folgt keine Subdominante); formelhafte Modelle (die Dominant-Tonika-Folge zwischen Paralleltonarten: D g | F B und zurück; Quintschrittsequenz); für die Syntax (etwa: Ergänzung von Halb- und Ganzschluß). Das Abweichen von solch Üblichem wird zu ausdruckshaft Besonderem:

Wenn Schubert oder Debussy Septakkorde ohne Auflösung einsetzen (S. 76), wird aus dem ehemaligen *Spannungs*klang ein *Farb*klang. Schumann (S. 166) läßt der Dominante D-Dur (noch dazu mit Septime) die Subdominante c-Moll folgen: Seine »vortonale« Musik redet von ferner Zeit. Bach-Choräle, die von einer Molltonika (t) zur parallelen Durtonart (tP) ausweichen, nützen stereotyp deren Dominante (D)-Tonika-Folge (D-t/D zur tP). Daß diese Formel in das

16. Jahrhundert zurückreicht, zeigen zwei Ausschnitte aus den Villanellen (1585) von Luca Marenzio; der erste (hier auch nach g transponiert) zeigt die Klangfolge D-g | F-B, der zweite die rückläufige Version:

Als Abweichung von dieser »regelhaften« Formel gewinnt Schuberts Ruf »Sei mir gegrüßt« (S. 52) ihren melodisch-klanglichen Zauber.

● Was macht den Anfang von Schuberts A-Dur-Ländler (D 366, Nr. 1) besonders?

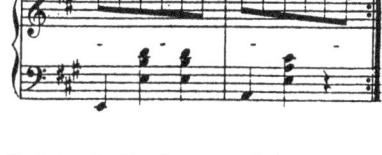

Spiel mit Kadenz und Sequenz. Entweder ist der dritte Takt harmonisch »falsch« oder der fünfte. Im dritten Takt darf man, nach T und S in T. 1/2, die Dominante E-Dur und dann die T erwarten; stattdessen fällt die Harmonik in eine Quintschrittsequenz, als befände sich der Ländler in einem *Mittel*teil. Im fünften Takt darf man dann, in Fortführung der Sequenz, fis-Moll erwarten; stattdessen aber kommt, insistierend *zwei*mal, die Tonika ... (Bitte ausprobieren! Die Melodie erlaubt die eine wie die andere Lösung.)

● Und was passiert, in der syntaktischen Harmonik, am Beginn des Finales von Haydns Symphonie B-Dur Nr. 102? Der Streicherpart lautet:

Vier Takte, Halbschluß in F. Demnach weitere vier Takte mit Ganz ... - eben *nicht*: Sie verirren sich in die völlig deplazierte Tonart A-Dur, kleben also noch einen Viertakter (T. 9-12) an, der sich - mit oben genannter Formel (A d | C F) - herausrappelt in die Dominante F-Dur und sie, mit dem umgekehrten Auftaktmotiv, hastig festklopft ...

Form und Idee

»Form« umschließt vier Aspekte: 1. den formalen *Grundriß* eines Werkes, 2. die *Übergänge* von Formteilen, 3. das *Gesamt* aller musikalischen Ereignisse, 4. die *Idee*, die sich kundtut in einer formalen Konzeption.

1. Woran soll man sich bei der formalen Gliederung halten? Mit dem Mut zur Vereinfachung rate ich, für eine erste Orientierung, zu folgendem Einstieg:

In *vortonaler* Musik achte man darauf, wo etwas *Neues* kommt. Josquins *Ave Maria* (S. 23) setzt T. 31 *zweistimmig* mit einem neuen »Ave« ein (S. 70); dadurch und mit der vorangegangenen Schlußwendung wird T. 1-31 zu einem großen Formteil, der in sich wiederum nacheinander vier neue, wenngleich miteinander verwandte, Soggetti vorträgt.

In *durmolltonaler* Musik achte man darauf, wo etwas *wiederholt* wird oder *wiederkehrt*. In Schumanns *Schnitterliedchen* wird dann, wie S. 15 und 17 skizziert, der Gesamtbau leicht einsichtig.

In *nicht mehr tonaler* Musik achte man auf *Abwandlungen* von etwas bereits Gesagtem: indem Tonfolgen verändert, aber gleich rhythmisiert werden; oder indem Tonfolgen beibehalten, aber anders rhythmisiert werden. Man studiere an den Liedern aus Schönbergs op. 15 noch einmal variative Techniken (S. 78 und 108f.).

2. Analytisch vernachlässigt werden meist Übergänge zwischen Teilen. »Das Thema dieser Klaviersonate Mozarts umfaßt x Takte, hat die und die Syntax, dann kommt ein Teil, der so und so gebaut ist.« Der entscheidende Moment ist schon verpaßt: Statt »dann kommt« müßte gefragt werden »*was* und *wie* kommt?« Die Fortführungen (nicht nur das Thema selbst!) sind bezeichnend: Wie wird ein Anfang fortgeführt - oder auch nicht?

● Ich bleibe beim Beispiel Mozart-Klaviersonate. Der Anfang von sechs ersten Sätzen sei skizziert, um den Reichtum der Möglichkeiten deutlich zu machen. Bitte die Sätze KV 279, 283, 330, 332, 333, 533 selbst anschauen: Was geschieht nach und mit dem Thema?

- *1, 2, 3, 4* (C-Dur KV 279). Kein »Thema« am Anfang: Strömend ineinander gleitende Musik, die alle vier Takte einen neuen Einfall schenkt, melodische Gesten (T. 5-8, 14-16) und verspielte Formeln (Kadenz T. 1ff., 9ff., Schlußformel - s. S. 43 - T. 12ff.)

- *Thema. Überleitung* (G-Dur KV 283). Konventionelle Lösung: Thema mit deutlichem Schlußpunkt. Dann (T. 16) ein nach D-Dur rutschender, nun motorisch-anonym statt melodisch-individuell geprägter Teil. »Konventionell«? Eigentliches passiert *hinterher*: Was geschieht, ohne noch eine Pause, thematisch ab dem neuen Gedanken T. 23, und wie sind die T. 43/44 sowie 45ff. zu verstehen?

- *Themaaaaa* (C-Dur KV 330). Das zieht unaufhörlich weiter. Der Nachsatz T. 5-8 wird ausgeziert wiederholt, von der Wiederholung werden die zwei letzten Takte (11/12) variiert wiederholt, das zweite Mal (15/16) mit vorwärts ziehendem Schlußtakt - und unversehens befindet man sich im Halbschluß.

- *Thema. Thema. Thema* (F-Dur KV 332). Ein Punkt in T. 12; neues Thema (als schon dritte Idee); Punkt in T. 22; neuer schroff kontrastierender Gedanke. Zur szenischen Deutung dieses Anfangs vgl. S. 135f. und die Anmerkung S. 158.

- *Thema. Th...* (B-Dur KV 333). 10taktiges Thema, deutlicher Kadenzabschluß; erneut, eine Oktave tiefer und variiert, der Themenkopf und - figurative Auflösung, modulatorische Kurve Richtung F-Dur (Leitton e in T. 12!).

- *Thema. Them...arbeit* (F-Dur KV 533). Die Themenwiederholung, nun (T. 9) im Baß, bleibt bis zum sechsten Thementakt getreu, das Weitere wird aus dem Thema herausgesponnen und kontrapunktisch verarbeitet: Man beachte den Stimmtausch T. 13/T. 15 oder T. 15-19/T. 23-27 und den imitatorischen Satz T. 33ff.

3. Eine formale Analyse wäre leer, die - losgelöst von den anderen Komponenten eines Werkes - nur von »A« und »B« redete. Musikalische Form ist die *Summe dessen, was sich musikalisch ereignet*.

Harmonik - Melodik - Rhythmus - Anfang und Schluß - Satzart ... Solche hier vollzogene Trennung ist also, von einem ganzheitlichen Werk her gesehen, verfehlt. Gerechtfertigt ist sie allein aus praktischen Erfordernissen: Wer etwas vermitteln möchte, ist gezwungen, Teilmomente für sich zu betrachten, die erst in Abhängigkeit von und im Zusammenwirken mit den anderen Momenten ihren vollen Sinn entfalten: Alles zusammen, was hier in einzelne »Fragen« gesondert werden mußte, macht »Form« aus.

4. Musikalische Form, die äußere Gestalt, hat ihr Gegenstück in der musikalischen Idee, dem inneren Gehalt: Die Idee eines Werkes äußert sich in dessen Form, die jeweilige Form macht die Idee verständlich. Den abstrakten Gedanken möchte ich an drei Beispielen konkretisieren, die mir analytisch brisant zu sein scheinen: an *Zwölftonmusik;* an der *Fuge;* am *Sonatensatz.*

a) Analysen von *Zwölftonmusik* sprechen bevorzugt vom Tonmaterial: von Reihen, Umkehrungen, Transpositionen, Reihenkombinationen, welcher Ton wo warum aus welcher Reihengestalt ... In unsäglicher Fleißarbeit werden Tabellen erstellt und Stücke bis zur letzten Note aufgeschlüsselt. Musik verdorrt zu reihentechnischen Manipulationen.

Auch wenn man inhaltlich einen Schritt weitergeht, bleibt ein Unbehagen. Die Reihe von Anton Weberns *Symphonie* op. 21 ist beziehungsvoll geformt: Ihre Töne 7-12 sind der intervallische Krebs (= rückwärts gelesen) der Töne 1-6. Im 2. Satz, *Variationen,* trägt die Klarinette anfangs das Thema vor; es ist die Reihenumkehrung - f as g fis b a ׀ es e c cis d h - des 1. Satzes. Um die Mitte herum (T. 6) ist das Thema spiegelbildlich gelegt. Die Krebsstruktur der *Reihe* bestimmt die in *allem* (rhythmisch, intervallisch, artikulatorisch, dynamisch) rückläufige Struktur des *Themas:*

Der analytische Nachweis, daß sich hier - wie oft - *Reihen*struktur und *kompositorische* Struktur decken, belegt faszinierend ein musikalisches Denken, das Zusammenhang und Beziehungsfülle will. Aber besagt solcher Nachweis letztlich etwas über Weberns Satz an sich?

Es tut den Werken und ihrer Sehweise nicht gut, das *tatsächlich Erklingende* mit seiner Zwölftönigkeit zu erschlagen. 1938 schrieb Ernst Krenek *Twelve Short Piano-Pieces, written in the Twelve-Tone-Technique,* op. 83, plastische, unterschiedlich bezwingende musikalische Bilder (*Dancing toys, Walking on a stormy day, Bells in the fog* ...). Schade, daß Krenek als »Vorwort« die Reihe mitteilt und noch notiert, welche Reihenform jedem Stück zugrundeliegt. Solche Mitteilung lenkt den Blick auf etwas, worum es doch gar nicht - oder allenfalls als Teilaspekt - gehen kann.

Was und wem nutzt die Kenntnis, daß das achte Stück, *Glass Figures* überschrieben, Umkehrung und Krebs der Reihe einsetzt?

Ein Stück ist nicht schon deswegen gut oder schlecht, weil es und wenn es mit Reihen arbeitet. Eine Reihe selbst begründet nichts, tragen und überzeugen muß, hier nicht anders als sonst, das Komponierte. *Glass Figures ist*, in der Tradition des Lyrischen Klavierstücks der Romantik, ein gewinnendes kleines *Charakterstück*, formal traditionell, motivisch dicht, bildhaft malend. Dreiteilige Liedform, kontrastierender Mittelteil T. 9-13, variierte Reprise. Drei motivische Bausteine: Terzpendel (T. 1), melodische Figur (T. 2), chromatischer Zug (T. 2 Mittelstimme; T. 4, enggeführt T. 5/6). Gläserne Musik: trocken, leise, dünn, klirrend, zerbrechlich.

Analyse flüchte sich nicht in Reihentechnisches. Musiker sollten endlich anfangen, der Zwölftonmusik Normalität zu geben: sie als *Musik* zu nehmen und nachzuvollziehen.

b) Was sagt eine *Fugen*analyse aus, die akribisch alles festhält, Dux, Comes, Kontrapunkt, Durchführung, Zwischenspiel, Satztechniken? Natürlich lohnt sich ein Streit über die Frage, ob in der B-Dur-Fuge (*Wohltemperiertes Klavier* I = WK I) die T. 35-37

eine dritte Durchführung beginnen oder »eigentlich« nicht zählen (»Scheineinsatz«), da sie noch modulieren (von c-Moll nach Es-Dur), oder ob gerade in der merkwürdigen Schwebe der Sinn liegt. Aber erschöpft sich Analyse in der Auflistung von Einsätzen und strittigen Fragen?

»Fuge« ist die geistigste aller musikalischen Äußerungen. Ihr Verstehen sollte sich jedoch deswegen nicht bescheiden mit den abstrakten Ebenen der formalen Gestaltung (»viele, wenige, gar keine Zwischenspiele«) und kontrapunktischer Techniken (»mit, ohne Engführung«). Gestalt und Sinn sind auch in der Fuge komplementäre Sachverhalte. Fuge stellt sich, nicht anders als Sonate, je individuell dar. Beachtung verlangen der Thement*y*pus, der Fugen*charakter* und, im Ganzen, die jeweilige *Idee*.

Typologisch grundverschieden sind, durch Bewegungsmaß und Linienführung, die folgenden Themen aus dem WK II, würdevoll getragen im alten Ricercar-Stil, fließend, tänzerisch, virtuos:

Vom Thema her ist der Satzcharakter geprägt: pathetische Fuge (a-Moll, WK II), Ricercar-Fuge (s. das Beispiel S. 92), Tanzfuge (das eben zitierte cis-Moll-Thema)[25]. Klangpracht einer Französischen Ouvertüre (D-Dur, WK I),

---

25 Die drei Begriffe folgen dem lesenswerten Aufsatz von Stefan Kunze: Gattungen der Fuge in Bachs Wohltemperiertem Klavier. In: Bach-Interpretationen, hrsg. von Martin Geck, Göttingen 1969, S. 74-93. Strikte Trennungen freilich wären gewaltsam: Das »Ricercar« cis-Moll (I. Band) hat auch »Pathos«. Die Einteilung soll hier also nicht Schemata vorgeben, sondern analytisch anregen.

konzertanter Glanz (das eben zitierte G-Dur-Thema), graziöser Charme (f-Moll, Wk II; beachte die Position und Funktion des Zwischenspiels T. 17ff. im Verlauf des Satzes) ...
- Fällt etwas auf an diesem Fugenbeginn (WK II)?

Ich habe mich früher stets in der Tonart vertan: Die Fuge steht in D-, *nicht* in G-Dur ... Liegt nicht darin eine besondere Idee des Satzes, der unermüdlich sein Thema darbietet, aber durch das tonale Hineingleiten Gelöstheit schafft?

Der Disput mag anregend sein, ob die F-Dur-Fuge (WK I) zweiteilig (je 36 Takte: T. 1-36, T. 37-72) oder dreiteilig angelegt ist (T. 37-56 = Mittelteil). Ich persönlich meine allerdings, daß solche Fragestellung die *eigentliche* Idee dieser Fuge verdeckt: Denn die T. 56ff. sind nicht »Teil« von etwas, sondern »Ziel« des Satzes, der vorher - ungebührlich oft - sein Thema immerzu präsentiert hatte. Wie oft tritt das Thema auf? Bitte erst selbst nachprüfen, dann weiterlesen. Bis T. 56 erscheint es, außergewöhnlich dicht hintereinander, 13mal (sogar zweimal nacheinander ab T. 36 enggeführt) - und dann überhaupt nicht mehr, nur noch angedeutet in der Oberstimme T. 65/66 und im Tenor T. 66/67. Der ganze Schluß T. 56-72 ist *große motorische Fläche*: als ausgedehntes Spiel, das vorher zwischen den gedrängten Themeneinsätzen kaum zum Zuge kam. Auf *diese* Freiheit, als *in sich steigernder* Formverlauf, *zielt* diese Fuge.

Ein drittes Beispiel für eine individuelle Fugen-Idee. In der oben zitierten G-Dur-Fuge (WK II) steht die Länge des Themas in seltsamem Widerspruch zur Kürze der Fuge (72 Takte). Nur zwei Durchführungen (wo beginnt die zweite?), und noch ein Themenzitat am Schluß. Hat Bach eine Chance verschenkt?[26] Eine ungewöhnliche Überlegung sei zur Diskussion gestellt: Kaum etwas an dieser Fuge ist wirklich »Fuge«. Gebrochener Dreiklang, sequenzierte Septakkorde, zwei Skalen: Als *Fugen*thema ist dieser akkordische, rhythmisch profillose Anfang eine Zumutung, aber es ließe sich daraus, mit Wiederholungen von Takten und eingefügten Pausen, ein mitreißender Anfang für ein (Orgel-)Praeludium machen. Ab T. 46 rutscht der Satz konsequent in die Tiefe, als wolle er schon zum Ende kommen; die Satz*art* läßt, wie schon in den T. 23ff., eher an Praeludium, Toccata oder Konzert als an Fuge denken. Der - dann unerwartete - virtuose 32tel-Lauf am Ende gehört zur musikalischen Welt von Praeludium und Fantasie, und die schöne Melodie am Schluß - kann man noch Fugen»thema« sagen? -

---

[26] Die Deutung Hermann Kellers - er spricht von einem »scherzhaft aufzufassenden Mißverhältnis« - leuchtet mir nicht ein. Was daran wäre humoristisch? (H. Keller: Das Wohltemperierte Klavier von J.S. Bach, Kassel ²1981, S. 162.)

macht vollends vergessen, in welcher Art von Musik man sich eigentlich zu befinden hätte.

In dem erwähnten Widerspruch *zeigt sich* gerade die Idee. Eine Fuge sollte zwischen Thema und Ausdehnung und Verarbeitung Proportionen wahren. Diese Fuge *will* aber gar nicht »Fuge« sein. Sie baut Fugenhaftes *ab* (drei Einsätze, zwei Einsätze, nach langer Zeit eine Melodie). Sie redet von anderen Sprachen in halbwegs fugiertem Gewand.

> Aufgabe
> Verlockt es jemanden, unter den hier angeregten Aspekten zwei Fugen nebeneinander zu stellen: die in E (WK I) und A (WK II), da beide dreistimmig und sich im Satzbild ähnlich sind?

c) Die Versuchung, fest gezimmerten Erwartungen zu folgen, ist wohl bei einem *Sonatensatz* am größten: da sein - von Beethoven abgezogenes - Modell, durch ungezählte Lehrbücher im Bewußtsein verankert, schnell für »die« Sonate schlechthin gehalten wird. Dabei ist das Modell schon für Beethoven selbst angreifbar, von anderen Komponisten gar nicht zu reden (vgl. - um nur zwei zu nennen - zu Mozart S. 56, S. 137f. und 140, Anm. 19, zu Haydn die »Melodie-Sonate« S. 150). Denn der Gedankengang von S. 41 - Beethoven hat 32 verschiedene Klaviersonaten geschrieben, die sich aber in formalen Schnittpunkten treffen - läßt sich natürlich auch umkehren: Beethoven hat 32 verschiedene Formideen komponiert, die sich aber im Schnittpunkt Sonate treffen.

Beispielhaft an drei Lehrsätzen sei angedeutet, wo vermeintlich Feststehendes erschüttert werden kann: wo also die jeweilige Werkidee bestimmte formale Konsequenzen hat.

Lehrsatz 1: Haupt- und Seitenthema kontrastieren charakterlich: Energisch ist der Anfangsgedanke, lyrisch der Seitengedanke.

Nein. Im Kopfsatz von Beethovens Klaviersonate e-Moll op. 90 ist das *Seiten*thema, noch dazu in der »falschen« Tonart h-Moll, von großer erregter Anspannung. (Man studiere auch die S. 135 angeführten »Cantabile«-Beispiele!)

Lehrsatz 2: Der Sonatensatz (Beethovens) ist dualistisch angelegt, als wesenhafter und harmonischer Konflikt *zweier* Themen.

Nein. Der Kopfsatz von Beethovens 8. Symphonie hat *drei* gleichrangige Themen (das zweite erscheint bereits T. 38, aber erst T. 46 in der regulären Tonart C-Dur).

Als Gegengewicht zu ihrer harmonischen Unruhe und ihren teilweise durchführungsartigen Zügen hat dadurch die Exposition eine ausbalancierte Architektur: *37* Takte bis zum ersten Auftreten des zweiten Themas + 32 Takte bis zum Beginn der Schlußgruppe mit dem dritten Thema + 34 Takte bis zum Ende der Exposition.

Lehrsatz 3: Im Durchführungsteil wird der Konflikt der Exposition ausgetragen, in Form thematisch-motivischer Arbeit.

Nein. Der Kopfsatz von Beethovens Klaviersonate G-Dur op. 79 »arbeitet« nicht. Sein Durchführungsteil ist harmonisch-metrisches Spiel mit dem Terzmotiv des ersten Themas: in E- und C-Dur, dann c-Moll und Es-Dur, schließlich - als gleichzeitige Rückleitung zur Reprise - in D-Dur. Worin liegt jeweils in den äußerlich ungestörten Achttaktern die metrische Störung? Von »Arbeit« aber keine Spur: Die Durchführung ist *harmonisch* bestimmt.

STÜCKE, DIE NICHTS HERGEBEN

Es gibt Musik, die (zunächst) ratlos macht oder vor der man ratlos steht. Die Schwierigkeit kann also beim Werk oder beim Betrachter liegen. Entweder gibt sich ein Werk so schlicht oder »nichts-sagend«, daß es analytisch nichts zu offenbaren scheint; oder der Betrachter muß eingestehen, daß er für seinen Teil keinen Ansatz oder auch Zugang findet.

Nun gibt es in der Tat Stücke, die nicht viel mehr nahelegen als wenige Anmerkungen. ● Felix Mendelssohn Bartholdys viertes *Lied ohne Worte* (op. 19, Nr. 4): dreiteilige Liedform im *choral*artigen Satz, dessen Anfangsmelodie anklingt im *figurativen* Vor- und Nachspiel. »Bemerkenswert« allenfalls - außer dem Einsatz der pochenden Achtel T. 13 - zwei metrische Eigenheiten: daß wie auf »eins« wirkt, was auf »drei« beginnt (T. 5); und daß die Reprise T. 21 nicht mehr 4+4 Takte vorträgt, sondern zu *fünf* Takten gedehnt mit dem Nachspielbeginn verschränkt ist. Ein klangvolles, lyrisches Stück; man tut ihm aber kein ästhetisches Unrecht an, wenn man seine (analytische) Ergiebigkeit für begrenzt hält: Es ist nicht Aufgabe von Analyse, bescheidene Musik ganz toll zu finden oder - zu machen.

Es gibt auch Werke, die sich einem analytischen Zugriff im Kern verweigern. Läßt sich über das *Klavierstück Nr. 6, Bagatellen* (1977/78) von Wolfgang Rihm viel mehr sagen, als daß es in jeder Dimension des Satzes ein mittleres Niveau ausspart? Die folgenden Anmerkungen, rein quantitativ doch »viel«, sind nichts anderes als ein Nachweis der *einen* Beobachtung von der »ausgesparten Mitte«: Die Bewegungsform des Stückes ist, ungeachtet der musikalischen Erregungen, durchweg statisch; zerbrechliche Einstimmigkeit steht neben massiven Tonballungen; dynamisch (bis zu ppppp und sffffz) regieren die äußersten Ränder; die rhythmische Struktur wechselt unvermittelt zwischen Klangrepetitionen, Akzenten, Trillerflächen, huschenden oder nervösen Figurationen, unendlich ruhigem Schreiten; tonale Einsprengsel klingen wie von weit her inmitten anderer Klangwelten; Stille, bis zu fünf Takten Generalpause, tritt plötzlich ein, Aktionen abrupt wieder dagegen gesetzt; es dominieren die höchsten und tiefsten Register des Klaviers, für sich oder simultan zusammengespannt. Musik der Extreme und extremen Kontraste, die im Äußersten das Äußerste an Ausdruck sucht.

Und es gibt Werke - sie sind hier vor allem gemeint -, bei denen einem nichts auf- oder einfallen will. Sie verlangen darum nach besonderen Ideen, weil man mit vorgegebenen Mustern nicht weiterkommt. Verlangt ist freilich nicht, nur lange genug auf einen Notentext zu starren, um etwas zu »finden«. Verlangt aber ist, daß man nicht zu flüchtig schauen soll: Die Kehrseite eines analytischen »zu viel« (S. 29) ist ein »zu wenig«, das einen oberflächlichen Kontakt schon für alles hält.

● Das erste Stück aus Robert Schumanns *Album für die Jugend* trägt den Titel *Melodie*:

Die Form ist, äußerlich unkompliziert, dreiteilig: T. 1-4; Mittelteil T. 5-8; veränderte Reprise T. 9-12; sie schließt die zwei Anfangstakte (T. 1/2) zusammen mit den zwei abgewandelten Schlußtakten (T. 7/8) des Mittelteils, nun aber, klanglicher Höhepunkt, mit dem a² als Subdominante. Mittelteil und Reprise werden noch einmal angefügt.

Syntaktisch, melodisch und harmonisch setzt sich der Mittelteil ab. Gegenüber dem ruhigen 2+2 vorher und nachher hat er fortziehend 1+1+2 Takte; schön der Anschluß: T. 5 sequenziert den Terzzug von T. 4. Die Syntax ermöglicht, melodisch intensivierend, das *zwei*malige Ansetzen um eine Terz höher (T. 6: f², T. 7: a²); am Beginn geschieht das nur einmal, von e² (T. 1) zum g² (T. 3); und der Einsatz T. 11 ist eben deswegen so herausgehoben: weil er die bisherige »Überterzung« der Phrasen sprengt. Zusätzlich stehen hier (T. 5, 6, 7) die <>. Auf dem Klavier sind sie im Grunde nicht realisierbar. Doch wichtig sind das Suggestive und der intendierte Sinn einer Notation: Der Interpret denkt und spielt anders, wenn ihm <> ein »Singen« auf dem Instrument abverlangt. Harmonisch ist der Mittelteil, im Anschluß wiederum an T. 4, bis zum vierten Takt eine auskomponierte Dominante, »sichtbar« auch an dem Liegeton g^1, der schon anfangs wie ein Band hervortritt.

Die Melodie setzt nicht mit dem bestimmten Grundton ein, sondern, als beginne sie mittendrin, mit der *Terz*. Und immerzu, in allen Vierteln, *fällt* sie sanft *hinab*: Die Anspannung liegt *zwischen*, nicht *in* den Phrasen.

Zusammen mag dies ein passables analytisches Ergebnis bieten. In einem gewissen Sinne aber bleibt es unbefriedigend, weil es nur genau nachzuzeichnen sucht, was hier musikalisch vor sich geht. Etwas »Eigentliches« fehlt. Aber was wäre das?

Ich persönlich glaube, daß dieses Stückchen eine heimliche Pointe besitzt, die mit alledem gar nichts zu schaffen hat. Verwunderlich nämlich ist die - eigentlich »unnötige« - *Zwei*stimmigkeit T. 4 und 11 sowie die Imitation T. 8. Sie hätten durch andere Stimmführung leicht umgangen werden können. Zudem ist die Unterstimme nicht eine normale Alberti-Begleitung. Sie hat melodische Qualität. Man singe sich diese Linie vor -

sie liegt, in T. 5/6 wie im Stimmtausch mit der Oberstimme, dem Mittelteil zugrunde. Vergleichbares geschieht in den Anfangstakten (vgl. T. 1 oben/unten mit T. 3 unten/oben sowie T. 3 oben mit T. 4 unten). Vielleicht geht es zu weit, Schumanns *Melodie* ein imaginäres Terzett zu nennen. Zumindest aber untertreibt Schumanns Titel: Er müßte eigentlich, im Plural, »Melodien« lauten.

Aufgabe
Trällerliedchen (Nr. 3) aus dem *Album für die Jugend*. Beachtung verdient vor allem eine Variante im Mittelteil und analog, als habe sie es davon gelernt, in der Reprise.

Zwei allgemeine Grundsätze bestätigen sich an Schumanns *Melodie*:

1. Je weniger in einer Musik geschieht, desto größere Bedeutung und Aufmerksamkeit verlangen Details. Der Hörer, der sich auf ein niedriges Ereignisniveau einstellt, wird um so hellhöriger für Nuancen, Feinheiten, Unscheinbares. Denn sein Hören ist entlastet - und gleichzeitig wacher -, weil es nur wenige und sparsame Vorgänge aufnehmen muß. Ähnlich schärfer sieht dann auch der Leser.

Die *Minimal music* seit den 1960er Jahren macht sich genau das zunutze, indem sie das Ohr auf *einen* Vorgang ausrichtet: das Erlebnis *kaum merklicher Veränderungen* inmitten unaufhörlich anmutender, metrisch durchpulster Wiederholungen. *Piano Phase* (1967) von Steve Reich gibt dem ersten Spieler ein Modell (*pattern*) vor,

in das sich der zweite Spieler einblendet. Spieler 1 bleibt, im Tempo konstant, bei diesem pattern, Spieler 2 beschleunigt von Mal zu Mal unmerklich so, daß sich das pattern jeweils um ein Sechzehntel nach vorne verschiebt. Da das Modell 12 Sechzehntel umfaßt, erreicht er nach der 11. Verschiebung wieder das Unisono mit Spieler 1 - und ein zweiter, neuer Vorgang hebt an. Konstanter metrischer Puls und behutsam ineinandergleitende Veränderungen: Musik zwischen Stillstand und Bewegung.

2. Für Analyse ist eine Unterscheidung zwischen »einfacher« und »komplizierter« Musik fast unmöglich. Ist Schumanns *Melodie* wirklich leichter in den Griff zu bekommen als eine Bagatelle Anton Weberns? Die Stücke sind nur *anders*. Große Musik, ob sie sich ein schlichtes Aussehen oder vertrackte Strukturen gibt, ist immer eine Herausforderung: Sie ist immer »schwer«.

Gibt es etwas Leichteres als *Ein Choral* (Nr. 4) aus Schumann *Album für die Jugend*? Ein Klavierpädagoge sagte mir einmal, dieser Choral sei eine Übung Schumanns für »gebundenes« Spiel. Die Bemerkung war für mich ebenso überraschend wie einleuchtend. Aber vernachlässigt solche Reduktion auf ein spieltechnisches Problem nicht alles *musikalisch* Wesentliche? Die zentrale Frage dürfte sein: Ist Schumanns Choral, gemessen an historischen Vorbildern, ein »authentischer« Choral? Und wenn er es *nicht* ist: Wofür steht dann »Choral«? Der Versuch einer Antwort macht dies »leichte« Stück zu einer ebenso schweren wie aufregenden analytischen Aufgabe.

Lesenswert in diesem Zusammenhang ist der Aufsatz von Peter Rummenhöller: Die »vierstimmige Choralgeschicklichkeit«. Bemerkungen zur Harmonik Mendelssohns. In: Musica 1/1985, S. 18-25.

Johann Sebastian Bachs solistische Suitensätze sind eine abstraktere, weniger anschauliche Kunst; bei ihr kann ein *Betrachter* leicht in Verlegenheit kommen.

● Als Beispiel genommen seien Menuett I und II aus der Suite d-Moll für Cello solo. Was an ihnen gibt es zu beobachten, und was macht sie wesenhaft aus?

Menuet I da capo

Verwirrend am Menuett I ist etwas, das *keine* Rätsel aufgibt: Alles ist normal, ohne Komplikationen, fast plakativ regelmäßig. Der zweite Teil ist doppelt so lang wie der erste; er nimmt auf der Rückkehr zur Tonika den Umweg über die Durparallele F-Dur (T. 16). In T. 20 wird noch die Subdominante g-Moll berührt. Die zusätzliche Station dient harmonisch offenbar dem syntaktischen Bau des Menuetts: So ist es aus steten Viertaktgruppen gefügt. Sie bestehen immer aus 2+2, die nirgends gestört werden, jeweils einen harmonisch klaren Schlußtakt haben und einen rhythmisch-motivisch fixierten Anfangstakt: Die letzte Gruppe (T. 21) ausgenommen, beginnt jeder Viertakter mit ♩ ♩, in T. 9 mit dem Ornament ♫ .

Erwähnenswert ein Unterschied in den ersten acht Takten. Den T. 1–4 liegt ein Fauxbourdon (S. 46) zugrunde:

Das b in T. 2 ist also eine Syncopatio (S. 65) im Fauxbourdon, nicht Septime eines C⁷ wie dann in T. 6. Die motivische Analogie T. 1-2/5-6 ließ auch eine harmonische erwarten, die aber verweigert wird: Einer alten, kontrapunktischen Sprechweise (T. 1-4) tritt eine neue, harmonisch-funktionale (T. 5-8) entgegen. Davon abgesehen, geschieht harmonisch nichts Ungewöhnliches.

Was also soll man an diesem Menuett eigentlich »analysieren«?

Ich gestehe, nur einen speziellen Aspekt zu sehen: das variative Spiel mit wenigen rhythmischen Figuren und ihren Zuordnungen. Außer ♩ ♩ (a) gibt es ♫♫♩ (b) und ♩ ♩ ♫ (c). Anderes kann als deren Varianten gelesen werden: ♫♫♫♫ als b', ♩ ♩ ♩ und ♩ ♫♫♫ als c' und c''. Die ersten vier Takte sind rhythmisch a b c b'. Wie geht es weiter? Tip: Rhythmen aller Viertakter *untereinander* aufschreiben.

Jeweils die Viertakter: Konstant bleiben ihr erster und zweiter Takt, als a (Ausnahme, wie erwähnt, T. 21) und b (Ausnahme b' T. 10, in rhythmischer Korrespondenz zu T. 12). Der dritte Takt wechselt zwischen c, c' und c'' (Ausnahme, Signal des Schlusses, T. 23). Der vierte Takt hat, außerhalb seiner zwei ♩. -Ruhepunkte, immer b'. Stabiler Anfang, variabler dritter Takt, und ein treibender Schluß (♫♫♫♫), der in die nächste Viertaktgruppe hineinzieht. Kunst rhythmischer Differenzierung: Alles ist rhythmisch dasselbe und doch, in der Zuordnung und durch kleine Lizenzen, jedes Mal anders. Ein einziges Mal nur kehrt die Folge von T. 1-4 wieder, in T. 17-20: als *rhythmische* Reprise.

Richtig *begreiflich* aber, glaube ich, wird das geradezu demonstrative Gleichmaß dieses Satzes erst im Zusammenhang mit dem Alternativ-Menuett. Melodisch konkret und mehrstimmig ist das Moll-Menuett, melodisch ungreifbar und einstimmig das Dur-Menuett. *Weil* Menuett I so glatt läuft, erhält Menuett II seine um so sprengendere Kraft. Die - zunächst irritierende - Normalität von I *ist* das musikalisch Wesentliche, da sie Folie wird für die Zerstörung von II - und umgekehrt. Die Sätze erklären und steigern sich gegenseitig in Charakter und Wirkung.

Mit 8+16 Takten ist Menuett II gleich lang; apartes Detail: Das Ornament ♫♫ (I: T. 9) kehrt hier in T. 7 wieder. T. 9 beginnt motivisch in Umkehrung von T. 1 - und danach ist der Satz nicht mehr zu halten. T. 1-8 weisen noch 4+4 Takte auf (wobei T. 4 die in T. 5/6 weitergeführten Achtel vorbereitet), der zweite Teil hält sich gerade noch für vier Takte an solche Ordnung (T. 9-12). Gliedernde und beruhigende Kadenzen wie in I gibt es bis zum Schluß nicht mehr (das h-Moll T. 16 wird in T. 15 ohne deutliche Kadenzschritte angesteuert und in T. 16 motorisch überspielt), die losgelassenen Achtel treiben unaufhaltsam weiter, überraschend durchbrochen von den Viertelsprüngen T. 18, nun zur verminderten Septime über zwei Oktaven gestreckt, und dann das Viertel-cis T. 21 wie eine Notbremse des ungehemmten Freilaufs.

Natürlich wäre es denkbar, den zweiten Teil mechanisch als 4+8(4+4)+4 zu beschreiben. Aber wäre es musikalisch angemessen? T. 12 wirkt, stärker als T. 4, wegen der *weiter*laufenden Achtel wie ein »erster« statt ein »vierter« Takt. T. 18, vormals ein zweiter Takt (T. 2, 10), scheint jetzt eingesprengt *ohne* Taktbewußtsein. Und daß T. 21, flüchtigste Reprise, motivisch T. 1 entspricht, geht fast unter. Man müßte also eher 4 -> +5+1+3+ (damit verschränkt) 4 notieren; oder besser 4 (3?) + ? + ? (4?). Die Schwierigkeit des Aufschreibens ist nur Zeichen für die Verwirrung im Musikalischen. Der zweite Teil wird motorisch einfach überrollt. (Analyse und Interpretation: Das muß ein Cellist dann auch *spielen* - und nicht gemütliche Achtelgänge.)

Ein letzter Gedanke, als mögliche Hilfe für das eigene Analysieren. Das Besondere scheint mir zu sein, daß hier, in *zwei* Sätze auseinandergelegt, *nacheinander* passiert, was in Bachs Suiten gern innerhalb eines Satzes vor sich geht: der Kontrast zwischen *prägnant Motivischem* und *aufgelöst Motorischem*. Die *Gigue* aus der Cello-Suite d-Moll beginnt mit einem musikalisch konkreten »Ich«:

Die Sechzehntel von T. 3 aber, zunächst bloße Auszierung, sind schon der Vorschein einer Bewegung, die sich immer mehr durchsetzt. Die Anfangsidee kehrt, das ist ganz normal, nach dem Doppelstrich wieder, ist aber dann, bis auf ein viermaliges rhythmisches Fragment ♩ ♪ (T. 40, 48, 52, 56), vergessen. Was noch in den linear ungestümen Schlußtakten erinnert sich an das »Ich« vom Anfang?

Im Laufe eine Suitensatzes verliert sich bei Bach oft motivisch *Gestalthaftes* zugunsten soghafter *Energie*. Der reale Tanz tritt zurück: Pure Bewegung schlägt in ihren Bann.

Aufgabe
Bach: Suiten für Cello solo:
1. Suite Es-Dur, Bourrée I im Vergleich zu Bourrée II (!) und für sich betrachtet. Am Anfang 2+2 Takte - wie ist im Weiteren die Taktgruppierung? Welche rhythmischen Muster gibt es? Beachte die Plazierung der ♫♫ und rhythmisch T. 34 sowie T. 42/43. Wo gibt es - vgl. z.B. T. 27/28 mit 45/46 - formstützende Korrespondenzen?
2. Suite c-Moll, Gavotte I. Beachte - im Kontext des gesamten Stückes und im Vergleich zur Ausgangsidee - die T. 26ff.
3. Suite d-Moll, Sarabande (= Aufgabe von S. 154f.).

SPRACHVERTONUNGEN

Sprache hat eigenes Wesen, eigene Struktur, eigene Geschichte. Ihr Zusammengehen mit Musik verdoppelt die analytische Herausforderung. Weit verbreitet ist der Irrglaube, wortgebundene Musik sei »leichter« zu analysieren: weil man sich am Wort festhalten könne, während rein Instrumentales zunächst keinen Ansatzpunkt biete. Analyse wortgebundener Musik ist jedoch ebenso schwierig wo nicht anspruchsvoller, sucht sie mehr als die bloße Feststellung »Reimschema a b a b« oder Wort-Ton-Entsprechungen. Denn sprachliche *und* musikalische Ebene wollen gleichermaßen gewürdigt sein: Dominiert das eine oder andere oder stützen sie einander gleichgewichtig; spiegeln sich Art (Prosa; Poesie; Prosa in rhythmisierter Zeilenform), Form (Strophen, Vers, Metrum, Reimordnung), Aussage und Charakter des Sprechens in der Vertonung - oder bildet die Musik eine eigene oder sogar widersprüchliche Schicht; gibt es bemerkenswerte Stellen musikalischer Ausdeutung; beläßt der Komponist die Vorlage oder greift er (mit welcher Absicht?) in sie ein?

Auf knappem Raum »Sprache mit Musik« abhandeln zu wollen, wäre verwegen; zudem gibt es zahlreiche spezielle Literatur[27]. *Einen* faszinierenden Aspekt aber möchte ich, aus meiner persönlichen Sicht, zu umreißen versuchen: *Wie kann Musik auf Sprache reagieren?* Die folgenden Schlaglichter möchten etwas vermitteln von der Fülle inhaltlicher und gestalterischer Möglichkeiten, und sie möchten anregen zu eigenen analytischen Streifzügen.

Sprachlos

Zerstört wird Gregorianik in den *mehr*stimmigen Partien der mittelalterlichen Organa. Perotins Organum *Sederunt principes* (S. 170f.) beruht auf der gleichnamigen Gregorianischen Melodie. Ihr Anfangston, enorm lang gedehnt, trägt die sich verschlingenden Oberstimmen, ihre Anfangssilbe »Se-« gibt den zu singenden Vokal vor. Sprache und Melodie werden erst wieder wahrnehmbar, wenn später der Chor *einstimmig*, in unversehrter Gregorianik, fortfährt. Vorher aber: *sprachlos schwingender Klang*, versunken im Erleben mehrstimmiger Musik. Der Text ist reduziert auf seine vokale Farbe: Er ist selbst Klang.

---

27 Hingewiesen sei auf drei Bücher: Dichtung und Musik. Kaleidoskop ihrer Beziehungen, hrsg. von Günter Schnitzler, Stuttgart 1979. - Chormusik und Analyse (vgl. die Angaben auf S. 7). - Beziehungszauber. Musik in der modernen Dichtung, hrsg. von Carl Dahlhaus und Norbert Miller, München und Wien 1988 (= Dichtung und Sprache. Bd. 7. Deutsche Akademie für Sprache und Dichtung Darmstadt).

Musik weiß mehr

Am Tongeschlecht haften bestimmte Charaktere: das unbeschwerte Dur, das verhangene Moll. Schubert setzt Dur und Moll besonders hintergründig ein - bis dahin, daß Dur, schrecklich im Ausdruck, wie ein potenziertes Moll wirkt (etwa im Lied *Ihr Bild* bei »und ach! ich kann es nicht glauben!«).
»Grün«, im 13. Lied der *Schönen Müllerin* noch als Farbe der Hoffnung besungen, ist die Farbe des Jägers, dem sich die Müllerstochter zuwendet. Der Müllersbursche singt von der »lieben« und gleich darauf von der »bösen« Farbe. Die Musik weiß, daß er lügt: Das erste Lied steht, verquer zugeordnet, in h-*Moll* (weicht aber auch nach Dur aus), das zweite steht in H-*Dur* (endet aber in Moll). In *Mut*, dem vorletzten Lied der *Winterreise*, ist der Text von banaler Fröhlichkeit (»sing ich hell und munter«, »lustig in die Welt hinein«). Die Musik weiß, daß sich der Sänger etwas vormacht. Anfang, Mitte und Ende a-Moll, dazwischen A-, E- und C-Dur. Das demonstrativ »richtig« zugeordnete Dur klingt abgeschmackt; es wirkt darin bedrückender als ein zutreffendes Moll.

Das Unsagbare

Wo Sprache nur noch stammeln könnte, um Unfaßbares zu fassen, entfaltet nach romantischem Verständnis Musik ihr tiefstes Vermögen. Nur noch reine, begrifflose Musik kann das märchenhafte Sprechen der Natur wiedergeben, die sich dem Menschen zuwendet: Schumanns Lied *Am leuchtenden Sommermorgen* (S. 93, 100f., 102, 132f.) überträgt dem Sänger und den Worten den nackten Bericht. Das poetisch Ergreifende gehört den Tönen: Die *Musik* spricht und singt das Unsagbare.

Musiksprachen

Von zwei Gesellen, die in die Welt aufbrechen, erzählt Joseph Eichendorffs Gedicht *Frühlingsfahrt*. Schroff trennen sich ihre Lebenswege. Der erste findet Sicherheit, der zweite verliert sich in irrealen Welten. Die Gesellen stehen für extreme Möglichkeiten und Spannungen menschlichen Seins. Das Bürgerliche gegen das Romantische: eine geborgene, aber begrenzte Normalität gegen das lockende, aber verzehrende Wunderbare.
In welcher Musiksprache faßt der Komponist solche - scheinbar unüberbrückbaren - Gegenbilder von Bescheidung und (hier trügerischer?) Sehnsucht nach Entgrenzung?
● Schumann, *Romanzen und Balladen* op. 45, Nr. 2: Die beiden schmissigen Eingangsstrophen bleiben - anfangs wärmer im Ton, mit neuen Achtelrepetitionen - erhalten beim ersten Gesellen (3. Strophe); *drei*mal dasselbe in gesicherter Kadenzharmonik, für ihn ändert sich nichts. Beim zweiten aber, dem doppelt so viel Raum gewährt ist? Durchgehende Achtelunruhe, zehnmal bohrt sich, nicht *weiter* geführt, das Gesellenmotiv ♩ |♩ ♫ ♩ ♫ |♩

fest, nach Orgelpunkt hinabgezogen in die Tiefe, darüber ... Und wie gibt sich die (von ♩♩ fast gelöste) Schlußstrophe, die nicht urteilt?

Der Text als Herrscher

Daß der Text gegenüber der Musik Vorrang habe, bringt den Stilwandel um 1600 auf die kürzeste Formel. Die Wiedergabe des Textaffektes rechtfertigt kompositorische Lizenzen: Monteverdis regelwidrige Dissonanzbehandlung (S. 98, 102) bricht gültiges Regelwerk, um ausdruckshaft wahr statt kontrapunktisch schön zu schreiben. Mit »Weh mir« beginnt das Madrigal *Ohimè se tanto amate* aus Monteverdis IV. Madrigalbuch. Intensivierender Zuruf tiefer und hoher Stimmen, steigernde Sequenz mit klangerfülltem Aufeinandertreffen von D- und B-Dur, und frei eintretende Dissonanzpaare (↑): Musik, dem Wort zugewandt, setzt seinen Affekt um.

Aus gleichem Geiste

● Stammen die folgenden Zitate aus einem Instrumental- oder Vokalwerk?

Das Gegenstück zur Vokalisierung des Instrumentalen ist eine Instrumentalisierung des Vokalen (S. 93): durch ausgreifende Intervalle und Sprünge, beibehaltende Richtung (a) oder unruhiges Hin und Her (b, T. 1), bewegliche Rhythmik. Die drei Zitate entstammen dem 7. Lied aus Schönbergs *George-Liedern* op. 15 (1908/09). Spontan würde man wohl, der engeren Linie wegen, (c) der Gesangstimme, (a) und (b) dem Instrument zuordnen. Das Gegenteil stimmt:

(a)
mei - ne Wor - te sich in Seuf - zer deh - nen;

(b)
daß mein La - ger Trä - - - nen schwem - men,

(c)

Schönberg gruppiert Georges sieben Zeilen als 3+3+1 dem Lied zu: Es ist
- durch Taktart, Temporeduktion, musikalische Satzart - dreiteilig (6+7+6
Takte). Die Musik ist prosaisch frei; doch spiegelt sie hörbar die lyrische
Zeilenstruktur mit ihren ostinat eindringlichen e-Reimen.

be - klem - men deh - nen Seh - nen keh - re schwem-men weh - re be-geh - re

Übermäßiger Dreiklang, Quartenakkord, chromatischer Zug: Elemente der
Vertonung. Sie durchdringen Klavier- und Gesangspart gleichermaßen. Und
beide treffen in ihrem angespannten Ausdruck den leidenschaftlichen, sti-
lisierten Ton der George-Lyrik, deren erlesene poetische Chiffren sich einer
handgreiflichen Auflösung widersetzen. Stimme und Instrument und Musik und Sprache sind aus gleichem Geiste.

Das Gemeinte

Musik kann sinnlich erfahrbar machen, was der Text im Innersten meint.
»Meine Ruh ist hin, mein Herz ist schwer; ich finde sie nimmer und nim-
mermehr.« Dreimal kehren, wie in Goethes Gedicht, diese Zeilen in Schuberts *Gretchen am Spinnrade* wieder, in 4 + (durch steigernde Wiederholung
des »ich finde«) 5 Takten. Am Ende, abweichend von Goethes Gedicht, setzt
Schubert ein viertes Mal den Refrain - aber nur noch den Viertakter, die
Fortsetzung bleibt aus. Elementarer konnte Unrast nicht versinnlicht wer-

den. Das Lied hat keinen »Schluß«. Es kreiselt, nur äußerlich im letzten Takt (*Terzlage!*) angehalten, im Grunde immerwährend fort.

Das zweite *Lied der Braut* aus Schumanns Zyklus *Myrthen* op. 25 ist zurückgenommen zu schlichter Homophonie. Am Ende noch einmal die Bitte »laß mich ihm am Busen hangen«, dann ein viertaktiges, motivisch zart durchwirktes Nachspiel:

Das ist normal, gewohnt, erwartet. Nur hat Schumann es so nicht komponiert, sondern–?

Bilder

Textbilder finden Musikbilder - auf unterschiedlichste Weise: in Madrigalismen (S. 95), harmonisch abgebildeter Distanz (Schumann, S. 84f.), Schweigen (Bach S. 160), Satzweisen (Schumann S. 166). Grell gezeichnet ist der Hahnenschrei in Schuberts *Frühlingstraum* (Nr. 11 der *Winterreise*) - mit drei Leittönen zieht der gepreßte erste Klang in den zweiten -,

und das »übergroße Weh« aus Schumanns *Hör ich das Liedchen klingen* (Nr. 10 der *Dichterliebe* op. 48) ist gespiegelt in dem »übergroßen«, da abnorm auseinander gezogenen Klaviersatz:

Sich ändernder Ton

»Es war, als hätt' der Himmel die Erde still geküßt«. Naturbilder Eichendorffs sind von sanfter Schönheit. Aber geneigte Täler, Waldesrauschen, singende Lerchen und goldene Sterne bedeuten keine sentimentale Verklärung. Eichendorff malt nicht naiv. Seine lyrische Welt ist doppelbödig. Die poetischen Bilder enthalten dämonische Züge: Der Zauber der Natur hat auch sein Unheimliches, und an ihrem in sich ruhend Schönen wird zugleich die eigene Gefährdung bewußt. Kehrseite andächtiger Versenkung ist bei Eichendorff das ahnungsvolle Schaudern.

Mit jauchzendem Schwung hebt *Frische Fahrt* an: »Laue Luft kommt blau geflossen, / Frühling, Frühling soll es sein«; aber unaufhaltsam treibt sie hinein in einen Strudel, der ins ungewiß Offene zieht: »Fahre zu! Ich mag nicht fragen, / wo die Fahrt zu Ende geht.« Das *Nachtlied* beginnt mit einem trauten Bild: »Vergangen ist der lichte Tag, / von ferne kommt der Glocken Schlag«; genau in der Mitte des Gedichtes aber schlägt der Ton um: »Und Feld und Baum besprechen sich, - / O Menschenkind! was schauert dich?« *Abend* verheißt, abseits vom Lärm, idyllischen Frieden: »Schweigt der Menschen laute Lust: / Rauscht die Erde wie in Träumen ...« Wer erwartet, nach solchem Beginn, die zwei Schlußzeilen »und es schweifen leise Schauer / wetterleuchtend durch die Brust«? Eichendorffs Verse wirken um so nachdrücklicher, als sie nicht moralisch auftrumpfen: leise Kunst, die nicht predigt.

Dies sollte mit Herz und Kopf erfaßt haben, wer sich

● Schumanns *Im Walde* zuwendet (Eichendorff-Liederkreis op. 39, Nr. 11). Hereinplatzender Beginn, da metrisch verschoben: Der Hörer hört ♪| ♪ statt des notierten ? ? ♪♩ ♪|, die Singstimme setzt »zu früh« ein. »Waldhorn«, »Jagen«: tonmalerischer Satz. Jedes zweizeilige Bild hat *seine* harmonische Ebene: A-Dur am Anfang; drastisch abgesetzt: »Reiter« und »Waldhorn«; bildhaft fernes Fis-Dur (»verhallt«) mit Sequenz nach gis-Moll (»Nacht«); zurück nach A-Dur. Aber nach und nach verändern sich Tonfall und Satzart - wie?

Von der fröhlichen Hochzeit des Anfangs zum Bangen des Schlusses: Auch die Musik verwandelt sich. Aber sie bleibt zurückhaltend wie Eichendorffs Lyrik. Beim »Schauern« wird das Lied nicht schauerlich. Denkwürdig, daß Schumann die Zeile derart kantabel und klangbetont setzt, mit kleinem chromatischen Einschlag:

Hier blüht das Lied, wird choralartig im Satz und sakral in der Haltung. Nicht beklemmende Angst, sondern erfüllte romantische Weltsicht ist eingefangen: Das »Schauern« als visionäre Schau und Ahnung von Dingen *jenseits* des real Erblickten.

Gesteigertes Sprechen

● Wie verhalten sich Sprache und Melodik in diesen Beispielen zueinander? Bitte *singen*, nicht nur lesen:

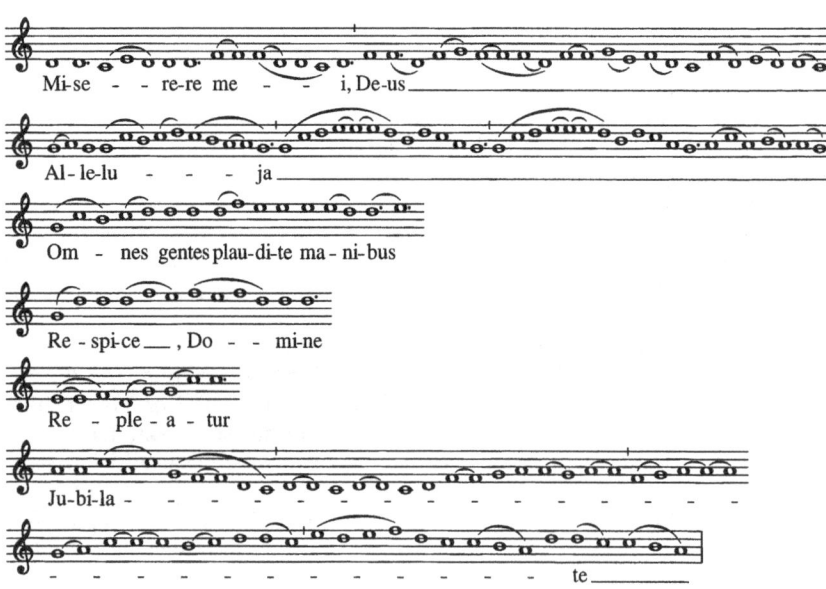

»Miserere«: Die Bitte um Erbarmen als engste Bewegung, nachgiebig fallend, allein fünfmal die Terz d-f: Reduktion und Insistieren im Melodischen als inständiges Flehen. »Alleluja«: Eingangsfigur; zweimal dasselbe, mit Weitung des Tonraums zur großen Sexte e; Schlußfigur: Zwei Formeln umrahmen die melodisch individuelle, expressive Wiederholung. »Omnes gentes«: Rezitation - belebt und gesteigert durch kleine Melismen - als eindringliches Vortragen. Kraftvoller Sprung und Kreisen in einer Dreitongruppe (»Respice«), umgekehrt kleine Drehung und mit zwei Quarten (!) hinauf (»Repleatur«). *Was* für einen Raum durchmißt das »Jubilate«, und *wie* gelangt es, in intensiven melodischen Schüben, in die Höhe!

Es ist fast umgekehrt wie im Mittelalter, als das Erlebnis organaler Klangfülle Hörer und Sänger hinriß: *Ein*stimmigkeit kann um so eindringlicher fesseln, je selbstverständlicher man mit *Mehr*stimmigkeit aufgewachsen ist. Gregorianik hat Würde *und* Leidenschaft. Sie ist nicht, wie gelegentlich behauptet, bloße Hülle für Sprache. Zwar kennt sie austauschbar Formelhaftes (vgl. oben den Anfang von »Omnes gentes« und »Alleluja«). Wo aber Gregorianik melodisch frei ist, folgt sie dem Wortsinn. Sie ist von Ausdruck durchdrungene, Sprache steigernde Musik.

Volkston

Es hatte alles so harmlos angefangen in
● Schumanns *Volksliedchen* (*Lieder und Gesänge* op. 51, Nr. 2). Kein Vorspiel, volksliedartig gleich hinein, sparsame Begleittupfer, schlichte eingängige Melodie. Stutzen allerdings läßt das Kunsthafte der Syntax: T. 4 und 9 sind im Klavier zugleich *Anfangs*takte, die Singstimme beginnt mit T. 6 statt T. 5 einen Takt zu spät. In der Reprise T. 21ff. »stimmt« zunächst die Periodik (4+4 Takte); dafür fällt der wiederholte Nachsatz abenteuerlich aus:

Chromatik mit Zwischendominanten; Dehnung zu 5 Takten durch die plötzliche Pause; verminderter Septakkord auf »mein« (gemeint: cis e g b, notiert aus linearen Gründen: cis e g *ais*); metrisches Gegen-den-Takt im anschließenden Nachspiel: Was an all dem ist noch »Volks«lied, hat es sich zum »Kunst«lied gewandelt, oder war es dies eigentlich von Anfang an? Wo die Romantiker im Volkston komponieren - in seinem Urtümlichen suchten sie das Einfache, Unverfälschte, Wahrhaftige -, mischt sich Artifizielles hinein: Das scheinbar Ursprüngliche ist stilisiert. Den jeweiligen sprachlichen Anteilen sollte Analyse nachspüren.

Die analytische Literatur zum romantischen Lied ist unübersehbar. Drei Aufsätze möchte ich dennoch herausgreifen und zur Lektüre empfehlen:
- Peter Rummenhöller: Zur Harmonik in Franz Liszts Liedern, in: Musica 3/1983, S. 232-238.
- Marie Agnes Dittrich: Der »Ohren zerreissende Fortschritt«: Zur neuen Harmonik in Schuberts Liedern. Der Aufsatz steht S. 55-72 in dem S. 113, Anmerkung 16, genannten Sammelband.
- Helga de la Motte-Haber: »Es flüstern und sprechen die Blumen ...«. Zum Widerspruch zwischen Lied als romantischer Kategorie und musikalischer Gattung. In: Musica 3/1981, S. 237-240.

SELBSTVERSTÄNDNIS UND AKTUALITÄT

Muß Analyse (und Interpretation!) vom historischen Selbstverständnis eines Kunstwerks ausgehen, oder darf sie es von ihrer jeweiligen Gegenwart her auffassen? Die Frage läßt sich auch zu zwei Thesen auseinander treiben:
These 1: Analyse darf nicht geschichtslos verfahren. Sie verfehlt sonst den - aus *seiner Zeit heraus geprägten* - Sinn eines Werkes; ihre spätere Blickrichtung macht an ihm das ursprünglich Eigene unkenntlich. Man muß sich eine Schneise zurück schlagen, durch all das hindurch, was sich inzwischen geändert oder Früherem überlagert hat. Erst das Wissen, daß für geistliche Vokalpolyphonie »varietas« gefordert war, erklärt das Außerordentliche von Wiederholungen (S. 143). Was nicht alles büßt Beethoven ein, da die permanente Präsenz seiner Werke eine Gemütlichkeit und Nähe vorgaukelt, die sie *nicht* besitzen. Vom ursprünglichen Stachel und Gehalt bleibt wenig übrig: Das Ruppige, Aufbegehrende seiner Musik wird kaum mehr wahrgenommen, ihr Ethos zu gehobener Stimmung ausgedünnt.
These 2: Analyse darf aus ihrer je eigenen geschichtlichen Perspektive verfahren. Sie erschließt den - jeweils aus *ihrer Zeit heraus aktuellen* - Sinn eines Werkes; ihre spätere Blickrichtung macht an ihm dadurch Neues sichtbar. Denn an früherer Musik ist kaum eine ihrer Bedingungen - im Musizieren und Hören - wahrhaft rekonstruierbar. Statt dumpf zu historisieren, gilt es, den Geist der Musik für spätere Zeiten zu verlebendigen. Arnold Schönberg beschrieb in den 1930er Jahren ausgerechnet an Brahms, der dem 19. Jahrhundert als Konservativer galt, das zukunftsweisend Progressive (s. den Literaturhinweis auf S. 226). Die Erfahrung der Minimal music hat nicht nur auf das Komponieren der 1970er Jahre gewirkt, sondern auch den Blick geschärft für Zeit- und Wiederholungsstrukturen in früherer Musik (S. 142f.). Es setzt musikalische Erfahrungen des 20. Jahrhunderts voraus, in Gustav Mahler 8. Symphonie die Textvertonung als musikalisierten Sprachklang zu erkennen[28]. Stand und Art des jeweils gegenwärtigen Komponierens, das einen umgibt oder selbst beschäftigt, lenken auch den analytischen Blick.
Beide »Thesen« seien an einem Beispiel konkretisiert.
● Wie ist der erste Satz von Haydns Klaviersonate C-Dur Hob. XVI/10 aus den 1760er Jahren zu analysieren? (s. S. 204).
Ausbalancierte Proportion: Der Durchführungsteil T. 22-38 ist mit 17 Takten um nur vier Takte kürzer als Exposition und Reprise. Beide entsprechen sich, mit den üblichen Transpositionen, völlig: Die T. 9ff., in der Dominante, erscheinen T. 47ff. in der Tonika. Halbschluß in T. 8, Einsatz des zweiten Themas, substantiell aus dem ersten gewonnen: ein monothematischer Satz also. Schlußgruppe T. 16ff. Verlauf der Durchführung: erstes Thema in der

---

28 Petra Zimmermann: Sprachklang in Gustav Mahlers 8. Symphonie. In: Musica 1/1993, S. 12-15.

Dominante; T. 26/27 = Sequenz von T. 22/23; T. 28-30 erinnern an T. 9-11; anschließend eine Sequenz (T. 31-34: E-a, A-D, G-C); Führung zum Halbschluß T. 38, motivisch angelehnt an die frühere Schlußgruppe.

Stimmt diese Beschreibung? Verunsichernd jedenfalls, daß die Durchführung nichts durchführt, sondern - thematisch, nicht harmonisch - im wesentlichen die Exposition rekapituliert; und daß die Exposition vier gleichrangige Teilstücke aneinanderreiht, deren Enden immer kräftiger schließen - was heißt dann »monothematisch«? (T. 4: C-Dur-Terzlage nach Vorhalt; T. 8 G-Dur-Terz-, dann Oktavlage; T. 16: G-Dur-Oktavlage auf betonter Zeit; T. 21: G-Dur nach vollständiger Kadenz.)

Im Verständnis der zeitgenössischen Theorie stellt sich ein solcher Satz ganz anders dar. Der dritte Band (1793) von Heinrich Christoph Kochs *Versuch einer Anleitung zur Komposition* lehrt die »Verbindung der melodischen Teile« in einem Tonstück. Ich zitiere, in modernisierter Schreibweise, zentrale Passagen. Zusätze in eckigen Klammern geben Erläuterungen und verweisen auf den konkreten Satz Haydns:

[Zu T. 1-21]: »Die erste Periode [der erste große Formabschnitt[29]] teilt sich... in zwei Teile, nämlich in denjenigen Teil, in welchem die Haupttonart herrscht, und in denjenigen, wo die Tonart der Quinte [Dominante] herrschend ist.... Eine gewisse Hauptform dieser ersten Periode ... besteht darin, daß die Periode vier interpunctische Hauptteile [Formteile] oder vier Hauptruhepunkte des Geistes [verkörpert durch die *Endungen* der Formteile] enthält. Zwei derselben sind der Haupttonart eigen und werden von den zwei ersten melodischen Teilen [T. 1-4, T. 5-8] vermittels des Grund- [T. 4] und Quintabsatzes [T. 8, Halbschluß] gemacht; in dem dritten aber [T. 9-16] wird die Modulation [hier erstmals der neue Leitton fis!] nach der Tonart der Quinte hingeleitet ..., worauf der vierte interpunctische Hauptteil [T. 16-21] mit der Kadenz in dieser Tonart ... schließt.« (S. 342f.)

[Zu T. 22-38:] »Den Anfang« macht gern, wörtlich oder variiert, »der melodische Hauptsatz oder das Thema in der Tonart der Quinte« [T. 22-25 = T. 1-4, aber in G-Dur]. Der Teil insgesamt »ist einer oder zwei verwandten Tonarten gewidmet [hier: G und a], jedoch dergestalt, daß keine Kadenz in denselben gemacht, sondern statt derselben die Modulation wieder zurück in den Quintabsatz der Haupttonart [T. 38, Halbschluß] geleitet wird«. (S. 394f.)

[Zu T. 39-59:] Sie wiederholen »die vorzüglichsten melodischen Teile in der Haupttonart« [auch T. 47ff. stehen nur in C-Dur]. (S. 395)

Kochs formale Gliederung geht aus von der »melodischen Interpunction« mit ihren verschiedenen »Endigungsformeln« (II, S. 345ff.) Sie sind harmonisch definiert: Koch begründet Form und Verlauf von Sätzen *harmonisch*. Dies gilt bis ins Detail hinein: Daß Haydns T. 26 »in die weiche [Moll]

---

29 »Periode« meint bei Koch, wie S. 38 erwähnt, einen größeren Formkomplex; er untergliedert sich (wie bei einer sprachlichen Rede, die Koch als analog gebautes Modell heranzieht) »wieder in einzelne Sätze und melodische Teile« (II, 343). Kriterium für eine Periode ist eine «förmliche [vollständige] Kadenz« (III, 403). Die erste »Hauptperiode« erstreckt sich demnach, abgeschlossen durch die »förmliche Kadenz« in G-Dur, in Haydns Satz bis T. 21.

Tonart der Sexte [in C-Dur: a-Moll]« geht, erwähnt Koch (III, S. 396) als *eine* Möglichkeit, nach dem dominantisch zitierten Thema fortzufahren. Koch spricht *nicht* von Exposition, von thematischem Konflikt, von motivischer Arbeit, Durchführung, Reprise. Im Gegenteil: »Reprise« im späteren Verständnis ist gar nicht gemeint, denn die Wiederkehr des Hauptthemas kann auch »übergangen« werden zugunsten »der zweiten Hälfte der ersten Periode« [»Exposition«] (S. 399)[30].

Zwei wichtige Sachverhalte muß Analyse daraus lernen:

1. Harmonische Vorgänge und Stationen, mit ihrer unterschiedlichen Schlußkraft als »Ruhepunkte des Geistes« besitzen einen fundamentalen, Form tragenden und gliedernden Rang. Das darf aus historisch späterer Sicht nicht verdrängt werden, indem man primär Thematisches sucht und akzentuiert.

2. Spätere (Beethovensche) Kategorien gehen an diesem Satz Haydns vorbei. Historisch einfach rückübertragen, mißverstehen sie den Satz wesenhaft: weil sie ihn insgeheim an etwas messen, was er, da völlig anders gedacht, gar nicht repräsentiert.

Aufgabe
Haydns C-Dur-Satz ist mit Kochs Modell derart deckungsgleich, daß er wie dessen Lehrstück wirkt. Nicht überall natürlich greift Kochs dezidierte - da auf praktikable *Lehre* gerichtete - Beschreibung in solcher Eindeutigkeit. Das *musikalische Denken* aber, das sich darin spiegelt, ist eine analytische Hilfe. Vergleichend studiere man einen größer dimensionierten Satz: den 1. Satz aus Haydn Klaviersonate D-Dur Hob. XVI/19.

Zur Lektüre empfohlen: Carl Dahlhaus: Der rhetorische Formbegriff Heinrich Christoph Kochs und die Theorie der Sonatenform, in: Archiv für Musikwissenschaft 35 (1978), S. 155ff.

● Das zweite Beispiel. Der Anfang von Beethovens Klaviersonate D-Dur op. 10, 3 ist, reißender Impuls, *ein* zusammenhängender Viertakter. Wie aber ließe sich dieser durchgehende Zug nach seinem *inneren Bau* analysieren?

---

30 Im Kopfsatz von Mozarts Klaviersonate D-Dur KV 311 (1777) beginnt die Reprise (T. 79) mit dem zweiten Thema - um die Wiederkehr des ersten Themas für die Coda (T. 99) aufzusparen. Das wird gern als originelle Abweichung von einer Norm bestaunt. Aber welche »Norm« wird da angelegt? Ließe sich nicht Kochs Muster (1793) - in dem »Sonatensatz« formal flexibler erscheint als es spätere Verfestigungen wollen - als eine »normale« Erklärung heranziehen?

Hugo Riemann[31] (1918) nimmt Beethovens Legato-Auftakt beim Wort, leitet daraus - mit Motiven »wechselnder Form« - seine Phrasierung ab, und unterlegt, ungeachtet des »offenen« Unisono, eine harmonische Deutung:

Jürgen Uhde (1970) betont das Materialhafte dieses Anfangs und stellt »zwei 'Kerne'« an ihm heraus, »deren Strahlungskräfte in der ganzen Sonate nachzuweisen sind«:

Für Carl Dahlhaus (1987) ist der Anfang »unverkennbar in 4+4+6 Töne gegliedert«. Er läßt jedoch die Möglichkeit offen, daß die zweite Gruppe auf drei Töne (cis-d-fis) verkürzt werden kann, weil sich darin ein Zusammenhang mit dem Finalthema der Sonate (dort: fis-g-h) zeige.

Die verrückteste und spannendste Deutung stammt von Dieter Schnebel. Sie geht konsequent vom intervallischen Quart-Rahmen aus:

Vier Tongruppen, mit dem Ausgangsmaterial 1, die auseinander hervorgehen: 4 durch »variierte Umkehrung« aus 1, 2 »durch Auslassung eines Tones« aus 4; 3 durch Krebsumkehrung aus 2.

---

31 Quellen: Hugo Riemann: Analyse von Beethovens Klaviersonaten, Bd. I, Berlin 1918, S. 330f. und 341. - Jürgen Uhde: Beethovens Klaviermusik, Bd. II, Stuttgart 1970, S. 176. - Carl Dahlhaus: Beethoven und seine Zeit, Laaber 1987, S. 130f. - Dieter Schnebel: Das angegriffene Material. Zur Gestaltung bei Beethoven. In: Beethoven '70, Frankfurt 1970, S. 45-55, hier: S. 46f.; wieder abgedruckt in: Dieter Schnebel: Denkbare Musik, Schriften 1952-1972, Köln 1972, S. 130-138, hier: S. 131.

»Verrückt« ist die Deutung, weil nichts dazu veranlaßt, die vier Takte in 7+7 gruppenmäßig gespiegelte Töne zu trennen, mit dem Schnitt ausgerechnet beim fis, mit motivischer Zerschlagung der zweiten Hälfte und mit - 2 aus 4? - wagemutiger Herleitung; kein Musiker hört so, kein Spieler dürfte so spielen. »Spannend« ist die Deutung, weil sie radikal und faszinierend Struktur bloßlegt - die existieren kann, *ohne* hörbar und spielbar sein zu müssen -, und weil sie solche Konstellationen, von Beethoven offenbar selbst herausgeschnitten aus dem Rohstoff des Anfangs, in der ganzen Sonate aufweist. Werden also damit diese Takte, historisch unzulässig, mit einem kompositorischen Denken des 20. Jahrhunderts vergewaltigt? Gerade umgekehrt läßt sich sagen, daß hier ein späterer, an »Struktur« geschulter Blick bei Beethoven mit erregendem Zeitsprung »zukünftiges« Denken und Bauen erst sichtbar macht.

Die Beispiele Haydns und Beethovens stehen für unterschiedliche Situationen: Von einer historisch späteren Position her wird die kompositorische Idee bei Haydn verfälscht. Meine erste Beschreibung S. 203 war zwar nicht in allem »falsch«, griff aber in Ansatz und Vokabular daneben. Von später her wird eine kompositorische Idee bei Beethoven entdeckt. Schnebels Beschreibung legt eine Sinnschicht des Anfangs frei, die mit früheren Augen nicht gesehen wurde.

»Selbstverständnis« oder »Aktualität« also? Ein verbohrt eiferndes Pro oder Contra wäre kunstfern dogmatisch. Die Spannung zwischen ihrer ehemaligen Entstehung und ihrem künftigen Leben ist Teil der Musik selbst:
1. Das Studium historischer Quellen ist erhellend, hilfreich und fesselnd. Es läßt am Früheren, an seinem Andersartigen und Fremden, auch das je eigene Gegenwärtige tiefer begreifen.
Einige wichtige Lehrwerke. Bis auf die Kontrapunktlehre (*Liber de arte contrapuncti*, 1477) von Johannes Tinctoris, in der sich die Forderung nach »varietas« findet, sind alle folgenden Bände in schönen Faksimile-Drucken bequem zugänglich.
- Johannes Tinctoris: *Terminorum musicae diffinitorium*, 1495 (Kassel 1983, mit Übersetzung); erstes gedrucktes Musiklexikon, mit knappen Definitionen musiktheoretischer Grundbegriffe.
- Michael Praetorius: *Syntagma musicum*, Bd. III, *Termini musici*, 1619 (Kassel 1978); wichtig für das musikalische, formale, aufführungspraktische Denken im Stilwandel um 1600; erstaunlich die bereits hier (Übersicht S. 3) vollzogene Trennung von Musik »mit« und »ohne« Text: instrumentale Musik beginnt sich von der (bislang herrschenden) vokalen zu lösen.
- Christoph Bernhard (s. S. 31, Anm. 5)
  Für die Bach-Zeit:
- Johann Gottfried Walther: *Musikalisches Lexikon* 1732 (Kassel 1953, ³1967); mit Sach- *und* Personenartikeln.
- Johann Mattheson: *Der vollkommene Capellmeister*, 1739 (Kassel 1954); hier, S. 82, steht das viel zitierte Wort von der Sprachanalogie der (wortlosen) Musik: daß Instrumentalmusik »nichts anderes« sei als »eine Ton-Sprache oder Klang-Rede.«
- Johann-Philipp Kirnberger: *Die Kunst des reinen Satzes in der Musik* I, II, 1776-79 (Hildesheim 1968, in einem Band); an Johann Sebastian Bach, Kirnbergers Lehrer, orientierte Kontrapunktlehre, die vom harmonisch-

akkordischen Satz ausgeht; interessant auch jene Partien, die über den Kontrapunkt hinausgehen, wie im zweiten Teil, dritter Abschnitt, die affektmäßige Charakterisierung steigender und fallender Intervalle (S. 103f.) oder der vierte Abschnitt (S. 105) »Von der Bewegung, dem Takt und dem Rhythmus«. Beide Bände leider ohne Inhaltsverzeichnis und Register.

Für die Haydn-Mozart-Zeit:
- Heinrich Christoph Koch: *Versuch einer Anleitung zur Compositon* I-III, 1782-1793 (Hildesheim 1969)

Die drei bedeutendsten Schulen des 18. Jahrhunderts sind nicht allein pädagogisch oder aufführungspraktisch von Belang, sondern auch für das ästhetische und kompositorische Denken:
- Joachim Quantz' Flötenschule (*Versuch einer Anweisung die Flöte traversière zu spielen*, 1752/Kassel 1983, auch als Paperback: München und Kassel 1992)
- Carl Philipp Emanuel Bachs Klavierschule (*Versuch über die wahre Art das Clavier zu spielen*, 1753/Leipzig 1957; aufschlußreich die Ausführungen zum »Vortrag«, Teil I, S. 115ff., zum »Accompagnement« Teil II [1762], S. 1ff. und 268ff., sowie, als letztes Kapitel, zur »freyen Fantasie«)
- Leopold Mozarts Violinschule (*Versuch einer gründlichen Violinschule*, 1756/ Leipzig 1968)

2. Auch historische Quellen haben - wie S. 40 angedeutet - nicht letzte Sicherheit. Historische Nähe kann befangen machen, weil sie das Ganze ihrer Gegenwart noch nicht überschaut; historische Distanz kann ihr durch Überblick und Zusammenschau überlegen sein. Was »richtig« und wichtig ist an Kunst, wird niemals nur einmal entschieden.

Geschichtliche Kenntnisse verhindern, frühere Musik umstandslos zu vereinnahmen; die je eigene geschichtliche und geistige Position verhindert, frühere Musik museal sterben zu lassen. Buchstabenfixierung wäre das eine, geschichtsblinde Unbekümmertheit das andere Extrem. Das erste allerdings ruiniert Kunst, das zweite wird von großer Kunst ausgehalten: Josquins *Ave Maria* (S. 23), reglos runtergesungen und satztechnisch abgehakt, wird tote Musik. Hat aber eine Romantisierung Bachs seine Musik wirklich beschädigt?

Alle bedeutende Kunst ist ausgezeichnet durch reichstes Sinn-Potential und durch Möglichkeiten auch auf Zukunft hin. Analyse ist - wie Interpretation - berechtigt, etwas aus diesem Vielschichtigen und Gültigen sichtbar zu machen, durch je eigene Sehweise; und sie hat, wo möglich, das Recht, etwas von dem immer Aktuellen, Weiterweisenden der Musik zu fassen, aus ihrer je eigenen Zeit heraus.

ANALYTISCHE DENKWEISEN

Bedeutende Musiker und Theoretiker haben darüber nachgedacht, wie Musik aufzufassen ist, was sie im Innersten zusammenhält und was darin ihr Wesen ausmacht. Einige Entwürfe möchte ich in ihren Grundgedanken verständlich machen und in ihren analytischen Möglichkeiten erörtern.

Geboten sind vorweg zwei Einschränkungen:

1. Da Theorien von jeweils verschiedenen Ansätzen ausgehen, kehren sie auch jeweils verschiedene Momente hervor: Die analytische Perspektive produziert das analytische Ergebnis. Eine *funktionale Beschreibung* (S. 213ff.) der folgenden Choralzeilen Bachs bezieht die Akkorde auf die Tonika A- und die Zwischentonika D-Dur (a). Die Theorie des *Fundamentalbasses* (S. 211f.), als Abfolge der Akkord*grund*töne, beschreibt den schrittweisen Gang der Akkorde (b). Und ein Denken in *Schichten* (S. 215ff.) trägt den gegebenen Satz immer weiter ab, bis hin zu einem untersten Grund: der Formel I-V-I als übergeordnetem Weg von einem Anfangs- zu einem Zielklang (c). Je ein anderes Moment wird akzentuiert: die Sogkraft eines tonalen Zentrums; die Verkettung von Akkorden untereinander; der gerichtete Zug auf ein Ziel hin.

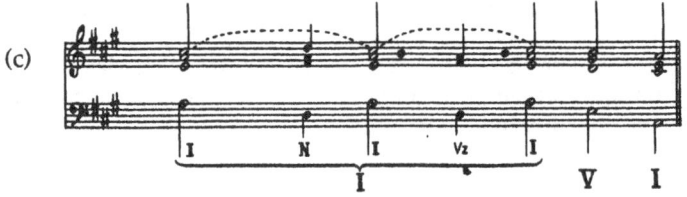

Kein Entwurf kann daher für sich in Anspruch nehmen, das *Ganze* einer Musik zu fassen oder *universal* gültig zu sein. Systeme suchen Gemeinsames hinter der bunten Vielfalt der Erscheinungen, aber es gibt kein theoretisches System, das musikalische Totalität einfängt oder das überzeitlich - jenseits epochaler Veränderungen - und kollektiv - jenseits individueller Werke - gültig wäre. Felix Salzer spricht in seinem Buch *Strukturelles Hören* (1952; deutsche Neuausgabe 1977, S. 218), seltsam genug, von »problematischen Kompositionen«. Wo aber eine Theorie, hier die Schichtenlehre Heinrich Schenkers, an Werken von Chopin und Orlando di Lasso in Bedrängnis gerät, sind nicht die Werke »problematisch«: Die *Theorie* greift nicht.

2. Theorien liefern Aspekte und Kriterien. Das gibt einer Analyse Halt (und das raubt ihr in gewissem Sinne das Abenteuer und das Risiko des Scheiterns), weil *feststeht*, wonach sie zu schauen hat. Gegeben ist darin zugleich die Gefahr, sich derart an die Theorie zu klammern, daß sie schon zur Sache selbst wird und sich gegenüber der Musik verselbständigt. Von der Musik her gesagt: Die Gefahr ist beträchtlich, Kunstwerke zum Exempel einer bestimmten Denkweise zu verkürzen. Die *Musik selbst* aber darf nicht verloren gehen, indem sie benutzt würde als Nachweis oder Anwendungsobjekt von Systemen: weil es dann nicht um Erkenntnis der Musik ginge, sondern um ehrgeizige Bestätigung einer Theorie.

Ergänzend und vertiefend zu den nachfolgenden Skizzen empfehle ich diese Literatur:
- Das Kapitel »Ästhetik und Theorie der Analyse«, in: Musik zur Sprache gebracht. Musikästhetische Texte aus drei Jahrhunderten. Ausgewählt und kommentiert von Carl Dahlhaus und Michael Zimmermann. Kassel 1984. Texte von Riemann, Schenker, Halm, Kurth und Hindemith werden zitiert und kommentiert: in ihren gedanklichen Voraussetzungen und Aussagen verständlich gemacht.
- Helga de la Motte-Haber: Psychologie und Musiktheorie. Frankfurt a.M. 1976 (= Schriftenreihe zur Musikpädagogik, hrsg. von R. Jakoby). Der Titel der Schrift verrät wenig von seinem Inhalt: einer kritischen Erörterung von Theorien der Musik, u.a. von Riemann, Kretschmar, Kurth, Assafjew.
- Jonathan Dunsby und Arnold Whittal: Music analysis in theory and practice. London 1988. Konzentrierte Darstellung und Diskussion analytischer Systeme von Schenker, Salzer, Tovey, Schönberg, Hindemith, Réti.

Fundamentalbaß

Die Lehre vom Fundamentalbaß, ausgesprochen von Jean Philippe Rameau in seinem *Traité de l'harmonie* (1722), beruht auf der Unterscheidung des realen und eines imaginären Basses. Der reale Baß ist die gegebene Stimme, der imaginäre Baß das dahinter stehende Akkordfundament. Voraussetzung für diese Unterscheidung ist die Erkenntnis Rameaus, daß Grundstellung und Umkehrung eines Akkordes harmonisch identisch sind. Der *Baß*ton ist also vom *Grund*ton zu unterscheiden: Im Sextakkord von C-Dur ist der Ton e der Baßton (erklingender *Basse continuée*), aber der Ton c Grundton (gedachter *Basse fondamentale*). Bei Akkordumkehrungen tritt daher der Grundton an die Stelle des Baßtones, um den Fundamentalbaß zu gewinnen.

Der Fundamentalbaß ist es, der im Hintergrund Zusammenhang verbürgt: Der Zusammenhalt von Akkordverbindungen liegt in der Akkordfortschreitung durch die zwingende Progression ihrer Fundamente.

Aus dem Bach-Choral S. 210 wird ersichtlich, daß der Fundamentalbaß primär auf Quint(oder Quart-)schritten beruht. Terzschritte treten gelegentlich auf. Sekundschritte (IV zu V, V zu VI) führt Rameau auf Quinten bzw. Quarten zurück.

In T. 3 bei Bach geht, in A-Dur, die V. zur VI. Stufe (Baß: e-fis). Die VI aber vertritt die I: Hinter der trugschlüssigen Folge V-VI steht, vom eigentlichen Fundament her, der Quint(oder Quart-)schritt V-I.

In T. 2 bei Bach geht, auf D-Dur bezogen, die IV zur V (Baß: g-a). Hier unterstellt Rameau der IV. Stufe (g) die II. Stufe (e). Denn für Rameau wird die IV in doppelter Bedeutung eingesetzt: Vor oder nach einer Tonika (T) ist ihr Grundton jener der IV. Stufe, mit Quint- oder Quartschritt auf die T bezogen; deswegen steht im Bach-Beispiel zunächst, nach dem vorangegangenen D-Dur (T. 1 auf »vier«), Fundament g. Schreitet aber die IV. Stufe zur V. fort, ist oder wird sie (bei Bach: g -> e) in Wirklichkeit zur II. Stufe, hier als [e] g h d: Der Sekundschritt g-a im Baß ist eigentlich als Quartschritt e-a zu verstehen.

Ein faszinierender Gedanke begründet den Vorrang bestimmter Fundamentschritte. Akkord*aufbau* und Akkord*verbindung* nämlich gehen aus demselben Prinzip hervor:»Dieselben Intervalle, die der Struktur der Akkorde zugrunde liegen - die Terz und die Quint -« regulieren »auch die Fortschreitungen von Akkord zu Akkord«[32].

Aufgaben

Um den Ertrag für die Analyse zu ermessen, studiere man noch einmal das Mozart-Beispiel S. 56: Seine Quintschrittsequenz, als eine mögliche harmonische Beschreibung, läßt sich erkennen, indem man sich die *Grundtöne* der gebrochenen Akkorde klar macht.

Was Fundamente deutlich machen können, erprobe man ebenso an zwei anderen Stücken:

1. Bach: Sarabande aus der Englischen Suite Nr. 6, d-Moll. Bitte erst selbst erarbeiten: Hier der Vergleich einer funktionalen Lesart der T. 1-4 (t s^6_5 | D^7_3 (D_7) | s^6_{3-1} DD^v | D_{-7}) mit der Aufzeichnung der Baß-Fundamente (d g̃ e | a d | g e | a). Der bloße Baß wirkt, flüchtig besehen, nichtssagend. Gegenüber den komplizierten Funktionszeichen aber ist er analytisch eine dreifache Hilfe:

Unmittelbar *sichtbar* werden bevorzugte Stufen, harmonische Flächen und der Wechsel tonaler Ebenen (daß die Sarabande ab T. 9 in Richtung F-Dur geht, macht das Noten*bild* des Fundamentalbasses sofort kenntlich).

---

32 Carl Dahlhaus: Die Musiktheorie im 18. und 19. Jahrhundert. I: Grundzüge einer Systematik, Darmstadt 1984, S. 104f.

> Chromatik kann funktionales Lesen erschweren, in ihren Fundamenten zeigt sie direkt ihren inneren Halt (T. 4/5 der Sarabande beruhen auf dem Quintfall a d g; wie hieße dagegen die funktionale Bezeichnung?).
> In ihrer Linearität und der Unterscheidung von Baß- und Grundton öffnen die Baßfundamente den Blick für lineare statt allein klangliche Vorgänge (so hier in T. 1-3 für den chromatischen Baßzug d^1-b).
> 2. Rameau: *La Livri*, aus: *Pièces de Clavecin*. Ich wähle dieses Stück, weil es die Möglichkeit gibt, die eigene Analyse zu kontrollieren. In einem Aufsatz, der nachdrücklich zur Lektüre empfohlen sei, hat Michael Zimmermann das System Rameaus dargestellt und dabei auch *La Livri* analysiert: Jean-Philippe Rameau (1683-1764), in: Musica 5 (1980), S. 445-451.

Funktionen

Die Funktionstheorie - begründet von Hugo Rieman (1849-1919), modifiziert von nachfolgenden Theoretikern - ist Gegenstand zahlreicher Harmonielehren. Im Mittelpunkt steht die Idee des *tonalen Zentrums*: Der Akkord der I. Stufe - die Tonika (T) - ist zentraler Bezugspunkt der harmonischen Vorgänge. Um die T gruppiert sind die Akkorde der IV. und V. Stufe, die Subdominante (S) und die Dominante (D). T S D T konstituieren als Kadenz zweifelsfrei eine Tonart; ihre Akkordtöne ergeben die vollständige tonartliche Skala: Das Primäre ist der Akkord, das daraus Abgeleitete die Skala.

Innerhalb eines tonartlichen Raumes erfüllt der Akkord auf dem Grundton die Funktion einer Tonika; T, S und D gelten als *Hauptfunktionen*. Aus dem Vorrang des Akkordes (gegenüber der Skala) und der Hauptfunktionen (gegenüber den anderen Akkorden) erklären sich *Klangvertretung* und *Vertretungsklänge*. Ein Intervall oder ein einzelner Ton vertreten einen Klang: Das Intervall g-h kann für G-Dur oder e-Moll stehen, der Ton g kann einen Dur- oder Molldreiklang als dessen Grundton, Terz oder Quinte meinen (welche Klänge ergeben sich?). Terzverwandte Akkorde vertreten die Hauptfunktionen; die funktionale Gleichsetzung erlaubt es, Akkordfolgen auf das Modell der Kadenz zu reduzieren. In C-Dur ist a-Moll parallele Molltonart (Chiffre: p) der T. Ihr ist sie also, bezeichnet mit Tp, als *Neben*funktion untergeordnet; zwei gemeinsame Töne begründen die enge Bindung (T: c e g, Tp: c e a).

Die Funktionstheorie denkt hierarchisch. Ihr Paradigma ist die Kadenz: Die S entfernt sich von der T, die D drängt zu ihr zurück. Erfaßt werden, von einer zentralen T her, der abgestufte *Rang*, die funktionale *Bedeutung* und die *Beziehung* von Akkorden.

Durmolltonale Musik kann als harmonischer Funktionszusammenhang gedeutet werden (S. 66). Aber auch innerhalb solcher geschichtlich-sprachlichen Eingrenzung muß funktionales Denken seine Schranken erkennen:

1. Nicht jedes harmonische Geschehen ist mit Funktionstheorie zu erklären. In einer Quintschrittsequenz mögen - punkthaft - Schritte mit D-T-Wirkung oder kadenzierenden Wendungen aufscheinen. Aber der tonal freie Fall der Sequenz entzieht sich einer funktionalen Erfassung.
2. Überaus häufig gibt es das Satzmodell Fauxbourdon (S. 46). Mit »Funktion« und »Kadenz« hat es, auch seiner historischen Herkunft nach, nichts zu schaffen. Funktionen also sind nicht allherrschend. Für Durmolltonalität sind sie ein grundierendes, aber nicht ausschließliches Prinzip.
● 3. Wie sind die folgenden Choraltakte Bachs funktional zu lesen?

T. 1 und 2 ohne Probleme: t und D. Aber in T. 3 der Schritt von A⁷ zur Dominante H?

A-Dur ließe sich zu e-Moll als Dur-Subdominante verstehen; das übergebundene g¹ im Alt wäre nicht »dominantische« Septime, sondern klangliche Intensivierung. Oder anzunehmen ist eine *Ellipse*, die Aussparung eines Bezugsakkords: In der Harmoniefolge A⁷-H-e ist der Auflösungsakkord des A⁷ übersprungen:

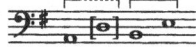

»Ellipse« klingt plausibel. Aber macht der Begriff nicht auch eine Verlegenheit deutlich? Die Annahme, daß Bezugsakkorde fehlen, läßt Vorangegangenes ins Leere greifen. Spätestens dort jedenfalls, wo sich [ ] häufen müßten, um »ausgesparte« Akkorde anzuzeigen, gerät die Theorie ins Wanken.
4. Funktionstheorie richtet sich auf harmonisch-klangliche Ereignisse und deren innere Logik. Melodisch-lineares gerät leicht ins Abseits. Vertikalen »Akkord« und horizontale »Stimme« in ihrer Wichtigkeit gegeneinander auszuspielen, wäre eine Verengung - Harmonik schließt Stimmführung zwischen den Akkorden, Kontrapunkt schließt Zusammenklänge zwischen den Stimmen ein -, aber funktionale Betrachtung darf die musiktragende Kraft linearer Ereignisse nicht aus dem Blick verlieren.
5. Mißtrauen ist angezeigt, wo die Funktionsschrift in sich konsequent bleibt, aber am musikalisch Gemeinten vorbeizielt. Was sind, als Funktion chiffriert, A-Dur und es-Moll in C-Dur? »Verdurte« Parallele (P) der Durtonika (T) und »vermollte« Parallele (p) der - kurzfristig von ihr aus gesehen - Molltonika (t). Sind die Chiffren TP und tp angemessen? A-Dur ist fern, es-Moll unendlich weit fort von C-Dur. »TP« und »tp« aber knüpfen

und suggerieren verwandtschaftliche Nähe noch dort, wo deren Gegenteil komponiert ist.

Schichten

Die Funktionstheorie denkt primär von der Harmonik her, die Schichtenlehre Heinrich Schenkers (1868-1935) denkt primär vom Melodischen her: Der Akkord ist nicht das unmittelbar selbständig Gegebene, sondern die unselbständige Folge stimmlicher Bewegung. Melodik weist den Akkorden ihren Stellenwert zu. Musik ist im Innersten getragen von linearen *Zügen*, die in Durchgängen auf ein Ziel hingehen.

Konsequent ist darum Schenkers Unterscheidung des (einzelnen) *Akkordes* von der (zusammenfassenden) *Stufe*: C als Grundton eines Dreiklanges wird sinnhaft unterschieden vom C als Stufe. Einzelakkorde treten in der Stufe zu einer höheren, abstrakteren Einheit zusammen. Wichtig ist nicht der momenthafte Dreiklang, sondern die Stufe als ideelle Mitte klanglicher Einzelereignisse: Im Bach-Choral S. 210 ist zunächst die I. Stufe (A-Dur) »auskomponiert«. E-Dur in T. 1 und D-Dur in T. 2 bilden aus der Stimmführung heraus (E-Dur kehrt zu I zurück, der Ton d ist zu cis melodisch Nebennote) Nebennotenakkorde. Strukturbestimmend ist die I; die anderen Akkorde leisten, in der Sprache Schenkers, deren harmonische *Prolongation* (wobei hier D-Dur seinerseits durch das vorangehende D-, G- und A-Dur prolongiert erscheint).

Der sichtbare Notentext ist also, wiederum in Schenkers Terminologie, nur *Vordergrund*. Das Eigentliche wirkt in den Tiefen der Musik. In ihrem *Hintergrund* existiert ein kontrapunktischer Satz, der *Ursatz*, mit einem Terzzug der Oberstimme als *Urlinie* (im Bach-Choral: cis^2 - h^1 - a^1) und einer kontrapunktierenden Baßbrechung (im Bach-Choral: a, e, a): Ursatz heißt formelhaft die Bewegung I -> V -> I, die Horizontales (Oberstimme) und Vertikales (Baß) zusammenschließt. Von diesem Hintergrund aus entfalten sich die Schichten des *Mittel-* und *Vordergrundes*. Sie beruhen, als Prolongation des Ursatzes, auf stimmführungsbezogener Auskomponierung seiner Glieder und prolongierten Fortschreitungen zwischen ihnen. (»Durchgang« ist bei Schenker zwangsläufig eine zentrale satztechnische Kategorie.)

Der schichtenweisen Reduktion eines Notentextes bis hin zum Ursatz gehört die analytische Aufmerksamkeit. Die Existenz des Ursatzes bürgt zugleich für musikalische Güte.

Schenkers System ist im Kern (in der Annahme einer Urformel, die als gemeinsames, unverändertes Abstraktum hinter wechselnden äußeren Erscheinungen stehe) spekulativ. Das Herausragende seiner Denkweise scheint mir im Grundsätzlichen zu liegen. Denn das plastische Bild räumlicher Schichten löst den analytischen Blick von der puren Oberfläche und von isolierten Details, »hinein« in Musik: auf gerichtete *Melodiezüge* (vgl., zur Veranschaulichung, im Schubert-Walzer S. 21 den erwähnten Sekundzug innerhalb der Zieltöne, oder in der Beethoven-Bagatelle S. 135 die vom d^2

zum f² sekundweise steigende und fallende Kernlinie); auf stützende *Bezugspunkte*, die über Entfernungen hinweg tragen und Verknüpfungen schaffen (vgl. beispielsweise Frage 3 auf S. 54); oder auf das *Geflecht* von *Stimmen*, das - gebunden an harmonische Progressionen - Musik als polyphon-kontrapunktisches Moment durchwirkt (vgl., zur Veranschaulichung, die S. 107 angeführten Werke).

An zwei Problemen krankt die Schichtenlehre. Zum einen stellt sie rhythmisch-metrische Bedingungen hintenan. Beethoven, Klaviersonate A-Dur op. 2, 2, langsamer Satz:

Als I (in T. 1-3 auskomponiert) - V (T. 4) sei dieser Anfang aufzufassen (Felix Salzer): e¹ (T. 2) und g¹ (T. 3) prolongieren, als Ornament, den eigentlichen Melodiezug fis¹ (T. 1) - e¹ (T. 4); untergeordnete Nebennotenakkorde seien, entsprechend, die beiden D⁷-Akkorde (T. 2 und 3 auf »eins«). Gegenposition: Die Septakkorde stehen metrisch *betont*, und mit ihnen ihre im Tenor parallel geführten Melodietöne; in T. 3, dem rhythmischen Spiegel von T. 2, ist der Quintsextakkord rhythmisch-klanglich derart angespannt gewichtet, daß gerade die nachfolgende Auflösung »untergeordnet« wirkt (so daß T. 3/4, noch mit doppeldominantischem gis im Baß, als »prolongierte Dominante« anzusehen wären ...): Die Folge T D T (T. 1/2) erscheint vertauscht zu D T D (T. 3/4).

Zum anderen bleibt eine Kernfrage unbeantwortet: Was an einem musikalischen Satz ist akzidentell, also bloße »Auskomposition«, was ist substantiell, also tragende »Struktur«? (Schönberg zeigte sich einmal ironisch verwundert, daß in einem Schichtendiagramm von Beethovens 3. Symphonie seine »Lieblingsstellen« in kleine Stichnoten verbannt waren.) Mozart, Klaviersonate G-Dur KV 283, 1. Satz:

Konstitutiv für T. 1-4 ist der motivische Gleichlaut (T. 1/3, T. 2/4) bei harmonischer Rückläufigkeit (T | D wird D | T). »Gleich« und »anders« ergänzen sich - ein Bauprinizip der Klassik (vgl. etwa Thema a auf S. 58) - formbildend. Salzer dagegen versteht die T. 1-4 als prolongierte T, die Dominanten lediglich als Nebennotenakkorde, den Melodiezug vom d^2 (T. 1) über c^2 (T. 3) zum h^1 (T. 4) als wesentlich.

Was meinem persönlichen Blick hier und oben an den Beethoven-Takten zentral ist, ist einem Denken in Schichten zweitrangig. Was also darf, muß, kann, sollte man an einem Notentext gelten lassen oder vernachlässigen, um sein tatsächlich Eigenes zu fassen?

Literatur
- Heinrich Schenker: Neue musikalische Theorien und Phantasien. Bd. III: Der freie Satz. Wien 1936, ²1956.
- Felix Salzer: Strukturelles Hören. Der tonale Zusammenhang in der Musik. Bd. I: Text, Bd. II: Beispiele. 1952. Deutsche Neuausgabe: Wilhelmshaven 1977. Man studiere hier, ergänzend zu den obigen Skizzen, die Diagramme zu den Beethoven- und Mozart-Takten, Beispiel 10 und 248, im Textband dazu S. 41 und 117.

Substanzgemeinschaft

Die Sätze von Mozarts Klavierkonzert A-Dur KV 488 sind thematisch miteinander verklammert. Das Thema des ersten Satzes (1) kehrt im Mittelteil des *Adagio* wieder (2) sowie im Finale (3; hier von D- nach A-Dur transponiert). Thema (2) kombiniert die ersten drei Töne von (1) mit dessen T. 7/8; (3) stellt zunächst die Töne cis^2 und e^2 von (1) um. Solche und noch andere Verknüpfungen besorgen die zyklische Geschlossenheit dieses Konzertes:

Den eben referierten Thesen³³ geht es um den Nachweis von *Substanzgemeinschaft*, zwischen den Sätzen eines Zyklus' oder auch innerhalb eines Satzes. Hans Mersmann prägt den Begriff in den 1920er Jahren; er verstand darunter »die Gewinnung neuer Gestaltbildungen aus einer gemeinsamen Substanz«³⁴. Auch Varianten und thematisch-motivische Arbeit führen zu »neuen Gestalten«; aber ihre Verwandlungen sind für den Hörer erkennbar. »Substanz« dagegen meint Beziehungen, die eher im Verborgenen wirken, unterhalb des greifbar Thematischen und umstandslos Wahrnehmbaren. Ein wach forschendes *Auge* ist daher gefordert, solche latenten thematischen Kräfte aufzudecken; vom *Ohr* werden sie gespürt. Gemeinsame Substanz gründet in der Identität oder Ähnlichkeit von Tönen und Tongruppen; ihr graphisches Übereinander macht ihre Nähe sichtbar.

Substanzanalytiker kommen zu frappierenden Notenbildern. Was die Bilder tatsächlich aussagen, bleibt im Einzelfall zu erwägen: weil eine (zufällige?) äußerliche Übereinstimmung nicht schon gehaltliche Deckung zu sein braucht.

Am Beispiel der Mozart-Themen sei darum die Theorie der Substanzgemeinschaft genauer diskutiert. Die folgenden vier Fragen berühren zugleich Grundfragen von Analyse:

1. Welches *quantitative* und *inhaltliche Ausmaß* an Übereinstimmung muß gegeben sein, um zwingend oder immerhin plausibel gemeinsame »Substanz« unterstellen zu können? Es wäre absurd, die Ecksätze von Beethovens Klaviersonate f-Moll op. 2, 1 in diesem kurzen Anklang verknüpft zu sehen:

Inhaltlich problematisch erscheint es mir andererseits, den Anfang von Mozarts Thema (3) aus (1) abzuleiten: *Wo* ist die Grenze der Manipulation, wenn ich (wie viele?) Töne umstellen darf?

2. Mozarts Thema (1): Allegro, 4/4-Takt, Streichersatz. Thema (2): Adagio, 6/8-Takt, Bläsersatz mit stützendem Baß. Nur drei Töne (e² cis² d²) stimmen überein. Sie stehen in anderem melodisch-syntaktischen Zusammenhang: In (2) beendet d² die erste zweitaktige Phrase. Und sie stehen in harmonisch anderer Situation: (1) beruht auf jenem Modell, das hier S. 43 besprochen wurde (cis² ist also Leitton der Zwischendominante, d² Grundton der Subdominante); (2) beruht auf der Folge T | D (cis² ist Terz der T, d² Septime der D):

---

33 Sie stammen von Karl Marx: Zur Einheit der zyklischen Form bei Mozart, Stuttgart 1971, S. 36.
34 Hans Mersmann: Musikhören, Kassel ²1973, S. 77.

Wie weit darf also verwandelt werden, ohne »Gemeinschaft« aufzukündigen: »Ist« (2), im Verborgenen, noch (1), wenn bis hin zur harmonischen Bedeutung alles anders ist? Grundsätzlich als Problem gefragt: Was besagt eine Projektion von Melodien aufeinander, wenn sie *abgetrennt werden vom Satzganzen?*

3. Aus $^4_4$ ♩ ♩ |♩. (Thema 1) wird $^6_8$ ♩. ♩ 𝄽|𝄽♪(Thema 2) und ₵ ♩. ♩|♩♩♩♩| ♩ ♩ ♩ ♩ (Thema 3): Drei gleiche Töne - in (3) dazu noch der Ton h^1 - erscheinen in unterschiedlichen Rhythmen. Sie prägen, im Verein mit anderen Eigenschaften des Satzes, die individuelle Gestalt der Themen mit einem unverwechselbaren Charakter.

Substanzanalytiker vergleichen Ton*höhen* als maßgebliche musikalische Eigenschaft. Wird dies einer Hierarchie gerecht, in der *Rhythmik* - nicht der isolierte Tonhöhenverlauf - als *die* Gestalt bildende Kraft wirkt (S. 108ff.)?

4. Den beiden Ausschnitten aus Thema (1) und (2) des Klavierkonzerts KV 488 stelle ich Ausschnitte aus anderen Werken Mozarts[35] zur Seite. Zugesetzte »1« und »2« verweisen auf die Konzertthemen (s. die Noten S. 220).

Die Verweise auf die Konzertthemen sind natürlich nicht als »Beziehungen« gemeint. Demonstriert werden soll nur dies: Offenbar ist die Wendung von (1) und (2) bei Mozart gebräuchlich: in diversen Ausformungen, als Teil eines Themas oder als figurative Auszierung einer Kadenz. Sie ist ein kompositorischer Baustein Mozarts. Damit stellt sich ein ähnliches Problem wie schon auf S. 141 unter »2«: Läßt sich, was typologische Vokabel ist, zur individuellen Substanz eines Werkes rechnen?

---

35 a) Symphonie A-Dur KV 201, 2. Satz, T. 25f.; b) Klavierkonzert C-Dur KV 467, 3. Satz, T. 1f.; c) Symphonie concertante KV 297b, 1. Satz, T. 202f. (nach A-Dur transponiert); d) Streichquartett C-Dur KV 465, Menuett, T. 53ff. (nach A-Dur transponiert); e) Klaviersonate D-Dur KV 284, 2. Satz, T. 2f. und T. 7f.

Thematischer Kern

Ursatz, Substanzgemeinschaft, thematischer Kern - die Ansätze von Heinrich Schenker, Hans Mersmann und Rudolf Réti[36] sind Varianten einer Grundidee: in der latenten Tiefenstruktur von Musik, primär im Tonhöhenverlauf, das eigentliche, Zusammenhang stiftende Prinzip zu entdecken. Nur sind die Aussagen unterschiedlich rigoros: Der Ursatz ist für Schenker unwandelbarer Teil von Musik; die Substanz dagegen, aus der sich ein Werk ableitet, ist für Mersmann von Werk zu Werk verschieden. Rétis thematischer Kern ließe sich als radikalisierte Substanzidee beschreiben: Aus

---

36 Rudolf Réti: The Thematic Process in Music, New York 1962. - Ders.: Thematic Patterns in the Sonatas of Beethoven, London 1967.

der Konstellation nur weniger, tragender Töne geht ein ganzer Satz oder Zyklus hervor. In der Introduktion von Beethovens Klaviersonate c-Moll op. 13 (»Pathetique«) ist für Réti bereits das anschließende Allegro vorgezeichnet; der Anfang beispielsweise enthalte latent das folgende Hauptthema:

Schumanns *Kinderszenen* sind nach Réti zyklisch zusammengebunden durch das Initialmotiv des ersten Stückes (a). Es kehrt, um hier drei Beispiele herauszugreifen, wörtlich (b), transponiert (c) oder auseinander gezogen (d) wieder:

In seiner imponierenden Aufsatzsammlung *Musik beim Wort genommen* (München 1992) bezieht sich Alfred Brendel auch auf Réti. Brendel (S. 97f.) führt, entgegen Réti, den Themenbau von Beethovens »Pathetique« auf Quarte, Quinte und deren Addition zur Oktave zurück, beispielsweise:

Den motivischen Zusammenhang der *Kinderszenen* sieht auch Brendel im Grundmotiv, den Tönen h g fis e d, des ersten Stückes; detailliert geht er (S. 157ff.) Wandlungen nach, welche die Ausgangsidee innerhalb des Zyklus durchmache. Und in einem großen Aufsatz seines Buches vertritt Brendel die These, Schuberts drei späte Klaviersonaten verwiesen durch bestimmte Formeln - einem Vorrat an Tonfolgen und Tonräumen - aufeinander. In mehrseitiger Zusammenschau sind Zitate aus den Sonaten solchen Formeln (Quartformel, Sextenformel ...) zugeordnet. Die Abhandlung Brendels lohnt eine aufmerksame und nachdenkliche Lektüre: Wie eindeutig sind Zuordnungen möglich (müßte nicht Beispiel 5 eher unter »Quarte«, Beispiel 70 - wie Beispiel 29 - unter »Sexte« stehen?); ist der intervallische Rahmen ein griffiges Kriterium, zumal wenn hier Formeln von der Terz bis zur Oktave vorgestellt werden; empfindet man, bei simultanem Lesen der Zitate, ihre Nähe oder ihre Verschiedenheit?

Die analytischen Resultate bei Rudolf Réti und Alfred Brendel sind eindrücklich, stellenweise verblüffend und aufregend. Ob allerdings die Prämisse, unter denen sie zustande kommen, angemessen ist, bleibt eine offene Frage. Denn auch hier bildet der Verlauf der Tonhöhen die ausschlaggebende Kategorie, herausgenommen wiederum aus dem Satzganzen und getrennt vor allem vom Rhythmus (vgl. S. 219). Entkleidet man aber ein Werk auf die puren Tonhöhen, wird bald alles mit allem verknüpfbar. Und besagt das dann noch etwas?

Energie

Wer in Analysen von »Spannungsbögen« oder »Verdichtung« spricht, wird sich kaum bewußt sein, daß er sich energetischer Vorstellungen bedient, wie sie am einflußreichsten von Ernst Kurth (1886-1946) vertreten wurden.

Schärfung, Welle, Schwung, Spannkraft, Steigerung, Gewoge, Impuls, Fluten, Drängen, Erregung: Solche Vokabeln durchziehen die bedeutenden Bücher Kurths über Bachs Kontrapunkt, Wagners Harmonik und Bruckners Symphonik. Die Ballungen von Kurths üppiger, ausgreifender Sprache machen beim Lesen fast schwindelig. Sie lassen regelrecht fühlbar werden - mitunter mehr fühlbar als intellektuell restlos auflösbar -, was Kurth unablässig beschwört: jenen großen Bewegungszug, von dem Musik durchdrungen sei. Der Metapher von Musik als Architektur mißtraute er. Denn die äußeren Umrisse von Musik, mechanisch beschreibbar, sind belanglos. Wesentlich sei die *innere Dynamik*, aus der sie ausgeworfen werde. Musik bedeute *Kraftablauf*.

In *Dynamik, Kraft, Bewegung* gründet das innerste Wesen von Musik: nicht im materiell Gegebenen, sondern in der dahinter stehenden *Energie*. Alles, was musikalisch geschieht, ist *Kräftespiel*; und der musikalischen Bewegungs*energie* entspricht in der Psyche des Hörers die Bewegungs*empfindung*.

Vom Elementaren bis zum Ganzen herrscht nach Kurth Energetik. Eine Dissonanz läßt sich akustisch begründen; ihr Eigentliches aber liegt in ihren Kräfteverhältnissen, die nach Auflösung drängen. Dur und Moll stehen polar gegensätzlich zueinander: aufgrund ihrer latent nach oben (Dur-Terz) und nach unten (Moll-Terz) gerichteten Spannkraft. Die latente Energie des Leittones herrscht in *jedem* Akkord als Bewegungstrieb; ein Akkord ist nicht primär Klang, sondern - in seinem Streben psychisch erlebter - Drang.

Akkordverbindungen gehen hervor aus solcher Energie: In der Kadenz drängen die T zu S (in C-Dur: Leitton e zum f) und die D zur T (Leitton h zum c). Harmonik setzt Spannungsvorgänge in Kraft um. Melodik ist dynamisch strömende Linie. Form heißt bezwungene Kraft.

Alle Erscheinungen also entstehen aus Kraftbewegungen; sie sind Gegenstück und zugleich Ausdruck der psychischen Kräfte des Menschen selbst. Kurth sucht, hinter den Erscheinungen von Kunst und Leben, ein generelles elementares Prinzip. Seinen Ansatz konnte er am nachhaltigsten zeigen an Bruckners großen symphonischen Bewegungen; an der romantischen, leittönig ineinander ziehenden Alterationsharmonik; an Bachs Kontrapunkt, der in seinem unaufhaltsamen Weitertreiben einseitig »linear« gedeutet wurde (gezielt abgesetzt vom historischen Gegenbild - vgl. S. 208f. unter »1« die Anmerkung zu Kirnberger - einer harmonisch verstandenden Polyphonie): Beispielsweise verfolge man im Bach-Menuett I auf S. 190 den Linienzug des Basses, a g f e d, T. 9-12, oder im Menuett II den Baßzug g fis e d cis h, T. 10-16.

Musik jedoch, die periodisch angelegt ist - als Symmetrie, Korrespondenz, Gleichgewicht ihrer Teile - läßt sich weniger oder gar nicht »energetisch« beschreiben; bei Kurth steht deswegen die Musik der Klassik im Hintergrund. Ockeghems Vokalpolyphonie (S. 96ff.) ist »energetisch« faßbar, die Musik von Johann Stamitz sicherlich nicht. »Energetik« muß historisch und sprachlich differenzierend zugeordnet werden, um Treffendes auszusagen.

Eminent wichtig ist Kurths Entwurf, weil er an Musik und Musikbetrachtung alles Schematische und Starre vom Tisch fegt. Herausgestellt wird das *Werden* von Musik, nicht dessen sichtbares Ergebnis. Gewarnt allerdings sei vor skalenenergetischen Lehren, die im Gefolge Kurths seltsame Blüten auch in Analysen treiben: die Skala als Kräftefeld von Tönen und Tonbeziehungen, e (in der C-Dur-Skala) als dynamischer Ton, der zu f drängt, a dagegen als neutraler Ton, der nirgends hin strebt. Aber ein Ton für sich will gar nichts. In C-Dur ist ein e, als Quinte von a-Moll, neutral, während ein a, als Leitton von F-Dur, dynamisch sein kann. Abstrahiert von einem konkreten Zusammenhang, gelöst von seiner Funktion (ein dominantischer Leitton strebt zur Tonika) und unabhängig von dem entsprechenden Fundamentschritt (bei D -> T dem Quint- oder Quartschritt des Basses) besitzt kein Ton irgendwelche, gleichsam naturgegebenen Bewegungstriebe.

Literatur
- Ernst Kurth: Die Voraussetzungen der theoretischen Harmonik und der tonalen Darstellungssysteme, Bern 1913, München ²1973. In diesem Buch, in das musiktheoretisch Interessierte hineinschauen sollten, sind bereits die wesentlichen Gedanken Kurths enthalten. - Grundlagen des linearen Kontrapunkts. Bachs melodische Polyphonie. Bern 1917, ⁵1956, Nachdruck Hildesheim 1977. - Romantische Harmonik und ihre Krise in Wagners »Tristan«. Berlin 1920, ³1923, Nachdruck Hildesheim 1968. - Anton Bruckner, 2 Bde. Berlin 1925, Nachdruck Hildesheim 1971.
- Lesenswert der Aufsatz von Carl Dahlhaus: Rhythmus im Großen. In: Melos/NZ für Musik 6 (1975), S. 439-441. Er konfrontiert die Auffassung von musikalischer Form als »Rhythmus im Großen« mit Kurths Idee, daß Form auf »Dynamik« beruhe, und schränkt beide Thesen in ihrer Gültigkeit historisch ein.

Entwickelnde Variation

Der Zusammenhang von Musik ist gewährleistet durch Logik in der Gestaltung, Aufeinanderfolge und Verbindung ihrer Gedanken. Ausgangspunkt ist ein individueller musikalischer Gedanke. Er wirkt sich aus, und sein Einfluß reicht bis weit in ein Werk hinein. Diese Folgerungen tragen die Musik.

So etwa ließe sich abstrakt zusammenfassen, was Arnold Schönberg auf den Begriff der *entwickelnden Variation* brachte. »Musikalische Gedanken« (ein Schlüsselwort Schönbergs) werden durch sie dargestellt und ausgearbeitet: Aus Abwandlungen (»Variation«) eines anfangs Gesetzten - eines Motivs, einer intervallischen Konstellation, eines Themas - ist der ganze weitere Verlauf hervorgeholt (»entwickelt«). Daß alles aus einem Gesetzten erwächst, alles Nicht-Thematische ausgemerzt ist, gibt der Musik Konsequenz, Konzentriertheit, engsten Zusammenhalt.

Schönberg sah in Bach den Begründer der entwickelnden Variation; die überraschende These wird nachvollziehbar, denkt man etwa an die Stringenz, mit der die zweistimmige C-Dur-Invention aus ihrem ersten Takt, den Motivgestalten

entwickelt ist.

Auf der anderen historischen Seite wurde entwickelnde Variation nach der Preisgabe der Durmolltonalität wichtig; denn die formtragende Kraft der tonalen Harmonik mußte ersetzt werden durch andere Gestaltungsprinzipien (vgl. S. 78). Schönberg sah sie in der Wiederkehr von Ton- und Intervallverhältnissen; beispielsweise wirke eine Zwölftonreihe innerhalb eines Werkes vereinheitlichend, auch wenn aus ihr, durch Rhythmus und Phrasierung, verschiedene Motive und Themen abgeleitet seien. (Analysen, die sich auf Tonhöhen-Verläufe als das musikalisch Substantielle stützen, haben augenscheinlich hier ihre historische Wurzel.)

In dreifacher Weise kann entwickelnde Variation wirksam sein (wobei sie fraglos nicht für alle Musik gültig ist und, einseitig, logische Momente akzentuiert - syntaktische Bauweisen sind mindestens ebenso formgründend): indem die Abwandlung eines kleinen Bausteins einen thematischen Komplex schafft; indem aus einem Anfangsgedanken neue Motivgestalten entstehen; oder - an Schönbergs Ansatz weiter gedacht - indem ein Thema sich immer anders zeigt.

Das Thema von Brahms' 4. Symphonie (hier zitiert S. 105) wächst hervor aus dem Baustein der anfänglichen Terz.

Aus dem Anfang des 15. Liedes in seinem op. 15 gewinnt Schönberg immer neue Gestalten (vgl. S. 108f.). Den ersten Satz von Beethovens 5. Symphonie interpretierte er vom Anfangsmotto her; dieses erweise sich dadurch als Motiv, daß aus ihm Folgerungen entwickelt seien. Aus (a) gehe (b) - der Hornruf T. 59ff. - hervor, und aus (b) wiederum - und damit auch aus (a) - das Seitenthema (c):

Das (S. 98 schon angesprochene) Finale aus Gustav Mahlers 3. Symphonie hebt an mit diesem Thema:

Veränderte Farbe ab T. 21: Die Celli übernehmen den Themenanfang, die Violinen singen, in Gegenbewegung, eine neue Melodie:

»Neue« Melodie? Die Gegenstimme der Violinen I gab es anfangs schon, zwei Takte hindurch, in den Celli - wurde dort aber anders weitergesponnen, so wie hier (ab T. 23) die Violinen I anders fortfahren. Dann treten die Violinen II hinzu, greifen - momenthaft (T. 26/27) gestützt von den Bratschen - auf den zweiten Thementakt zurück (T. 27; T. 26 wirkt wie dessen Umkehrung), dann aber auf die Gegenstimme (T. 29):

Und später (T. 108) singen die Violinen I wieder das Thema, aber wörtlich nur vier Takte lang, kontrapunktiert von Holzbläsern, deren Stimme sich in die Gegenstimme einblendet und dann (T. 112) das Thema anklingen lassen:

Meine skizzenhafte Darstellung ist aber im Grunde zweifach falsch. Eine Hierarchie »Thema«-»Gegenstimme« verbietet sich, wenn beide gleichen melodischen Rang haben und sich austauschen, man also gar nicht sicher sagen kann, wer wo »die« Melodie hat. Und falsch ist die Fixierung »das Thema«. Am Beginn von Mahlers Finale steht allenfalls eine thematische Version. Es gibt kein definiertes Thema als feststehende Gestalt. Nur mögliche Fassungen werden vorgestellt, innigstes Umsingen einer melodischen Schönheit, die sich nicht endgültig festhalten läßt. Alles entzieht sich, weil alles ständig abwandelnd im Fluß ist, auch in der Rhythmik, die drei simple Schritte nutzt (♩ ♪♪ |♪♪♪♪ |♪ ♩), so daß alles auch rhythmisch ineinander verwoben scheint. Entwickelnde Variation als suchende Verwandlung und verwandelndes Suchen.

Literatur
- Arnold Schönberg: Stil und Gedanke. Aufsätze zur Musik, hrsg. von Ivan Vojtěch, Gesammelte Schriften 1, o.O., 1976.
  Aus dieser Sammlung studiere man zumindest den berühmten Text *Brahms, der Fortschrittliche* sowie den Beitrag (S. 72ff.) *Komposition mit zwölf Tönen*. Die (hier S. 105f. angeführte) Analyse von Brahms (4. Symphonie) steht auf S. 42, jene von Beethoven (5. Symphonie) S. 137. Wesentlich die Ausführungen zum »musikalischen Gedanken« S. 43f. und S. 76f.

Ein theoretischer Wurf von Rang ist nicht wieder vorgelegt worden. Die Zeit scheint vorerst dahin, da dergleichen erdacht und gewagt wurde oder möglich und erstrebenswert schien. Den ideellen Verlust für das musikalische Denken sollte man nicht gering schätzen.

Der Gewinn liegt in der Konzentration auf Analyse. Das Abrücken von Systemen mit universalem Geltungsdrang bedeutet *konkrete Hinwendung* zu einem Werk (an Stelle abstrakter Normierungen), *historische Eingrenzung* und *sprachliche Differenzierung* (an Stelle übergreifender Konstrukte), *individuelle Würdigung* (an Stelle pauschaler Typologisierung).

Auch der Analyse freilich erschließt sich große Kunst niemals völlig. Das aber macht deren erregende Herausforderung aus: weil Herz und Kopf sich immer wieder bedrängt fühlen, sie neu und besser zu fassen. Was keine Rätsel mehr aufgibt, lockt nicht mehr.

SACHREGISTER

Abschreiben von Musik 33
Abweichung von der Norm 174ff.
Ästhetik 8, 72, 94, 132, 133
Affekt
  A. von Akkorden 72ff.
  A. von Chromatik und Diatonik 50, 51
  A. und Figur 95
  Barocker A. 8
  Text-A. bei Monteverdi 174, 196
Akkordsatz 31, 209
Akkord und Affekt 72ff.
Aktivität der Harmonik 63f.
Aktualität früherer Musik 201ff.
Al-fresco-Lektüre 14f., 19
Allgemeines, musikalisch 28, 42
Anfangen von Musik 24f., 129, 131ff., 175
Anonymität 28, 93ff.
Ausdruck
  A. von Akkorden 72ff.
  A. musikalischer Anfänge 132
  A. durch harmonische Farbe 82
  A. der Register 70, 156f.
  A. durch Rhythmus 109, 123
  A. durch harmonischen Rhythmus 61, 62
  A. durch Verstöße gegen Normen 174ff.
  Äußerster A. 93, 186
Ausdrucksmittel 64

Basse continuée 211
Basse fondamentale 211f.
Bedeutung
  B. des D^v 74
  B. von Diatonik und Chromatik 50, 51
  B. von Harmonik 81ff.
  B. von Sprachmitteln 20
  B. von Topoi 42ff.
Begriffe 29, 38ff., 135, 137
Besetzung 157ff.
Besonderes, musikalisch 22, 42, 60 (Aufg. 2), 173, 176
Bestandsaufnahme 17f.
Bewegung
  B. als tragende Dimension 53, 222, 223
  B. als Motorik 192
Bewegungsmaß 71, 182
  Rhythmische Bewegungsmuster 111f.
  Stillstand und B. 189
Beziehungen 27ff., 139

Charakter
  Ch. einer Fuge 182f.
  Ch. durch Harmoniewechsel 59, 62
  Ch. durch Instrumentation 158
  Ch. von Klängen 79
  Ch. durch Klangräume 155, 156
  Ch. durch Klangwechsel 70
  Ch. von Melodien 103
  Ch. durch Rhythmus 108f. 118, 219
  Ch. von Sätzen 175
  Ch. durch Satztypus 136, 168
  Höreindrücke als Ch. 11
  Klassischer Ch. 8
Chromatik 47, 51f., 176, 213 (Aufg.)

Detail-Studium 14f., 19
Deutung 11ff., 17ff., 29, 57
Diastematik 102, 127
Diatonik 51, 52, 176
Dichte 70, 128, 137 (Aufg. 3)
Dissonanzbehandlung 98, 102, 196
Dominantseptakkord 74f., 176
Durchgang 30f., 215
Durchimitation 24, 29, 68, 97

Einsatzfolge (Motette) 25, 70
Einstimmigkeit 201
Ellipse 214
Emanzipation der Dissonanz 79
Energie 190, 222f.
Entwickelnde Variation 37, 224ff.
Entwicklung 29
Entwicklungsform 39
Erhabener Stil 50
Exposition 38f., 40

Farbe
  F. des D^7 76, 176
  F. im Harmonischen 59, 81f.
  F. durch Instrumentation 157, 158
  F. durch Klangräume 155
  F. von Rhythmus 126ff.
  Struktur und F. 128
Fauxbourdon 46, 214
  F. bei Bach 190f.
  F. bei Haydn 45f., 47 (Aufg. 3), 116
  F. im Lamentobaß 48f.
  F. bei Mozart 32, 55, 57, 112, 168
Figuren 30, 95f., 156
Form 179
  Erkennen der F. 14, 178
  F. und Idee 178, 180ff.
  F. und Instrumentation 157, 158
  F. und Harmonik 57, 59f., 61, 78, 217
  Norm einer F. 175

Formbildende Momente
 Bewegungsmaß 71, 182
 Harmonik 57, 59f., 61, 78, 217
 Instrumentation 157f.
 Klangsteigerung 25
 Klauseln 70
 Kontrast 51, 52
 Soggetti 25
 Thematik 78
 Trennendes 28
 Wiederholung 141f.
 Wiederkehr 44, 109
Formbildung durch Harmonik 57ff., 61, 78, 206, 217
Formeln 42
 Beispiele für F. 43ff., 176f.
 Figuren als F. 95f.
 F. in der Gregorianik 201
 F. bei Schubert 221f.
 Frageformel 44, 60
 Harmonische F. 52, 176f.
Fortspinnungstypus 39
Frage-Antwort 58, 97
Frageformel 44, 60
Fragen stellen 19, 53ff.
Fuge
 Begriffe 40, 182 Anm.
 F.analyse 181ff.
Fundamentalbaß 210, 211f.
Fundamentschritt 56
Funktionstheorie 210, 213ff.

Gedanke, musikalischer 147, 224
Gehalt 180
Geradtaktigkeit 149, 175
Gliederung
 Formale Gl. 178
 Gl. durch Klauseln 70
 Gl. durch Register 155
Gregorianik 194, 200f.

Harmonielehre 31
Harmonie-Schemata 87
Harmonik 53ff.
 Aktivität 63f.
 Akkorde und ihr Ausdruck 72ff.
 Bedeutungen 81ff.
 Farbe 59, 81f.
 Formbildung durch H. 57ff., 61, 78, 206, 217
 H. vor Dur-Moll 65ff., 176
 H. als Hintergrund 112f.
 H. und Kontrapunkt 31f., 67f., 136, 214
 H. als Metapher 83ff., 102
 H. und Syntax 176, 177f.

Harmon. Rhythmus 61ff., 115
Implizite H. 99f.
Individualisierung 77ff.
Interpretation der H. 53ff.
Klangkomposition 80f., 124, 155
Spannungsgrade 79, 85ff.
Vieldeutigkeit 56f.
Höranalyse 10ff.
Homophonie 134f.
 H. um 1600 66
 H. als Charakter 135f.
 H. als rhetorisches Mittel 68, 71, 134

Idee 8, 178, 180ff.
Individualisierung
 I. der Harmonik 42
 I. nicht-tonaler Klangbildungen 77ff.
 I. der Sprache 129
Individualität 28, 41, 42, 91, 94
Instrumentalmusik
 Instrumentalisierung des Vokalen 196f.
 Lamentobaß in I. 50
 Singende I. 92
 Sprachanaloge I. 202
Instrumentation 79, 109, 127, 157f.
Intensivierung durch Zurücknahme 102
Interpretation 192, 203
Interrogatio 44
Intervalle 102f.
Intervallsatz 31, 46, 67
Introduktions-Harmonik 50

Kadenz 213
Kategorien 29
Kirchentonarten 51, 66, 70, 95
Klang
 Eigenschaften 79
 Kl. in Atonalität 77, 78, 79f.
 Kl. und Linie 30f., 66f., 71f., 128, 136, 214
 Kl. als Motiv 136
 Kl. und Stille 165f.
 Klangkomposition 80, 124, 155
 Klangprogression 70
 Klangvertretung 213
 Satztechniken 64f. (Aufg. 2)
 Spannungsgrade 79, 85f., 128
 Sprache als Kl. 194, 203
 Vertretungskl. 213
Klangkompositionen 80, 124, 155
Klausel 24, 70
 Kl. als Besonderes 176
 Kl. und Kadenz 65f.
 Kl. und Proportion 97
Kontrapunkt 41, 72
 K. und Harmonik 31f., 67f., 136, 214

Konvention 42
  Chromatik als K. 51
  K. im Harmonischen 22, 50
  K. in Mozarts Melodik 91
Kunstlied 201f.

Längenverhältnisse 146f.
Lamentobaß 47ff., 52, 95f., 168
Lehrwerke, historische 40, 208f.
Leseanalyse 10ff.
Linie
  L. als Abbild 64
  L. in Atonalität 78
  L. und Klang 30f., 66f., 71f., 128, 136, 214

Madrigal 63f., 70, 196
Madrigalismen 95
Manieren 42, 96
Mathematische Ordnungen 127 Anm.
Melismatik 93, 95
Melodie und Begleitung 135f.
Melodik 89ff.
  Ambitus 102
  Bewegungsrichtung 101
  Charakter 92f.
  Diastematik 102, 127
  Formelhafte M. 94ff.
  Harmonik, implizite 99f.
  Intervalle 102f.
  M. und Begleitung 135f.
  Prosamelodik 96f.
  Reduzierte M. 105f.
  Rhythmische Anlage 103
  Richtungslosigkeit 101f.
  Struktur 106
  Syntax 103
  Tonhäufigkeiten 104
  Tonsystem 91f.
  Vervielfachte M. 107
Metapher
  Diatonik und Chromatik als M. 51
  Harmonik als M. 83ff., 102
  Klangraum als M. 156
Methode der Analyse 8, 36
Metrum 122ff., 175
Minimal music 42, 142f., 189, 203
Modelle 41, 42
Modi 51, 84, 91
Monodie 99
Momentform 39
Motette 68, 97, 129
Motivverkürzung 149, 152
Musikbilder 15, 17, 198

Neapolitaner 76

Noema 68
Norm
  Irregulärer Durchgang 30f.
  Durchimitation als N. 68
  Geradtaktigkeit als N. der Klassik 149, 175
  Harmonische N. 15, 60
  Musiksprache als N. 86
  N. im Sonatensatz 206 Anm.
  N. und Verstoß 172ff.
  Theorie als N. 29, 41, 210f.
Normatives Denken 29, 41, 226
Notation
  N. als Hinweis 119
  N. und Metrum 125
  N. und Takt 122f.
  Qualität der N. 15, 108, 188
Notenbeispiele in Analysen 25

Objektivität 34
Originalität 91, 94, 96

Paarige Imitation 70
Passus duriusculus 47ff., 52
Pause 156, 160ff.
Periode 40, 142
  Beispiele 158, 172f.
  P. bei H. Chr. Koch 38, 205
Phrasenvergrößerung 151
Phrasenverschränkung 149, 154
Phrygische Wendung 44, 60
Polyphonie 66ff., 72, 134f., 136
Prima pratica 167
Prolongation 215, 217
Proportion 38, 146f.
  P. einer Fuge 184
  P. bei Haydn 154, 203
  P. bei Lasso 71
  P. bei Mozart 56, 61
  P. bei Ockeghem 97
Prosamelodik 96f.

Quartgang 47
Quartsextakkord 76, 133
Quellen, historische 40, 208f.

Reduktion
  R. musikalischer Mittel 137, 139
  R. von Melodik 105f.
  R. als Verkürzungsprozeß 146, 161
Reichtum der Erfindung 137ff.
Register 155ff.
  R. in Instrumentation 157
  R. von Klängen 79, 85, 186
  R. in Vokalpolyphonie 70, 155
Repertoire 32f.

Reprise 38, 116, 206
  Scheinreprise 59, 175
  Verschleierung der R. 109
  Rhythmische R. 191
  Rückleitung zur R. 113
Rhetorik
  Figuren 30, 95f., 156
  Noema 68
  Rh. bei Bach 73, 92, 160
  Rh. bei Beethoven 84
  Rh. des D7 74f.
  Rh. durch Wiederholungen 144
Rhythmus 38
Rhythmik 107ff.
  Bedeutung 107ff., 219, 222
  Beschleunigung 113
  Bewegungsmuster 111f.
  Differenzierung 191
  Farbe 128
  Funktion 116f.
  Gleichförmigkeit 114ff.
  Metrum 122ff., 175
  Reichtum oder Begrenzung 118f.
  Rhythmisches Motiv 120f.
  Rh. und Takt 122ff., 175
  Themenvertretung 120
  Verlangsamung 113
Ricercar 40, 92, 182
Rondosonate 39

Satz
  S. als Begriff 39, 40
  S. als syntaktischer Typus 141, 172f.
Satzart 134ff.
  in Vokalpolyphonie 64, 71
  der G-Dur-Fuge Bachs (WK II) 183
Scheinreprise 59, 175
Schichtenlehre 210, 215ff.
Schlüsse von Musik 25, 97, 129f., 133, 175, 198
Schlußformel 43f., 218f.
Seconda pratica 167
Sekundärliteratur 33
Sekundzug 21, 55, 215f.
Selbstverständnis, historisches 203ff.
Septakkorde 73ff.
Soggetto 24
  Anzahl 71
  S. bei Bach 92, 108
  S. und Durchimitation 97, 129
  S in Josquins »Ave Maria« 24f., 146f., 178
  S und »Motiv« 69
  S. und »Thema« 40, 95
  Typologie des S. 94f.

Sonatenrondo 39
Sonatensatz 41f., 56, 184f.
  Exposition 38f., 40
  Harmonische Grundkräfte 42
  Idee 56, 138
  Kategorien 29, 206
  Lehrsätze 184f.
  S. bei H. Chr. Koch 205f.
  S. als Konzentrat 117
  S. bei Mozart 56, 137f., 140 Anm.
Spannung
  Sp. der Harmonik 54, 85f.
  Sp. von Klängen 79, 128
Sprache der Analyse 34ff., 40
Sprachmittel, musikalische 20, 22, 42
Sprachvertonungen 71, 194ff.
Sprachweisen, musikalische 164ff. 191
Staunen 26f.
Stil 50, 51, 196
Stufe 213
Struktur 139ff., 216
  S. bei Beethoven 140, 208
  S. und Farbe 128
  S. und Melodie 106
  S. in Zwölftonmusik 180
Sturm und Drang 94, 119
Substanzgemeinschaft 217ff., 220
Subjektivität der Musikbetrachtung 34
Syllabik 93
Syncopatio 47 (Aufg.3), 65, 67, 168, 191
Syntax
  Irreguläre S. 59, 174, 175
  Kunsthafte S. 201
  Periode 142
  Persönliche Gestalt der S. 40
  Satz 141, 172f.
  Syntaktische Normalität 176
  S. einer Melodie 103
System-Analyse 19
Systeme, theoretische 29, 210f., 226

Takt 122f., 133, 175
Taktgruppen 146ff., 161
Technik 8
Tempo 62
Thema
  Entstehen eines Themas 131
  Th. einer Fuge 182f.
  Th. bei Mozart 137f., 162, 179
  Th. und Soggetto 40, 95
  Th. als Version (Mahler) 226
  Thematischer Kern 220ff.
  Themenbau 59, 141f., 147ff.
Themengruppe 138
Theorien 29, 41, 210f.

Tongeschlecht 195
Tonsystem 91f.
Topoi 41ff., 50, 95
Typologisches
   T. der Figuren 96
   T. einer Musiksprache 22, 219
   T. von Vokalpolyphonie 72
   T. der Soggetti 94f.

Ursatz 215, 220

Variation, entwickelnde 37, 224ff.
Varietas 143, 176, 203
Verminderter Septakkord 73f.
Volkslied 201
Vokalmusik 194ff.
   Bachs Vokalmelodik 92f.
   Interrogatio in V. 44
   Lamentobaß in V. 50
   V. vor 1600 70ff.
Vorhalt 30f.

Wiederholung 141ff.
   Verzicht auf W. 97, 203
   W. in Minimal music 189
   W. als Schlußsignal 129
   Wirkung von W. 70, 142ff.
Wiederkehr 15, 4, 109, 152
Wirkung
   Kompositionstechnik und W. 127f., 167
   W. von Klängen 70, 79
   W. von Musik 11
   W. der entfernten Terzverwandtschaft 81f.
   W. durch musiksprachliche Kontraste 168, 191
   W. von Wiederholungen 70, 142ff.
Wortlosigkeit 93, 102, 194, 195

Zeit 69, 101f., 124, 143, 169ff.
Zwölftonmusik 180f.
Zyklus
   Harmonik 57, 60
   Taktordnungen 147, 153ff.

VERZEICHNIS DER ANGESPROCHENEN WERKE

Römische Ziffern verweisen auf den betreffenden Satz eines Werkes
Bach, Carl Philipp Emanuel
    Klaviersonate h-Moll   119f.
    Klavierstücke mit veränderten Reprisen   116
    Satzanfänge   131f.
Bach, Johann Christian
    Klaviersonate G-Dur op. 5,3   119
Bach, Johann Sebastian
    Capriccio, III   49
    Choräle   30f., 48, 49, 73ff., 87 (Aufg.), 136, 176, 210, 212, 214
    Chromatische Fantasie und Fuge   74 Anm.
    Duett e-Moll   49
    Englische Suite d-Moll, Sarabande   212 (Aufg. 1)
    Fugen:
        B-Dur (WK I)   181f.
        D-Dur (WK II)   183
        F-Dur (WK I)   183
        G-Dur (WK II)   183f.
        Themen (WK II)   182
    Invention C-Dur   224
    Johannes-Passion:
        Nr. 18   93
        Nr. 19   49
        Nr. 30   93
        Nr. 31   104 (Aufg. 2)
        Nr. 59   160
    Matthäus-Passion:
        Nr. 66, 69, 74   113 (Aufg.)
    Messe h-Moll, Credo, Nr. 8/9   51f.
    Notenbüchlein für Anna Magdalena Bach   48 (Aufg.), 92
    Praeludium Es-Dur (WK I)   43
    Suiten für Violoncello solo:
        d-Moll, Menuett I/II   154 (Aufg.), 168, 189ff., 223
        d-Moll, Sarabande   154f. (Aufg.)
        C-Dur, Bourée I   115
        C-Dur, Courante   114f.
        Es-Dur, Bourée I/II   193 (Aufg.1)
Beethoven, Ludwig van
    Bagatellen:
        A-Dur (op. 33)   107
        B-Dur (op. 119)   107, 135
        F-Dur (op. 33)   81f.
    Klaviersonaten:
        f-Moll op. 2,1, I   101, 142, 218
        A-Dur op. 2,2, I   52
                    II   216
                   III   105, 137
        C-Dur op. 2,3, I   57ff., 141
                    II   57ff., 141
        Es-Dur op. 7, IV   59
        F-Dur op. 10,2, I   59, 175

D-Dur op. 10,3, I   206ff.
c-Moll op. 13, I   74, 219
           III   103
E-Dur op. 14,1, II   163
B-Dur op. 22, I   27f.
As-Dur op. 26, Satzfolge   175
           III   100
As-Dur op. 26   175
Es-Dur op. 27,1, I   59f.
D-Dur op. 28, I   118 (Aufg.)
           III   82 (Aufg.1), 146, 161
d-Moll op. 31,2,I   120 (Aufg. 2)
           III   115, 175
Es-Dur op. 31,3, I   59
C-Dur op. 53, II   103, 132f.
F-Dur op. 54, I   117f., 120
f-Moll op. 57, II   100
Fis-Dur op. 78, I   135
G-Dur op. 79, I   185
Es-Dur op. 81a, I   18, 141
e-Moll op. 90, I   113f., 184
E-Dur op. 109, III   135
As-Dur op. 110, I   57ff., 135, 141, 175
c-Moll op. 111, II   135
Klaviertrio op. 70,1, II   62f., 103
Missa solemnis, Credo   83f., 107f., 156, 167
Streichquartette:
   a-Moll op. 132, III   91, 103, 167
   F-Dur op. 135, II   63, 116, 142
Symphonien:
   1. (C-Dur), Anfang   175
   2. (D-Dur), III   106 (Aufg. 1)
   3. (Es-Dur), Anfang   28
   5. (c-Moll), I   11ff., 28, 74, 131, 224f.
                IV   87, 108
   7. (A-Dur), II   100
   8. (F-Dur), I   184f.
   9. (d-Moll), Anfang   131
32 Variationen c-Moll   49, 50
Berg, Alban
   Vier Stücke für Klarinette und Klavier, II   130
Brahms, Johannes
   Klaviersonate C-Dur op. 1   43f.
   Romanze (op. 118)   103, 107
   Streichquartett a-Moll op. 51,2 II   120 (Aufg. 3)
   Streichsextette:
      B-Dur op. 18, I   106 (Aufg. 2)
                II   168 (Aufg. 2)
      G-Dur op. 36, I   102
   4. Symphonie e-Moll, I   105f., 109, 116f., 121, 224
   Trio Es-Dur op. 40, I   122f., 175
Bruckner, Anton
   Messe e-Moll, Credo   156f.
   3. Symphonie d-Moll, Anfang   131, 132
   9. Symphonie d-Moll, I   121 (Aufg. 3), 131f.

Byrd, William
   The Bells   42, 144ff.

Chopin, Frédéric
   Ballade F-Dur op. 38   122f., 175
   Nocturne g-Moll op. 37,1   137 (Aufg. 2)
   Prélude c-Moll (op. 28)   49

Debussy, Claude
   Pelléas und Mélisande, Vorspiel   91f. (Aufg.)
   Sirènes   76, 101f., 172
   Voiles   129f.

Dufay, Guillaume
   Hymnus »Tu lumen«   46

Fortner, Wolfgang
   »Imagini«   127 Anm.

Gesius, Bartholomäus
   Ein Kind geborn   65f.

Gesualdo, Carlo
   Madrigale   95

Glanert, Detlev
   Fantasien für Klavier, op. 15, II   80f.

Gregorianik   200f.

Haydn, Joseph
   Klaviersonaten:
      C-Dur Hob. XVI/7   147f., 149, 153f.
      D-Dur Hob. XVI/10, I   203ff.
      E-Dur Hob. XVI/22, III   45ff. 167
      C-Dur Hob. XVI/35, I   44
      D-Dur Hob. XVI/37, III   152f.
      G-Dur Hob. XVI/39, I   153 (Aufg.)
      As-Dur Hob. XVI/43, I   147f., 149
      Es-Dur Hob. XVI/49, I   116
      D-Dur Hob. XVI/51, I   149ff.
      Es-Dur Hob. XVI/52, I   47 (Aufg. 3)
   Streichquartett G-Dur op. 33,5, I   164
   Symphonien:
      G-Dur Nr. 88, IV   106 (Aufg. 3)
      G-Dur Nr. 92, III   147ff.
      G-Dur Nr. 94, I   158
      G-Dur Nr. 100, III   175
      B-Dur Nr. 102, III   175
                  IV   177f.
      D-Dur Nr. 104, III   163
   Symphonische Introduktionen   50 (Aufg. 3)

Ives, Charles
   Robert Browning Overture   128 (Aufg. 3)

Josquin des Près
   Ave Christe immolate   66f.
   Ave Maria   23ff., 63, 68, 70, 71, 97, 104, 146f., 160, 176, 178, 209
   Missa »Pange lingua«, Sanctus   68f., 71, 116, 137, 142, 143f., 171f.

Krenek, Ernst
    Twelve Short Piano Pieces   180f.

Lasso, Orlando di
    Missa super Congratulamini, Gloria   71f.
    Soggetti aus den Messen   94f.

Ligeti, György
    Atmosphères   15f., 80
    Cellokonzert, I   147
    Melodien   126ff.
    Lontano   126ff.
    Ramifications   126ff.
    Zehn Stücke für Bläserquintett, VII   165f.

Lutoslawski, Witold
    Venezianische Spiele   128 (Aufg. 4)

Mahler, Gustav
    1. Symphonie D-Dur, I   134 (Aufg. 5)
    3. Symphonie d-Moll, VI   98, 107, 225f.
    9. Symphonie D-Dur, I und IV   107

Marenzio, Luca
    Villanellen   177

Mendelssohn Bartholdy, Felix
    Lieder ohne Worte, Nr. 23 und 48   44
                       Nr. 4   186

Monteverdi, Claudio
    Lamento d'Arianna   48, 98f., 101
    L'Orfeo, Toccata   19
              2 Stellen (Orfeo)   44, 102
    Madrigal »Ohimè se tanto amate«   196

Mozart, Wolfgang Amadeus
    Die Entführung aus dem Serail, Ouvertüre   62
    Fantasien für Klavier:
        c-Moll KV 475, T. 10-15   50 (Aufg. 2)
        d-Moll KV 397, T. 20ff.   31f.
    Die Hochzeit des Figaro, Ouvertüre   159
    Klavierkonzert A-Dur KV 488, II   10, 101
                              als Zyklus   217ff.
    Klaviersonaten:
        C-Dur KV 279, I   177
        G-Dur KV 283, I   43, 140f., 179, 216f.
        D-Dur KV 284, I   53ff., 61, 89f., 111f., 137ff., 139f., 142, 155, 159f., 164
                          III   138 Anm., 161
        C-Dur KV 309, III   43, 172ff.
        D-Dur KV 311, I   206 Anm.
        a-Moll KV 310, II Schluß   43
        C-Dur KV 330, I   120 (Aufg. 1), 179
        A-Dur KV 331, I Thema   29
        F-Dur KV 332, I   135f., 158, 179
        B-Dur KV 333, I   142, 179
        c-Moll KV 475, I   43, 52
        F-Dur KV 533, I   158f., 179
        C-Dur KV 545, I Thema   28, 109
        D-Dur KV 576, I   120 (Aufg. 1 und 2)
    Menuett G-Dur KV 1   41

Sonatensatz g-Moll KV Anh. 109b Nr. 3 119
Streichquartett C-Dur KV 465, I Anfang 133
Streichquintett g-Moll KV 516, I Anfang 49
Symphonien:
    A-Dur KV 201, I Thema 147f., 149
                    IV 159
    C-Dur KV 551, I Thema 110f., 142
    Es-Dur KV 543, II 87f.
Variationen über »Morgen kommt der Weihnachtsmann« 118
Violinsonate e-Moll KV 304, II 167f.

Ockeghem, Johannes
    Missa sine nomine, Credo 64f. (Aufg. 2)
    Missa sine nomine, Agnus 70, 71, 96ff., 104, 143

Pärt, Arvo
    für alina 137
Perotin
    Sederunt principes 101, 115f., 142, 170f., 194

Rameau, Jean-Philippe
    La Livri 213 (Aufg. 2)
Reich, Steve
    Piano Phase 189
Rihm, Wolfgang
    Klavierstück Nr. 6 186
    Nachtordnung. Sieben Bruchstücke für 15 Streicher 86, 136f.
Rore, Cipriano de
    Amor, ben mi credevo, Schluß 63f., 70
    Non è lasso martire, Schluß 156, 160

Schönberg, Arnold
    George-Lieder op. 15:
        Nr. VII 196f.
        Nr. XIV 78, 178
        Nr. XV 108f., 178, 224
    Kammersymphonie op. 9 107
    Drei Klavierstücke op. 11 80
    Sechs Klavierstücke op. 19 110 (Aufg. 2), 118f., 131 (Aufg. 1)
    Klavierstück op. 33 a, Anfang 77
    Fünf Klavierstücke op. 23, II Schluß 130
Schubert, Franz
    Klaviersonaten:
        a-Moll D 537, III 165 (Aufg.)
        a-Moll D 784, I 120f.
        D-Dur D 850, II Schluß 43
        c-Moll D 958, I 76
                  II Schluß 165
                  III 165 (Aufg.)
        A-Dur D 959, I 156, 165 (Aufg.), 172 (Aufg. 3)
                  II Thema 82, 102, 104
        B-Dur D 960, I 74, 107, 113
    Ländler:
        A-Dur (D 366) 177
        a-Moll (D 366) 107
        Nr. 2, 3, 4 aus D 790 22 (Aufg.)

Lieder:
    Am Meer 52
    Daß sie hier gewesen 134 (Aufg. 3)
    Der Wegweiser 100 (Aufg.)
    Die böse Farbe 195
    Die liebe Farbe 195
    Die Stadt 85 (Aufg.), 172 (Aufg. 1)
    Einsamkeit 27 (Aufg.)
    Frühlingstraum 198
    Gretchen am Spinnrade 115, 197f.
    Ihr Bild 195
    Meeres Stille 125 (Aufg. 1)
    Mut 195
    Sei mir gegrüßt 52, 81, 177
Streichquartette:
    G-Dur op. 161, I Anfang 124
                   II 88f. (Aufg.)
    d-Moll D 810, II 100
Streichquintett C-Dur op. 163, I 107
                      Trio 11
Symphonien:
    3. (D-Dur), Introduktion 49
    8. (h-Moll), I 147f., 149, 157
    9. (C-Dur), I 11, 32 (Aufg.), 99, 125, 149ff., 157
           II 165
Walzer:
    a-Moll (D 783) 104
    B-Dur (D 146) 21f., 45, 81, 102, 104
Schütz, Heinrich
    Geistliche Chormusik 1648 134f., 167
    Psalm 84 176
    Siehe, es erschien der Engel des Herrn (SWV 403) 95, 142
Schumann, Robert
    Album für die Jugend op. 68 18
    Dichterliebe op. 48 60
    Fünf Stücke im Volkston op. 102, II 147f., 149
    Kinderszenen op. 15 133, 169, 221
    Klavierstücke:
        Ein Choral 189
        Erinnerung 137 (Aufg. 1)
        Fürchtenmachen 49
        Melodie 186ff.
        Nachklänge aus dem Theater 45
        Schnitterliedchen 15ff., 29, 175
        Träumerei 11, 37
    Lieder:
        Am leuchtenden Sommermorgen 93, 100f., 102, 132f., 195
        Das ist ein Flöten und Geigen 116
        Die Löwenbraut 166f., 169, 176
        Die Lotosblume 50, 84f., 132f.
        Frühlingsfahrt 195f.
        Hör ich das Liedchen klingen 198f.
        Im Walde 199
        Lied der Braut II 198
        Volksliedchen 201f.

    Liederalbum für die Jugend op. 79   60
Steffani, Agostino
    Kammerduett   51
Strawinsky, Igor
    Psalmensymphonie, III   142

Trojahn, Manfred
    Berceuse   136, 167
    1. Symphonie   129

Vivaldi, Antonio
    Concerto grosso d-Moll op. 3 Nr. 11   48, 61, 157
    Kirchensonate op. 1 Nr. 11, III/IV   45

Weber, Carl Maria von
    Der Freischütz:
        Szene und Arie der Agathe   26f.
        Wolfsschluchtszene   74
Webern, Anton
    Bagatellen für Streichquartett op. 9, II Schluß   130
    II. Kantate op. 31   98
    Fünf Stücke für Orchester op. 10   137 (Aufg. 3)
    Symphonie op. 21, II Thema   180

Zimmermann, Bernd Alois
    Die Soldaten (Melodieführung)   93

Der Abdruck des größten Teils der Notenbeispiele von Haydn und Beethoven sowie einiger Schubert-Beispiele erfolgt mit freundlicher Genehmigung des G. Henle Verlages, München

Bärenreiter Studienbücher Musik

Eine Reihe praktischer Arbeitsbücher für Studenten, Dozenten, Schüler, Lehrer und Musiker.

Die Bücher eignen sich für das Selbststudium, als Begleitmaterial für Seminare und Orientierungshilfe und Stoffsammlung für Lehrer und Dozenten. Sie enthalten Übungsaufgaben zum Mit- und Weiterarbeiten, kommentierte Literaturverzeichnisse, Quellentexte sowie eine Fülle an Musikbeispielen.

Herausgegeben von Silke Leopold und Jutta Schmoll-Barthel.

Die Reihe wird fortgesetzt.

* Sonderanfertigung

19: Matthew Gardner, Sara Springfeld: **Musikwissenschaftliches Arbeiten**

18: Manfred Hermann Schmid: **Notationskunde**
Schrift und Komposition 900–1900

17: Heinz Acker: **Modulationslehre**
Übungen · Analysen · Literaturbeispiele

16: Christoph Wünsch: **Satztechniken**
im 20. Jahrhundert. Lernprogramm mit CD

15: Christian Kaden, Karsten Mackensen (Hg.): **Soziale Horizonte von Musik**

14: Ulrich Kaiser, Carsten Gerlitz: **Arrangieren und Instrumentieren**
Von Barock bis Pop. Lernprogramm mit CD

13: Peter Jost: **Instrumentation**. Geschichte und Wandel des Orchesterklanges

12: Ulrich Kaiser: **Der vierstimmige Satz**
Kantionalsatz und Choralsatz.
Lernprogramm mit CD

10 & 11: Ulrich Kaiser: **Gehörbildung**
Grund- & Aufbaukurs mit CD

9: Clemens Kühn: **Kompositionsgeschichte in kommentierten Beispielen**

8: Volker Scherliess: **Neoklassizismus: Dialog mit der Geschichte**

7: Walther Dürr: **Sprache und Musik** *

6: Konrad Küster: **Das Konzert** *

5: Thomas Schmidt-Beste: **Die Sonate**

4: Clemens Kühn: **Analyse lernen**

3: Bernhard Meier: **Alte Tonarten** – dargestellt an der Instrumentalmusik des 16. und 17. Jahrhunderts

2: Silke Leopold (Hg.): **Musikalische Metamorphosen** *
Formen und Geschichte der Bearbeitung

Clemens Kühn bei Bärenreiter

Lexikon Musiklehre eBook

Ein Nachschlage-,
Lese- und Arbeitsbuch
ISBN 978-3-7618-2337-8

Kompositionsgeschichte in kommentierten Beispielen

Bärenreiter Studienbücher Musik, Band 9
ISBN 978-3-7618-1158-0

Analyse lernen

Bärenreiter Studienbücher Musik, Band 4
ISBN 978-3-7618-1154-2

Musiktheorie unterrichten · Musik vermitteln

Erfahrungen · Ideen ·
Gegenstände · Methoden
Mit einem Kapitel über
„Musikalische Topoi"
von John Leigh
ISBN 978-3-7618-1835-0

Formenlehre der Musik

ISBN 978-3-7618-1392-8

eBook
= auch als eBook erhältlich

Gehörbildung im Selbststudium

(dtv/Bärenreiter)
ISBN 978-3-7618-0760-6

Modulation kompakt

Erkunden · Erleben ·
Erproben · Erfinden
ISBN 978-3-7618-2334-7

Abenteuer Musik eBook

Eine Entdeckungsreise
für Neugierige
(Bärenreiter/Metzler)
ISBN 978-3-7618-2085-8

Ein erzählerisch und sehr persönlich geschriebenes Lesebuch für all jene, die sich für Musik interessieren, mehr von ihr wissen und sie tiefer verstehen wollen.

Irrtum und Liefermöglichkeiten vorb.

 Bärenreiter